2017 年度河北省社会科学普及读物出版资助项目

世界古代历史文化拾珍

王琳　　王向鹏　著

河北出版传媒集团

河北教育出版社

图书在版编目（CIP）数据

世界古代历史文化拾珍 / 王琳，王向鹏著. -- 石家
庄：河北教育出版社，2018.2（2025.1重印）
ISBN 978-7-5545-4336-8

Ⅰ.①世… Ⅱ.①王… ②王… Ⅲ.①世界史－古代
史－文化史 Ⅳ.①K12

中国版本图书馆CIP数据核字(2018)第044679号

世界古代历史文化拾珍

作　者　王　琳　王向鹏

策　划　张　辉
责任编辑　何春雅　武丹丹
出版发行　河北出版传媒集团
　　　　　河北教育出版社　http://www.hbep.com
　　　　　（石家庄市联盟路705号，050061）
印　制　廊坊市佳艺印务有限公司
开　本　787mm×1092mm　1/16
印　张　20.5
字　数　314千字
版　次　2018年2月第1版
印　次　2025年1月第2次印刷
书　号　ISBN 978-7-5545-4336-8
定　价　78.00元

I have sought to live my life worthily.

—Alfred the Great

我一直想把人生过得有意义。

——阿尔弗雷德大帝

序

人类以不同的社会群体、悬殊的文化习俗和迥异的生活方式，在这个我们称之为"地球"的星球上已经生存了二十万余年（注：原文如此，以社会和文明衡量，数字有待商榷）。在这段漫长的岁月里，风云变幻，朝代更迭，刀光剑影和歌舞升平的历史大潮不断轮转。艺术出新，建筑变迁，世界文明在不断动荡中砥砺向前。

生活在这个多元的世界中，囿于时空的界限，我们难免会在文化信仰、思维理念、基因外貌和语言艺术等诸方面存在天壤之别。然而，尽管差异巨大，但我们有着许多共同点。无论我们生在何方、来自何处，我们都具有人类特有的共性：拥有感受爱和快乐的能力、关怀家人和朋友的能力、体验和认知这个世界的能力。

人生在世，不过区区百年。俯仰之间，已然经历世间万态。当今社会，科学技术日新月异，便捷的交通使我们体验异域文化的梦想成为触手可及的现实。无论你身在何方、欲往何处，只需几天或几小时的航程便能到达。此等快捷和便利，怕是古人做梦也难以望其项背。

正是在这一历史进程中，我结识了本书的作者王琳。四川大学汉语言文学本科毕业后，她怀着对异域语言文化的浓厚兴趣，从中国的河北来到澳大利亚的悉尼跨国求学。很快地，我们结成挚友。在新南威尔士大学研修翻译期间，她总是乐此不疲地向人推介博大精深的中国文化，同时对独具一格的澳洲风情孜孜以求。

在澳大利亚完成学业之后，王琳回到祖国，开始从事教育事业。她成了一名河北师范大学的教师，还组建了一个温馨的家庭，诞下了一个可爱的女儿。尽管工作异常繁忙、幼女嗷嗷待哺，但她还是义无反顾地制定了一项宏伟的计划——为中国的青少年撰写一本关于世界古代历史文化的书。如此一来，她便可将自己感兴趣的异域文化介绍给中国的青少年读者了。

尽管通过现代化的交通工具，我们可以更为便捷地体验到不同地域之间的文化差异，但要想更好地了解古代文化，还是相当困难的一件事情。文学艺术如诗词歌赋、神话传说等为我们提供了一扇体验古代文化的窗口，除此之外，别无他法。正是通过文学，古代文化的传统、律法、信仰、风俗和生活方式都得以复原，栩栩如生地展现在读者的面前。也恰是通过这一方式，《世界古代历史文化拾珍》将古代世界的奇观带给了中国的青少年读者，帮助他们加深对这个世界过去和现状的理解。

"抛却前车之鉴，必将重蹈覆辙。"西班牙裔文学家乔治·桑塔亚那如是说。这条被历代领导人反复引用的古老的格言，如今依旧散发着生机与活力。它的精髓在于，通过研读历史，我们可以领悟许多人生哲理：譬如个体，譬如文化，譬如国家，甚至往大一点儿来说，譬如整个人类。只有以史为鉴，我们才能不断前进，为人类世界开创出一个更加美好的未来！

保罗·M.贝叶斯

2017 年 4 月 10 日于悉尼

Prologue

Humans have lived in different societies and cultures, in different forms for approximately 200,000 years on this planet that we call Earth. In this time, the greatest leaders and rulers have lived and died, wars have been fought and peace has been made. Great music and art has been created, and buildings built and destroyed. Entire civilisations have formed and collapsed.

The humans of these different cultures from different parts of the world have had vastly different cultures and beliefs, religions and ideologies, appearance and genetics, languages and art. Despite these differences, humans from different cultures also share many similarities. Our ability to experience love and happiness, to care for our families and friends, to learn and wonder at the world are all unique parts of the human experience, no matter what part of the world we were born in or what time-period we were alive in.

Most of us will get to experience 100 years at most, living and experiencing our own culture. Advances in technology have allowed modern humans to experience other cultures around the world with relative ease. Through the wonders of modern aviation, other cultures of the world are accessible to us in a way that could not have been dreamed of by humans of the past, separated by at most a few days of transit, often only hours.

It is through this process that I met the author of this book, Wang Lin. After graduating from Sichuan University and got a degree in Chinese Language and Literature, her interest in foreign cultures and languages lead her to travel across the globe from Hebei, China to Sydney, Australia; where she studied translation at the University of New South Wales. We met and soon became close friends. She was always happy to share insights from her Chinese culture, while at the same time learning about and absorbing Australian culture and its differences.

After completing her studies in Australia, Wang Lin returned to China where she continued her education, began teaching at Hebei Normal University and, most importantly, started a family by welcoming a daughter into the world. Despite a busy schedule of teaching and being a mother to her young daughter, Wang Lin wanted to continue her passion of sharing different cultures to different parts of the world. It was then that she undertook the ambitious project of writing a book about ancient cultures of the world, so that she could share her passion of foreign cultures with the youth of China.

Although modern flight allows us to travel and experience different the current cultures of the world with relative ease, experiencing ancient cultures is a more difficult endeavour. Literature, art, poetry, myths and stories provide a window into these times and cultures, that cannot otherwise be seen. It is through literature that these ancient cultures, with their unique traditions, laws, beliefs, customs, clothing, and lifestyles are brought to life for the modern reader. It is through this process that Gems of World Ancient History and Culture can bring the wonders of the ancient world to a new audience of young Chinese readers, helping them to understand the world around them, both past and present.

"Those who cannot remember the past are condemned to repeat it" is a famous English quote, originally said by Spanish American essayist George Santayana. This quote in various forms has been repeated by various leaders and is still widely quoted today. The essence of the quote is that there are many life lessons that we can take from studying history; as individuals, as cultures, as countries, and ultimately, as a species. It is by learning from the mistakes of the past that we, as humans, can move forward to create a better world for all.

Paul M. Bayes

Sydney, April 10, 2017

前　言

　　世界古代史分为世界上古史和世界中古史两个部分，大体包含了从人类形成文明直至民族国家形成，大航海及文艺复兴、宗教改革之前的历史及内容。世界古代历史纷繁多彩，对于中国的一般读者而言，大多是遥远、神秘、陌生而又新奇的。本书的内容并非苛求面面俱到，也没有妄想将人类文明事无巨细地呈现于纸面，而是有所筛选地将其中一些典型的、值得一谈的、具有趣味性的、鲜为人知的故事、人物引荐出来。

　　本书在追求趣味性和普及性的同时，兼具专业性，是一本知性与智性相结合的历史文化小书。所有素材皆由史料或专业书籍提炼整合，不夸张做作，禁绝哗众取宠的浮夸辞藻或调侃。全书通篇环境、语言和心理等描写均有出处，尊重史实，而且在历史人物姓名、地名、专有名词处，都会标注相应英文，并于文后做总的索引目录，以方便读者查阅参鉴。所有的历史片段和文化现象都会在重新整合后完整呈现出来，力求线索清晰、简单明了、直白易懂。即：以文化文明的演进为线，参考相关中英史料及文献，对重要历史事件和人物做出合理的解释和想象，并依照国人的阅读习惯、文化背景、语言习惯加以适当的调整和改变，适当增加人物间的对话，在合理的前提下丰富细节。在素材的选取上，兼顾文化区域和时间段，结合作者自身的专业背景和精力，大体限于西亚、北非、欧洲，以技术上的可操作性为要。

　　本书共有十四章，除最后一章结语外，每章分为二至三个小节不等，每节分四目，每一目的小标题均用七字连缀，并在确保完全涵盖历史内容的前提下，将小标题尽量拟得朗朗上口、易读易记。这么做是希望将世界古代历史当中具有典型性的文化现象及片段以生动浅显的文字介绍给国内大众读者，尤其是富有朝气的新生代青少年群体，将其尽早地引入到世界历史文化的浩瀚海洋当中，更多、更好、更切实地去认知其所生活的这个世界，陶冶情操，培养知性与智性，为实现中华民族伟大复兴的中国梦贡献智慧和力量。

王 琳 王向鹏

2017 年 4 月 19 日

目　录

　　一说起埃及，人们可能首先想到的是它宏伟壮观的金字塔。一座座金字塔正是埃及法老的陵寝，它荣登世界七大奇观之列。它太完美了，以至于有的人甚至觉得，鬼斧神工的金字塔不是人类所造。窃以为，这样的疑虑是有些小觑古代历史的辉煌成就了。

　　古王国时期的埃及，实行的是君主专制制度。庞大的国土、强大的君主权力、丰富的人力物力，使得大规模的土木建设成为可能。更不用说法老们给自己建造的陵墓——金字塔，自然要好上加好、好之又好。法老完全可以凭借手中的权力，去调动和指挥全国的人力、物力，集中力量建造金字塔。

　　为了加强统治，埃及法老将自己的君权逐步神化。先是说鹰头人身荷鲁斯（本章第二节）保护着自己的王权，后来又抬高一个叫"拉"的太阳神并为王权的主要保护神。一些法老甚至自称为"拉神之子"，如此一来，便是君权神授了。

　　在古埃及，奥西里斯和伊西丝（本章第一节）在多神崇拜中占有重要地位。他们是一对恩爱夫妻，丈夫被陷害后变成了冥府之王，管着死人的审判，有点像中国传说中的判官；妻子后来变成了农业女神，保护着尼罗河沿岸一方水土的平安。

　　与中国古代一些好大喜功的帝王类似，埃及法老拉美西斯二世（本章第三节）也特别热衷大搞土木建设。但同时，他又是一位明君，为了国家的繁荣昌盛，参与过与赫梯国的争霸战争。最后，他与赫梯在银板上签订了友好和约，这也是世界历史上第一个成功缔结的和约，为后世和平解决争端问题提供了可资借鉴的案例，成为古代史上重要的典范。

第一节　冥府之王奥西里斯

误入石棺被谋杀
神鸟指路助复生
冥府审判秉公正
尼罗河畔保安宁

误入石棺被谋杀

公元前 4 千纪[①]，在古埃及（Ancient Egypt）有一位善良仁慈的国王，叫奥西里斯（Osiris）。他娶了自己端庄秀美的胞妹伊西丝（Isis）为妻，两人夫唱妇随，共同治理着尼罗河谷和三角洲地区（Nile Valley and its Delta），生活得十分幸福。奥西里斯和伊西丝是天空女神和大地之神的后代，他们本身也是神的化身，懂得很多当时古埃及人不懂的农业知识，教会了人们在地上种植小麦、大麦和谷物。

一天，奥西里斯对妻子伊西丝说：“亲爱的，我要离开几天，看看尼罗河边上庄稼的长得怎么样了。这几天宫中有事儿你就找弟弟塞特（Seth）商量着处理一下吧。”语毕，奥西里斯伸手整理了一下长长的胡须，正了正头上的羊角圆锥形王冠，王冠两侧的翎羽随着大手的触碰而跳动。他拿起身边的弯柄权杖和连枷置于胸前，大踏步走进马车，出皇宫到民间视察去了。

过了一段时间，奥西里斯归来，塞特率领众臣，在宫中为他举办了盛大

---

①“千纪”这一度量单位比“年”更大，它将一千年作为基本的历史计数单位，“公元前 4 千纪”指公元前 4000 年到公元前 3001 年。

的欢迎宴会。酒过三巡、菜过五味，推杯换盏间只见一抹夺目金光自前门缓缓而入，偌大的宴会厅瞬时充盈着珠光宝气之色。众人擦亮眼睛，定睛一看：哇！好炫的石柜啊！石柜呈人形，周边镀金，上面镶嵌着各种名贵宝石，还雕刻着精细的花纹，真是工艺上乘的极品啊！

在众人的啧啧称赞声中，一个圆滑尖细的声音响起："诸位，诸位！我于无意间偶得一珍宝，可惜尺寸不合。现在借哥哥奥西里斯王的光，拿来给大家试试，谁能严丝合缝地躺进去，这东西就归他了！"这一声就像重磅炸弹似的，在人群中激起巨大反响。人们先是一愣，接着一窝蜂地跑到宝贝前，争先恐后地想挤进这个人形石柜，可惜不是大了，就是小了，没有一个合适的。

众人屡试屡败，一个个灰头土脸、垂头丧气，先前的喜庆劲儿都消失了一半。奥西里斯看不下去了，他清了清喉咙，用浑厚的声音说："让我试试！"三步并作两步走到石柜前，一侧身就躺了进去，尺寸丝毫无差。"封箱！"圆滑尖细的声音再度响起，没等奥西里斯弄明白怎么回事，几个人就自塞特身旁箭步冲来，盖上箱盖、用钉钉得死、以铅浇灌，将石柜封得密密实实，抛入尼罗河中。可叹一代明君奥西里斯被他深信不疑的亲弟弟塞特施展诡计、骗进石头棺材，最终命丧黄泉，一命呜呼。是日，尼罗河大旱，所有植物都枯萎了。

神鸟指路助复生

伊西丝听说丈夫被害、塞特篡位的消息之后，伤心极了。她施展神力，化身为一只巨大的禽鸟，从宫中疾飞而出，上穷碧落、下至黄泉，在鱼儿和鸟儿的协助下，去寻找自己丈夫的尸体。伊西丝飞啊飞啊，顺着尼罗河的波浪，向北飞到了地中海（Mediterranean Sea），面对茫茫大海，徘徊不知所往：真是海底捞针般难找啊！

正在一筹莫展之际，从天空的东北方向飞来一群小鸟，叽叽喳喳、七嘴八舌地说："腓尼基国的比布鲁斯岸边新长出一棵神奇的大树，这棵树的树根包裹着一个箱子，几乎是一瞬间由一个小苗苗长成了参天大树。"听到这里，伊西丝心中一动，像被什么东西揪了一下似的，眼前燃起了希望。她知道，这棵树一定是丈夫的生命之树，才会如此神奇。她立即展开双翅，心急火燎地飞到了大海另一头的比布鲁斯岸边，却没有找到那棵树。

寻夫心切的伊西丝赶忙唤来神鸟询问：原来是腓尼基国王看上了那棵树，拿去建造宫殿了。伊西丝深知，自己不能贸然只身前往腓尼基王宫。于是，她假扮宫女，悄悄混进王宫，找到了用那棵树做成的柱子。她抓住机会，说明了自己的身份和来意。腓尼基国王和王后都很同情她，就把奥西里斯的棺椁还给了她。伊西丝偷偷将丈夫的棺椁带回埃及，藏在了森林里的一片沼泽地中，打算施展神力，使奥西里斯复活。

有一天，谋权篡位、志得意满的塞特狐假虎威地率领着一大帮乌合之众来到林中打猎，竞相追逐中，一个猎物恰巧就落在了奥西里斯的棺椁旁边。塞特走近一看大惊失色，三角眼都直了，心说：不好，一定是暗中有神人相助，哥哥的石棺竟然被找到了，周围居然布置了指引复活的法阵，这还了得！旋即勃然大怒，将奥西里斯分成十四块，撒遍了埃及的各个角落。

伊西丝对塞特恨得咬牙切齿，她踏遍埃及各个角落，总算凑齐了丈夫的十三块肉体，但是第十四块无论如何也找不到了，小鸟说这是不听话的鱼干的，把它当作食物给吃掉了。万般无奈之下，伊西丝只得用一根橄榄木，暂时代替了奥西里斯身体缺失的那一部分。她将奥西里斯的肉体拼凑在一起制成木乃伊，之后端坐在地，双手上举，口中念念有词："尽管你已离去，你会归来！尽管你已沉睡，你会苏醒！尽管你已亡故，你会复生！"[①]祷告完毕，风雨交加、电闪雷鸣，奥西里斯复活了，然而由于身体的残缺，他只能在人世间停留一天。当日，尼罗河水暴涨，全埃及的农作物苗壮成长，呈现出一派欣欣向荣的景象。

冥府审判秉公正

奥西里斯在人世间只复活了一天，他在复活当夜使伊西丝受孕，生下了一个儿子，取名荷鲁斯（Horus）。第二天，他来到阴间，做了冥府之王，

---

①见《金字塔文》。

掌管起审判死者的重任。奥西里斯在冥世的双真理大厅设了一个法庭，每到出庭之日，他佩戴至高无上的王标，端坐于法庭中央的宝座之上。他身后以半弧形状整齐摆放着四十二个陪审的座位。他座前有一只魔怪，这个魔怪有两个脑袋，身体是恶犬的形状，专门吃掉被判有罪之人，让罪人永世不得超生。魔怪身前摆着一个天平，用来公正地称量死者生前的行为。天平旁边有一套桌椅，桌上摆着一叠纸草①、一罐黑墨水②和几根芦苇笔③，供书吏做庭审记录之用。

这是一个平常得不能再平常的下午，车轮战似的审判似乎让我们的冥府之王庄严的面庞抹上了一丝忧虑：看来，埃及今年庄稼的收成又不好了，饿死了这么多人！奥西里斯心中暗自烦闷。这时，又一名死者被两个监领小神带上法庭，在奥西里斯宝座的右侧站定。这名死者和其他人不同，衣着考究、饰物奢华，陪葬珍品不计其数，一看就知生前非富即贵。来者进行第一次申辩："我未对世人为非作歹，我未对牲畜有所损害，我在真理之地并无罪愆……我纯洁，我纯洁，我纯洁，我纯洁！"④接下来，第二次申辩开始，内容与第一次大体一致，因为每一神分别司掌一种罪愆，所以他需要向各个神逐一申辩。最后，他将心脏取出，交给身边的神明，神明把这颗心放到天平上，天平的另一端摆放好公正女神的塑像。一旁的书吏正在纸草上健笔如飞地记录着整个过程。

随着时间的流逝，天平渐渐倾斜了，这表明刚才接受审判的人并没有说实话，他在生前作过恶。书吏宣布审判结果为有罪，那人吓得面若死灰，奥西里斯驾前的恶犬魔怪噌地跳起身来，摇晃着两颗硕大的脑袋，一下子将他吞进肚中。后面等待接受审判的死者见到了这一幕骇人听闻的场景，吓得立马就尿了裤子。

这个尿了裤子的死者被监领小神拽上法庭，惊骇得连话都说不清了。断

①古埃及人将尼罗河两岸沼泽地中纸莎草的茎髓切成薄片，经简单加工后可在上面书写文字。
②古埃及人把蜂蜡、烟灰和蔬菜汁混合在一起，制成黑墨水。
③古埃及人把芦苇截成适宜的长度，并将书写的那一端斜切三刀削尖，制成芦苇笔。
④见《死者书》。

断续续中，奥西里斯和四十二名陪审了解到，他生前是一个老实人，一生穷困潦倒，但并没有做过伤天害理的事情。死后亲人倾全家之力，为他举办过一个简陋的葬礼。之后，这个人的心脏也被拿来放到天平上称量，结果是平衡的，天平一点儿也没有倾斜。死者被判无罪，因其生前是善良的。[1]这个胆小的老实人得到了那个为富不仁的人的所有陪葬品，天亮后离开冥府，见到了太阳。他来到了"天堂之野"，在那里永享福乐[2]。

尼罗河畔保安宁

奥西里斯死而复活，后又当上冥府之王，成为古埃及九大创世神之一。他的事迹遍布《金字塔文》、《纸草卷》和《死者书》等古代典籍，一代又一代的埃及法老[3]追随他的脚步，通过制作木乃伊、修建陵墓、举办殡葬仪式和雕刻带有魔力的象形文字，来追求借由冥界的审判而获得灵魂的永生。

奥西里斯的妻子伊西丝成为生命之神[4]，在人间含辛茹苦地抚养着儿子荷鲁斯。荷鲁斯长大后，也继承了父母亲的神力，成为了不起的英雄人物。在母亲的帮助与众神的支持下，荷鲁斯打败了邪恶的塞特，使其流放沙漠，替父亲报了仇，统一了全埃及，成为上下埃及之王。

---

[1]根据古埃及的冥世观念，人死后灵魂不灭，要经由奥西里斯的审判，审判的主要依据是死者生前行为是否合乎道德规范。

[2]审判为无罪的善良之人如奥西里斯一样，不能重新回到人间生活，而是以一个新的形象，居住在一个新的王国中，陪葬品越多，生活得越幸福。

[3]法老是一种尊称，为古埃及国王的专有称谓。

[4]伊西丝是有多重身份的神，她本身是农业女神，后来复活了奥西里斯，所以又称生命之神。

第二节　鹰头人身荷鲁斯

寄身沼泽志气坚
欲继王位求审判
母亲渡河施巧计
上天入地正义捍

寄身沼泽志气坚

很久很久以前，在尼罗河谷和三角洲地区，有一片大大的沼泽。那里人烟稀少，毒蛇遍布。有一天，电闪雷鸣、旋风大作、天象异常，一个男婴出生了。他的妈妈叫伊西丝，给他起了个名字叫荷鲁斯。母子两人寄宿在沼泽地上的一户人家中，日子过得十分辛苦。荷鲁斯是幸运的，因为有个特别爱他、处处维护他的妈妈；荷鲁斯是不幸的，因为自打记事起，就没见过爸爸。

"妈妈妈妈，爸爸去哪啦？"荷鲁斯扬着稚气的小脸儿，奶声奶气地问。

"爸爸在冥府啊，人们口中的'冥府之王'就是他啦。"母亲伊西丝爱怜地抚摩着荷鲁斯的小毛头，灿若星辰的眸子里有一丝忧郁一闪而过。

"妈妈，为什么爸爸不下来见我，连小朋友见了我都要跑呢？"荷鲁斯抱着妈妈的腿，不依不饶地问。

"因为呀，你自打出生就是与众不同的。"伊西丝抱起荷鲁斯，领他来到水塘边。荷鲁斯看见水中的倒影，立马被吓哭了。只见母亲抱着的不是人，而是一个头上布满灰色羽毛、长着弯弯的喙、眼睛大约占了脑袋的一半的生物正在瞅着自己，就像……鹰。但身子完全是未成年人的形状。

荷鲁斯被自己鹰头人身的样子吓坏了，母亲伊西丝爱怜地拍打着他的后背，坚定地说："孩子，记住，你是神，塞特是敌人。他本是爸爸妈妈的弟弟、你的叔叔，竟不顾血亲之情，残忍地杀死了你的爸爸，使我们全家无法团聚。"说到这里，伊西丝眼圈一红，声音也变得有些哽咽："都说恶人有恶报，苍天无眼，居然让塞特篡夺了王位！世界不能由坏人统治，所以，我们的小荷鲁斯要顶住压力变强，拯救这个世界，好吗？"

"嗯！长大以后，我一定要杀了塞特替爸爸报仇，把王位夺回来！"荷鲁斯小小的粉拳渐渐收紧，暗暗下定决心。

欲继王位求审判

光阴似箭，日月如梭。转眼间，荷鲁斯已经长大成人。他的鹰头俊俏犀利，腰杆笔直挺拔。为了给冤死的父亲一个公正的裁决，他离开了尼罗河沼泽地，来到宇宙主宰面前，要求对塞特进行审判。宇宙主宰一看，先帝的遗孤来了，不敢怠慢，急忙召集九柱神①的其他几位过来当法官，并另请了三十个神做陪审团，开辟了一个小岛做法庭，准备择日对塞特篡位一案进行开庭审理。

这个消息如晴天霹雳，瞬时在街头巷尾炸开了锅。

"荷鲁斯是先皇之子，由他继承王位天经地义，既然小王子已经长大，塞特应该把王位让给他了。"一位精神抖擞的老者欣慰地说。

"塞特多了不起，做事果敢、力大无穷，做皇上的就应该有这样的本事。至于荷鲁斯，毛头小子，乳臭未干，怎能让他统领天下？"一个浑身肌肉的年轻人不屑地说。

"本事大并不代表可以为所欲为！塞特多行不义已多年，为人阴险狡诈，又不是先帝之子，你还要护着他，真是岂有此理！"一个仪表堂堂的大汉声如洪钟，激愤地说。

"你们就别吵啦，塞特好歹也是先帝的弟弟，沾亲带故的，按理说也有

---

①九柱神，埃及神话中九位主要神祇。他们分别是：太阳神拉（Ra）、风神舒（Shu）、雨神泰芙努特（Tefnut）、天空之神努特（Nut）、死者的守护神奈芙蒂斯（Nephthys）、冥府之王奥西里斯（Osiris）、生命之神伊西丝（Isis）、战争之神塞特（Seth）、大地之神盖布（Geb）。

权继承皇位。①荷鲁斯虽然是王子，但先帝没传位就驾崩了，所以不经过众法官审批是不能够继位的。"一个道貌岸然的瘦老头眯缝着眼，慢条斯理地说。

这边人们正在议论纷纷、争执不下，那边的塞特倒是吊儿郎当、一身轻松——他正在跟众神一起在小岛上的亭子里坐着喝酒哩！九柱神可是负责审判此案的法官啊！看来荷鲁斯要倒霉了。

就在这时，伊西丝从远处冲了过来，一把掀翻塞特和众神吃饭的桌子，气得浑身发抖。她对九柱神说："我发誓，你们会得到正义的惩罚！先皇惨遭算计、尸骨未寒、凶手未缉，你……你……你们却狼狈为奸，算计着把应属于我儿子的东西从我儿子手里夺走！"

众神心虚，低头不语。半晌，其中一个个子稍矮的人试探性地开口了："别生气，我们会把权力交给应该拥有它的人的，一切照你说的就是了。"

"什么？敬酒不吃吃罚酒！"塞特闻言大发雷霆，立马抽出万钧重的权标，向说话人一指："胆敢不听我的话，我就拿这权标当锤子，每天击杀你们中的一个人！一天杀一个！统统都杀光！"

一道道凶恶的目光射向了那个多嘴的小个子，众神吓得噤若寒蝉。

"很好，"塞特轻蔑地环顾着被他吓傻了的众神，狂妄地命令道，"有这个恶婆娘在，我是不会出庭的。来人，将伊西丝逐出此岛！"

母亲渡河施巧计

被逐出审判岛后，伊西丝隔着一条大河遥望小岛，惦记着儿子，心里十分焦急。就在她一筹莫展之际，从前面由远及近划来一艘小船。一个船夫正跷着二郎腿坐在船舷上数钱呢！伊西丝美目一转，计上心来。她摇身一变，变成了一个慈眉善目的老奶奶。老奶奶弓腰驼背，一只手挂着拐杖，另一只手托着一个金黄色的面包圈儿。她颤颤巍巍地走近小船，对着船夫说道："咳咳，老哥哥，麻烦你帮帮忙，把我摆渡到河对岸的小岛上吧！我的外孙子正

---

①见 A. 加德纳于 1981 年首次公开的切斯特·比替纸草文献（*The Chester Beatty Papyri*）。

在那儿看牲畜哪，五天都不见回，真令人担心啊。我想给他送点吃的，看看他过得怎么样。"说着，老奶奶扬了扬手里的面包圈儿。

船夫飞快地抬头，扫了一眼老奶奶，又低下头数起钱来。他边数钱，边说："不行，不行！上面有令，不许摆渡妇女，你还是回去吧！"

老奶奶不甘地说："'不许摆渡妇女'，这我也听说了。不过，这只是针对伊西丝而言吧？你看，我这样一个糟老婆子，又怎么会是伊……咳……西……咳咳……丝……咳咳咳……呢？"

"说的也是，"船夫停下数钱的手，上下打量着老奶奶，锐声问道，"送你过河，对我有什么好处？"

"有，有的，"老奶奶努力地举起面包圈儿，"这个给你。"

"哈哈哈哈，"船夫不禁放声大笑起来，"不行，上面有规定，妇女不能渡河，我怎么能为了面包就违反规定呢？"

"老哥哥，您就行行好吧。这可不是普通的面包圈儿哦。"老奶奶拿面包圈冲着阳光一晃，顿时圈儿内金光灿灿——原来，这是一个金圈儿啊！

船夫看得眼都直了，急忙靠岸跳下船，一把夺过金圈儿，激动地说："好东西，给我吧。过来，我带你渡河。"

就这样，伊西丝巧妙地笼络了船夫，渡过了大河，又回到了审判岛上。她远远看见塞特还在跟众神大吃大喝，眉头一皱，计上心来。她摇身一变，变成了一个美丽的少女。这个少女是那么美丽，乃至于说世界上没有一个人的美貌可以超过她也不为过。少女向塞特款步走去，塞特正好也看见了她，对她一见钟情，赶紧离开饭桌迎了过来。

"美人儿，你叫什么？来做什么？咱们在一起可好？"塞特色眯眯地盯着少女，意乱情迷地说。

"啊，尊贵的先生，您可要替民女主持公道啊，呜呜……"少女低声呜咽起来。塞特不忍心看这么美的女子哭泣，急忙说："你有什么冤什么仇，尽管道来，我帮你摆平！"

少女停止了哭泣，拉着塞特在大树旁坐下，开始断断续续地诉说。原来，这个少女已经结婚了，嫁给了一个牧羊人，生了一个儿子。丈夫过世得早，只给娘儿俩留下一间窝棚和一群羊。"可是，丈夫他弟弟来了，说窝棚和羊都是他的，要把我们娘儿俩赶出去，不走就要揍我儿子。呜呜呜……"

"岂有此理！"塞特冲口而出，"你亡夫的儿子还在，财产怎么能交给别的亲戚？放心，我会帮你主持公道的！"

塞特说着，突然感觉不对劲儿——面前的少女怎么长得越来越像伊西丝的模样了？再一揉眼睛——呀！宇宙主宰来了，身后还跟着众神！

"被告方塞特，"宇宙主宰庄严地宣布，"方才你对伊西丝讲的一席话，已作为呈堂证供。是你自己审判了自己，你现在还有什么话说？"

"呀，这个恶婆娘，她套我话！"塞特愤恨地说，"她怎么回来的？"

众神凭借神力一查，知道了船夫因为贪财，收受了贿赂才将伊西丝摆渡回岛上的。众神把贪婪的船夫抓来，念动咒语，使他手上的黄金变成了污秽，并以此教导世人莫要贪恋财富。

上天入地正义捍

凭借母亲的帮助，荷鲁斯终于赢得了与塞特官司的胜利。然而，塞特并不服气，也不打算将篡夺的王位让出来，对法庭的宣判拒不执行。"这样吧，"塞特对荷鲁斯说，"你我明日就在这河上较量一番，谁赢了，王位就归谁。"

"好！"荷鲁斯清脆地答道，"叔叔，我要让你输得心服口服！"

荷鲁斯忙碌地为着明天的战斗做准备。他心灵手巧，找来很多雪松，把它们的树干绑在一起，中间挖空，造成了一艘简易的战船。他又找来一些石膏，粉刷在船的表面，使船看上去就像是用石头造的一样。这些工作做完后，天就黑了，荷鲁斯把船放进了水里，休息去了。

塞特笨手笨脚地忙活了一整天，天都黑了也没造出像样的船。他非常气馁，就趁着天黑偷偷去看荷鲁斯造好的船。"哦，原来是用石头造的！"塞特看后恍然大悟。他搬来很多石头，为自己造了一艘一百三十八肘①的大战船。

第二天，在宇宙主宰和九柱神的见证之下，荷鲁斯和塞特登上了各自的

---

① "肘"是古时西方使用的长度计量单位，一肘就是一个成年男子从胳膊肘儿至手指尖的距离，相当于45厘米左右。一百三十八肘大约是62.1米。

战船。由于塞特的船是石头造的，石头的密度比水大，所以很快就沉到了水底。塞特看见荷鲁斯还安然无恙地立在船上，简直气坏了。他变身成河马，一下子把荷鲁斯的船打翻在水中，拖着荷鲁斯往水下游去。荷鲁斯感觉呼吸困难，灵机一动也化作一头河马，凭借身体的重量猛地冲塞特撞去！塞特被撞飞，在水中打了几个滚，荷鲁斯趁势追击，利用尖牙在塞特暴露的侧腹上留下两排牙印！塞特吃痛，愤怒地调转过身，挥舞着四只蹄子去抓荷鲁斯。这时正好有一股水底暗流涌来，荷鲁斯站立不稳，打了一个趔趄，一下子被塞特抓住，塞特张口就要往荷鲁斯颈上咬去！荷鲁斯急忙蓄力，再一次撞飞塞特。两人变成的河马在水下缠斗起来，一时打得难解难分。

碧水潭下，风起云涌；碧水潭上，波澜不惊。由于荷鲁斯和塞特潜得太深，岸上观战的伊西丝看不清楚战局，便着了急，生怕儿子受到伤害。她变出一把铜质鱼叉，亲手搓了一段绳子系到叉尾，将鱼叉抛入水中。

"哇！谁？谁拿鱼叉叉我？"荷鲁斯在水底下大喊。

"对不起儿子！妈妈搞错了！"伊西丝急忙收回鱼叉，凝神静气，瞅准塞特，又一次把鱼叉抛向水里。

"嗷嗷嗷！姐姐！我是你弟弟呀，姐姐！你怎么忍心拿鱼叉叉我？娘的在天之灵知道了会有多伤心？快把鱼叉从我身上收回去吧！"伊西丝心软，真的把鱼叉收了回来。

荷鲁斯和塞特打呀打呀，眼看就要天黑了，二人还是没有分出胜负。这时，宇宙主宰发话了："二位暂且回去休息，待明日再战。"

夜的网悄悄地笼罩下来，银月的光辉洒满了大地。在月光的照耀下，万物都沉静地睡去，大地呈现出一派祥和的景象。荷鲁斯白天累坏了，现在正靠着一棵树沉静地睡着，胸脯随着呼吸规律地一起一伏。这时，塞特蹑手蹑脚地爬过来，月色下突然寒光一闪，塞特手起刀落，竟残忍地挖掉了荷鲁斯的左眼！

夜空中划过一声凄厉的惨叫，月亮的光芒瞬间黯淡下来。无边无涯的黑暗彻底笼罩了大地，沉睡的人们醒来，伸手不见五指，既惊慌又无助。"荷鲁斯左眼丢失了！我们再也见不到月亮了！"人们奔走相告，无比恐慌。荷鲁斯的左眼代表月亮，一旦丢失，月亮也就消失不见了。

"该怎么办啊？"月亮神见月亮没了，这下可犯了愁。她认为，事情发展至此，不能再置之不理了。不然，要是荷鲁斯代表太阳的右眼也没了，人们就连太阳都看不到了。于是，她就借助天的力量，协助荷鲁斯从塞特手里夺回了左眼。

荷鲁斯和塞特为继承王位迟迟争执不下，弄得众神都十分纠结。常言道："解铃还须系铃人。"宇宙主宰索性派了一个使者，给远在冥府的奥西里斯写信，让他帮忙裁决谁该继承他的王位。"当然是吾儿荷鲁斯。"冥府之王奥西里斯回复说。于是，塞特被逼着让出了王位，荷鲁斯在母亲伊西丝的拥戴声中继位了。

"我要把左眼献给父亲，让他在幽暗的冥府不再感觉到黑暗。"荷鲁斯把自己失而复得的左眼送给了父亲奥西里斯。奥西里斯非常高兴，就用这只眼睛守护着冥府，从此黑暗的冥府也有了光亮。这只眼睛成为古埃及一个重要的符号，人们称之为"荷鲁斯之眼（The Eye of Horus）[1]"，而荷鲁斯也被奉为世代法老的守护神。

"该如何处置塞特呢？"人们问宇宙主宰。"将他流放到沙漠上，让他在酷热和干渴中煎熬。痛苦时他会肆意吼叫，叫得人们都害怕他，都不敢接近他。"宇宙主宰说。

就这样，荷鲁斯在母亲的帮助与众神的支持下，打败了邪恶的塞特，将其流放沙漠，替父亲报了仇。他在位期间政绩卓越，统一了全埃及，结束了埃及南北分裂的局面。荷鲁斯戴上了红白双王冠，成为上下埃及之王[2]。

---

①法老认为"荷鲁斯之眼"是来自神界的护身符，故而愿意在木乃伊上画上这只眼睛。如埃及第十八王朝的法老图坦卡门的木乃伊上即绘有此眼。

②古埃及南部是上埃及，其象征为白冠；北部是下埃及，其象征为红冠。双冠即为上下埃及统一的象征。

第三节 传奇法老拉美西斯二世

出师平叛讨赫梯
一马当先中谍计
奋勇激战卡迭石
银板永订和平契

出师平叛讨赫梯

古埃及人创造了举世闻名的金字塔（Gteat Pyramid），然而他们的寿命却很短，仅能活到三四十岁左右，像拉美西斯二世（Ramses Ⅱ）能活到九十多岁堪称奇迹。埃及法老拉美西斯二世继位时才十多岁，但他的眼光和胆魄却是无人能及的。当时的埃及相对稳定，国土到达第三瀑布①。可亚洲各国叛乱不断，尤其是赫梯（Hittite）的坏人总是来捣乱，极大地威胁着埃及东部边陲的安全。拉美西斯以敏锐的嗅觉预见到了战争爆发的可能性，于是他一上台就韬光养晦，一方面勤政爱民，在城市中进行土木建设；另一方面整顿军队，严明军纪，为可能发生的战争未雨绸缪。

公元前 1300 年的一天，法老的卫兵们绑住一伙捣乱分子，将他们推搡到宫中。这时拉美西斯即位已经有九个年头了，他正在勤理朝政，抬头瞟见这群人不禁雷霆大怒，愤然道："本王，拉美西斯二世，第十九王朝法老，蒙神之庇佑者！大胆赫梯，居然屡犯吾土边疆，不知悔改，置本王之威严于不顾！尔等身虽为人，实则禽兽不如也！"当下召集群臣，共商国是。经商议，

①埃及法老常用"第几瀑布"来标明势力范围。

全军按照招募地区整编成四个兵团，分别叫阿芒部队、普塔部队、拉部队和塞特部队，其中阿芒部队由法老亲率，向北挺进亚洲，直捣赫梯王的老巢。

拉美西斯御驾亲征，一路攻无不克、战无不胜，所向披靡、直捣黄龙。埃及大军穿过巴勒斯坦（Palestine），经过腓尼基人（Phoenician）的边境，越过黎巴嫩，渡过奥伦特河，眼瞅着就要把赫梯王的不义之军给一口气端平了。赫梯王在营帐里如坐针毡，愁眉苦脸地看着埃及大军压境，打到了家门口，却不知如何是好。这时，他身边的一个谋士站起身来，尖声尖气地喊道："大王莫慌！臣有一计，可当一试！"接着，他便如此这般、这般如此地在赫梯王耳边嘀咕了好大一阵，直说得赫梯王脸上阴转晴，晴转笑，最后两人放声奸笑起来。

一马当先中谋计

这天，月黑风高，万籁俱寂。白天持续行军的埃及大军已择地安营扎寨，无边的白色圆顶帐篷随着丘陵起落，一眼望不到边，只有几道火光穿插其间，忽明忽暗，那是巡逻兵在放哨。

突然，两个黑色的身影佝偻着身躯，从埃及军队的行军大帐外一闪而过。"喂，站住！"一个巡逻的埃及官兵冲着两人命令道。没想到二人听到口令，非但没有停下来，反而加快了脚下的步伐。立刻有巡逻兵举着火把从四面八方赶来，将二人围得水泄不通。只见那两个人都披着硕大的斗篷，头上箍着厚厚的头巾，浑身包裹得严严实实，只留下一双贼亮贼亮的眼睛，显得猥琐而又可疑。一名传令官火速前来拉美西斯的行军大帐中报告："报！抓住两个可疑的夜行人，请问陛下如何处置？"

平静的夜里起了一丝涟漪，接着便激起千层巨浪。

"审！"拉美西斯轻翕唇齿，沉稳地发出号令。于是军士得令而去，连夜审讯那两个夜行人，恩威并施，弄清了事情的来龙去脉。据供称，他们都是贝都因人①，战争爆发前以放牧为生，四处游牧，居无定所，生活拮据。后来听说赫梯王有很多钱，只要答应加入他的部队就有数不清的金币，还可以让家人

①贝都因人是阿拉伯人，属游牧民族。

过上好日子，于是稀里糊涂就上了贼船了。"那个赫梯王，呸！"一个夜行人朝地上狠狠唾了一口，愤懑地说，"胆小鬼一个！打不赢就跑，我不服他！昨儿个又让兄弟们往北跑，说好的金币一个子儿都没见，我又不是赫梯人，凭什么让他使唤！"紧接着一股脑儿把对赫梯王的不满都倒苦水般讲了出来。

弄清前因后果之后，军士前去汇报。拉美西斯耐心地听着，不时紧锁双眉、凝神思索，不时轻捋须髯、会心微笑。原来，那两个人是赫梯从外地招过去的雇佣兵，眼看着军队节节败退，也拿不到钱，就不想打了，想趁着深夜逃跑回家。同时，两人还带来了有用的信息：赫梯叛军已经向北撤离了。"陛下，赫梯叛军必是忌惮陛下的神勇，不敢与您正面交锋，故而溃逃了。依臣愚见，何不乘胜追击，打他个落花流水？"拉美西斯身旁的谋士了解敌情后，开始积极地出谋划策。

拉美西斯闻言甚觉有理，当即兵分两路，自己亲率急先锋阿芒部队向北追击；其他部队则在后方挺进。正午时分，阿芒部队到达了一个叫卡迭石（Kadesh）的北部城市，正欲小憩片刻、整装待发，这时，拉美西斯以敏锐的军事嗅觉察觉出了异样："这城市……过于安静，怕是其中有诈。"于是，他命军士再度提审那两个赫梯逃兵，却得到一惊天的消息：那两个夜行人居然是被赫梯派来的间谍！这阴险狡诈的赫梯王，明的打不过就玩阴的。他压根儿就没向什么北方撤离，而是带大军埋伏在了这座城的西北角，打算通过假情报"引军入瓮"，来个"瓮中捉鳖"！炎热干燥的空气中蒸腾起几滴不安的汗珠，拉美西斯心说：糟糕，本想勇追穷寇，不料竟中了敌人的奸计，这该如何是好？

奋勇激战卡迭石

阿芒先锋部队误中奸计，深陷敌军包围圈，眼看就要和埋伏在卡迭石城的赫梯叛军进行正面交锋。二者兵力相差悬殊，硬碰硬断无胜算，埃及军队急需后续部队的支援。拉美西斯当机立断，下令急召普塔部队。然而，由于普塔部队之前行军缓慢，一时半会儿还赶不过来。塞特部队更指望不上，它比普塔部队还远哩。唯一稍微近一些的是拉部队，然而屋漏偏逢连阴雨，以骁勇不屈的步兵团著称的拉部队行至半路，竟然遭遇了狡猾的赫梯王派出的战车部队，步兵对战车，一时也没了胜算。战场形势急转而下，前有伏兵、后有追击，援军未到、残兵受挫，埃及军队大势已去，战争失败似乎已成定局。

就在赫梯军队奸计得逞、洋洋得意之时，忽听东南方惊天动地一声巨响，紧接着埃及军队锣鼓喧天、鼓角齐鸣。只见前方金光烁烁，一辆黄金战车一马当先，马踏连营般无所畏惧地向南驶去。这辆黄金战车由名副其实的黄金制成，它有两个车轮，全部由精工打造并镀上了黄金。车由两匹马拉着，马的身上全都披裹着软黄金铠甲，头上戴有威风凛凛的黄金羽饰簇冠。车厢露天，纯金制成，车厢内可供一人站立。拉美西斯二世英姿飒爽地傲立于黄金战车之中，火红的头发如同一团正在燃烧的火焰。只见他左手持金弓、右手搭羽箭，弓如满月、箭似流星，"嗖"地一发射出去，没等众人回过神儿，又毫不迟疑地从腰上背的箭囊中连取数箭，"嗖嗖嗖"接二连三地射出，毫不留情地对敌人施以绝地反击！

"冲啊……杀！"阿芒军团众将士见主帅如此拼命，立马受到了鼓舞，都激发起自己最大的潜力，跟着法老向南突围而去。一路上杀敌斩将，奋力拼搏，置个人生死于度外。赫梯军慌忙向南边集结，妄图以人数优势，拦住法老军团的去路。他们渐渐往一处靠拢，在卡迭石城南部越聚越多，并且狂妄地叫嚣着："来来来，立头功！""哇哇哇，抓活的！"

法老定住心神，继续沉着冷静地朝南放着箭。同时，他将眼角瞟向西、北、东这三个方向，借机用眼睛的余光寻找敌人防守的破绽。突然，拉美西斯二世金弓一扬，金箭一搭，从南向东扭身，在空中划了一个金光闪闪的大圈，箭矢果断而笔直地指向东边的方向，东边敌军兵力较弱，似有可乘之机。阿芒军团众将士会意，朝南边虚晃几箭，就掉头策马往东杀去，一边杀敌，一边把随军携带的金银财物扔到后面地上。

"哇，我的！"赫梯军一见拉美西斯抛在地上的金银财宝，眼睛都直了，哪还管什么打仗不打仗，你争我赶一股脑儿地把钱物往自个儿怀里搂。"我的，你走开！"一名高级赫梯军官一脚把跟他抢夺金子的手下踢开，财物入怀，露出贪婪的神色。上场督阵的赫梯王感到既好笑又可气，他使劲扯着嗓子尖声命令道："不许抢！放下！往东追拉美西斯去！"可是没有人听他的话，军队依然乱作一团。由于抢得太急，几个人从颠簸行驶的战车上摔了下来，又绊倒了后面冲上来的步兵，一下子多米诺骨牌般摞倒了一大片，剩下的人也陷入混乱。

黄金战车加黄金的攻势如同一束熊熊燃烧的火把，点燃了阿芒军团的斗志，也烧尽了赫梯王的不可一世，使赫梯军贪婪爱财的嘴脸暴露无遗。就在赫梯军混乱不堪的时候，忽听包围圈外一阵呐喊，紧接着便是赫梯军人仰马翻之声。普塔军团从远处赶到，与法老的阿芒军团内外夹击，成功击退了赫梯王的军队，打得他们落荒而逃。

"陛下，普塔军团救驾来迟，还望恕罪！"一个精干的壮士旋风般来到拉美西斯二世面前，跪伏下去。

"爱卿救驾有功，自当封赏，何罪之有？"法老自黄金战车上缓步移下，步履沉重而坚定："今日之役，绝地逢生，此谓天助自助者也。"法老沉思片刻，接着说："众将士且在此据守，待粮草备足后继续北进，谋取天下，再创辉煌①！"

银板永订和平契

时间如白驹过隙，转眼间，卡迭石之战已过去多年了，可是大大小小的战争还在继续。这天，拉美西斯二世迎风而立，目光深邃地凝视着脚下的城池，对手下的谋臣们说："讨伐赫梯之战旷日持久，死伤者众，吾心甚哀。观天下大势，已然悄变。赫梯王崩，其兄即位；亚述国兴，赫梯衰微。当今之重，唯以国内建设为要，但使疲于战事之国重修于好，百姓乐焉。"

法老这边儿正说着，就见城池下面由远及近一骑扬尘，来了一个人。"报！赫梯信使到，前来求和！"一个埃及通信官飞奔上城墙，躬身下跪，对着拉美西斯二世一干人等朗声道。众人大喜，纷纷恭喜拉美西斯二世心想事成，如有神助。"法老，您就是神啊！"一个上了年纪的大臣由衷赞叹道，群臣频频点头表示同意。"宣！"拉美西斯二世面上不喜不怒，略一领首，威严地发出指令。

不一会儿，赫梯使者就被带上城来。他的双手高举过头，恭恭敬敬地捧

---

① 拉美西斯二世旨在恢复埃及在西亚的霸权。

着一个银板，上面工整地刻着和约草案相关的文字。经过仔细研读和商讨，拉美西斯二世把草案做了一些改动，将改动后的文字刻在了一块新的银板上，让使者拿回给新赫梯王看。两国国王意见达成一致后，就在上面签署了名字。这样，公元前1284年，埃及和赫梯之间停战，双方签订了《和平条约》，条约规定了永久和平、互不侵犯，军事互助、互不接纳亡命者，履行条约、违约会受神罚、守约会得到神的恩惠等内容。这个条约，不仅确保了两国人民的和平，更是世界上第一部完整的国际和平条约，使世界上今后的和平契约签订变得有章可循。

和平条约签订后，拉美西斯非常开心，他在国内建了许多宏伟壮丽的神庙，并命人用象形文字把条约的内容刻在卡纳克神庙（Karnak Temple）和拉美西斯纪念庙（Ramesseum Temple）的墙壁上。新赫梯王有两个女儿，这两个公主都非常钦佩拉美西斯二世，并先后嫁给了他。但是拉美西斯最宠爱的，还是他在十多岁时娶的第一任妻子——奈菲尔塔利王后（Nefertari）。"我对你的爱是独一无二的。"拉美西斯拥着奈菲尔塔利，动情地说，"如今我已是埃及的王，你要什么我都可以给你。如果你要的合理，你要一，我便给你二；如果不合理，那我也要做一个不明事理的君主，满足你。"拉美西斯命人将情话镌刻在了阿布·辛拜勒神庙（Abu Simbel Temple）之上："太阳为你而照……当你从我身边走过，就已经偷走了我的心。"

千百年过去了，沧海桑田，拉美西斯二世兴建的神庙前游人如织。人们流连于卡纳克神庙的多柱大厅之中，那四周森林一般的巨大石柱，是压迫着扑面而来的神秘和幽远。人们徜徉在阿布·辛拜勒神庙里，那一座座岩窟中雕出的神像沉睡在寂静中，只有拉美西斯二世石像在每年两次的太阳节①当天沐浴在阳光下，诉说着这位传奇法老的超凡和与众不同。遍地黄沙，阵风呼啸，时间仿佛在此驻足，外间喧嚣统统不见，仿佛一张手便能握住历史，然而历史的片段又如细沙般从指缝洒落，但总有一种若即若离的精神萦绕在指尖低吟，是和平、爱和永恒。

---

①拉美西斯二世的生日在2月21日，登基日是10月21日。每年的这两天，太阳就会照亮石庙尽头拉美西斯二世的石雕像，但左右两旁的其他雕像依然基本照不到太阳。人们觉得很神奇，便把这两天称为"太阳节"。

　　幅员辽阔的西亚地区，有两条河流从西南部静静淌过：一条是幼发拉底河，而另一条则叫底格里斯河。人们都很喜欢这两条河流，因为它们给西亚人民的生活带来了富裕和希望。就像中国的长江和黄河，在奔腾中哺育了我们一代又一代中华儿女一样，沿着河流上溯，总会找到人类文明的源头和归宿。

　　古希腊人看到这两条河流高兴坏了，于是给两河流域起了个通俗易懂的名字叫"两河之间的土地"，音译过来就是今天的"美索不达米亚"。这两条河流都发源于亚美尼亚高原，然后像两只胳膊一样向东南方向伸展，直至交汇注入波斯湾。

　　吉尔伽美什史诗（本章第一、二节），就诞生于这河水灌溉的富饶之地。有人说，吉尔伽美什是苏美尔时期的一位拥有雷霆手段的霸主，而史诗则是对他伟力的颂扬和夸大；也有人说，他不过是一位以当时的国王为创作原型，但几乎所有经历都是虚构的传说人物。真真假假、虚虚实实，上古的世界总是史实与传说的交融，就像那两条河流一般，源自史实，却又在历史与传说的两条线中分别传唱，最后汇聚成一部宏伟的史诗。

　　巴比伦之囚（本章第三节）是真实的历史事件，但它太过沉痛，浓厚的思乡怨情萦绕在单薄的七弦琴之上，让人无法释怀。即使被掳走到异国他乡，犹太人依然不会忘记耶路撒冷那片神圣的故土，真是令人在心酸的同时又肃然起敬。历史的沉沙掩埋了无数古老的文明，失去故土、浪迹四方，最终归于无名、消失于世间的有多少？在历史的长河中，像以色列这般坚韧、数千年间孜孜不倦地为一方国土而奋斗挣扎的民族，又有多少？仅就此而言，他们就是值得尊重的。

第一节　吉尔伽美什史诗（上）

劲敌诞生伴林兽
惺惺相惜化为友
生死观明行路久
合力讨伐怪树头

劲敌诞生伴林兽

公元前 4 千纪，传说世界还是人神共处的时代。美索不达米亚（Mesopotamia）地区，乌鲁克国王是个人神混血儿，名叫吉尔伽美什（Gilgamesh），他有三分之一人血统、三分之二神血统，君临天下、气势非凡，臣民们都对他又敬又怕。

随着吉尔伽美什在人间的势力越来越大，天上的众神有点坐不住了。有个神说："看哪，那个有三分之二神血统的人又在飞扬跋扈了，根本不把任何人放在眼里，这还了得？我们应该挫挫他的气焰！"诸神纷纷点头附和。可是，该怎么做才能让吉尔伽美什收敛呢？诸神想啊想啊，终于，有一个女神想出了法子，她说："这样吧，我再去地上，造一个能够与吉尔伽美什相比肩的人出来，让他打败吉尔伽美什，不就可以了吗？""对啊，这么好的点子，我怎么就没想到呢！"诸神甚喜，于是决定派这个女神去造出这个人。

女神下凡来到了人间，在河里仔仔细细地洗净了双手，之后用纤纤玉指从地上捏了一小撮黏土，红唇翕动，对着黏土默念咒语，之后把黏土扔向了身后的荒野，就回天庭复命去了。思奇都（Enkidu）就这样出生了。

恩奇都睁开了眼睛。他不知道自己的父母是谁，也不知道自己为什么生下来就置身于森林之中。他只知道，动物们都是自己的朋友，他和狮子一起玩耍，吃鸽子叼来的午餐，偶尔在月圆之夜还可以跟狼一起演唱凄厉而悠远的歌谣。渐渐地，恩奇都长大了。他的身高比正常人高一倍，行为上却是完全兽化的。他成为这个森林的守护者，有哪个动物被捕猎夹捉住了，他总能第一时间赶到现场解救受困动物；有哪个猎人在森林里布下了狩猎陷阱，他总会想方设法将陷阱破坏掉。自从恩奇都降生，附近的猎人全都断了生计，不禁怨声载道、苦不堪言，非常害怕并且讨厌他。

一个老猎人家里实在穷得揭不开锅了。穷则思变，老猎人长吁短叹、思来想去，最后心一横，对儿子说："恩奇都是个厉害角色，咱惹不起还躲不起吗？但我实在无法抛下这世代祖传的家业啊！你走吧，去找一个能够活命的地方。"儿子年轻气盛，不满意地说："凭什么？我才不走呢，我要赶恩奇都走！""使不得，使不得呀！"老猎人连连摆手。"不要怕他！要不这样，爹，咱找一个女人，让她略施美人计，如此这般，这般如此……"儿子在老猎人耳旁嘀咕了一阵，直说得老爹爹破涕为笑，"好！我的好儿子！虎父无犬子，早就知道我儿子聪明，真是青出于蓝而胜于蓝哪！"

于是，猎户的儿子找来一个漂亮女人，那个女人来到森林里恩奇都经常活动的区域，远远在一条小河边站定。恩奇都不知是计，一看见女人就不淡定了——他天天接触的不是野兽就是猎人，还没有见到过这么美的尤物呢！于是，恩奇都飞奔到女人身边，捧起最好吃的野菜和果子来讨她的欢心。

"森林里的菜和果子虽然好吃，可这算什么呀，比起外面人吃的烤面包和喝的美酒，差远了呢！"女人朱唇轻翕，言语中透露着轻蔑。她接着说："你看你，连衣服都没穿，还算个人吗？哪里比得上我心目中的英雄吉尔伽美什，力大无穷、举止优雅，光袍子就有百八十件呢！件件好看，真是迷死人了！"说着，女人将身上的袍子撕成两半，递给恩奇都一半。恩奇都略一犹豫，就接了过来，把衣服裹在了身上。女人托起恩奇都的手，娇媚一笑，说："来吧，让我们到森林外快活快活！"于是，两人便出了森林，来到附近的小镇。小镇上的人都非常热情，牧羊人递来上好的食物和酒。恩奇都一开始不敢去碰任何东西，后来见到女人十分放得开，便也学着她的样子尽情地享用起来。

酒足饭饱之后，恩奇都回到了大森林。刚一踏入林子，他突然就感觉到自己与周围的环境格格不入了。不知道为什么，狮子一见到他的样子掉头就跑；鸽子一落到他的肩头就蜻蜓点水地飞走了；野狼一闻到他的气味就紧紧护住幼崽，并露出攻击的神色——动物们都不认识他了！女人适时在恩奇都耳旁低语："你看，你已经不属于这里。你这么厉害，不妨到外面闯荡一番。国王吉尔伽美什力量超群、名气很大，但他过于傲慢，已经积累了很多民怨。你去打败他吧，这样你就能扬名立万了！"恩奇都听了非常动心，他走出深林，打算找吉尔伽美什一决高下。

惺惺相惜化为友

时值初夏，柔和的微风吹拂着面颊，湿润的天空荡起一丝慵懒的气息。这时，吉尔伽美什正在民间浩浩荡荡地巡游，琢磨着怎样做才能大张旗鼓地彰显自己的神威。突然，巡游的队伍停了下来。没等开口问怎么回事儿，一个比常人高一倍的大巨人就打了过来。"嚣张，看拳！"一个巨大的拳头越过护卫冲吉尔伽美什砸来，如入无人之境。吉尔伽美什急忙闪身躲开，他身后的轿子立马四分五裂。"哈！终于找到和我旗鼓相当的对手了！"吉尔伽美什不怒反笑，他扭身对准恩奇都再次攻来的拳头，"轰！"一大股气波荡漾，周围房子震颤了，门闩全被震开，大地都抖了三抖，护卫全都被震得东倒西歪。"走，上广场打去！"吉尔伽美什和恩奇都纠缠着，扭打着，一路打到了城市广场。

在城市广场上，有一块巨大的圆形空地。空地正中央，矗立着众神群像。此时，广场上两个醒目的身影上下翻滚、闪转腾挪，直打得昏天黑地、飞沙走石。吉尔伽美什一跺脚，大地跟着抖了三抖，紧接着裂开了层层叠叠蜿蜒的缝隙。恩奇都大吼一声，震得躲在远处房子里面的人耳膜发胀，五脏六腑都在身体内翻滚开来。两人从白天打到了黄昏，难解难分、高下难判。

"哈哈哈，痛快！谢谢你，我输了。"吉尔伽美什从战圈中抽身，跳出三丈有余，对恩奇都赞赏地说。恩奇都刚欲攻来，听到这句话，顿了一顿，随即又凌厉地发招，直攻吉尔伽美什要害。"我输了！"吉尔伽美什再次跳开，大声地说。恩奇都充耳未闻，继续使用着蛮力，边打边说，声音嗡嗡作响："不，没，打打。"恩奇都打小离群索居，舌头不太利索，只会说简短的只言片语。"我投降，主动投降。"吉尔伽美什说。恩奇都这才不打了。

回到王宫，吉尔伽美什和恩奇都把酒言欢，言谈间十分投机。说到白天那场打斗，二人相见恨晚，颇有惺惺相惜之情。"厉害啊！举国上下，还从没有能跟我过上三招的人，更别提打败我了。而你，做到了！"吉尔伽美什赞许地看着恩奇都说。恩奇都用崇拜的眼神看着吉尔伽美什，连声说："好人，不坏。"其实他心里已经彻底被这个既有本领又有肚量的大哥征服了。二人义结金兰，化敌为友了。虽然众神让恩奇都和吉尔伽美什结仇对打的初衷没有实现，却也间接地达到了目的——自从知道了这个世界上还有能与自己匹敌的人，吉尔伽美什做事谦和多了，嚣张傲慢的性格一扫而光，抽空就找恩奇都切磋武艺，生活过得倒也安静而祥和。

生死观明行路久

有一天，吉尔伽美什找到恩奇都说："贤弟，就在你出生的那片森林里，藏着一个叫芬巴巴（Humbaba）的怪树头。我打听清楚了，他是一棵杉树，本身还有点神性。怪树头一咆哮洪水就泛滥，一张口就吐出火焰，一呼吸就喷出死亡的气息。他天天仗势欺人、胡作非为，弄得民不聊生，咱们去为民除害，消灭他吧！"

恩奇都听后高大的身子一抖，发出破碎的音节："怕——怕怕。"

"怕他作甚！"吉尔伽美什凛然道，"贤弟，你可曾想过？天地玄黄，世事无常。谁能永生不灭，寿与天齐？没有人，只有神。作为人类个体而言，生命的天数是有限的，一切追求终将化作过眼云烟。但是，"吉尔伽美什陡然提高了声音，"你是选择蝇营狗苟、浑浑噩噩地过一辈子，还是建功立业、轰轰烈烈地大干一场？现在，机会来了！随我去杀了那个怪树头！让我们把对生命的敬畏之心化作一股力量吧！我们不怕死，更不会逃避死亡！若在战斗中倒下，将会赢得生前身后名！以此名垂青史，方能不枉此生！贤弟，随我去杀敌吧！"①

---

①这段战前动员阐明了吉尔伽美什的生死观，反映出美索不达米亚地区古人的思想深度。

　　恩奇都听了吉尔伽美什的话，茅塞顿开，只觉得头脑如醍醐灌顶般清明。尽管语言描述不清，但是内心深处就好像打开了一扇窗，人生的真谛得到了顿悟。恩奇都点点头，和吉尔伽美什一起踏上了讨伐怪树头的征程。

　　吉尔伽美什和恩奇都每人手持一把斧头，腰带里还别着匕首，离开了宫殿，开始往大森林进发。他们饥餐渴饮、晓行夜宿，走了大概半年多，终于到达了森林的入口。吉尔伽美什警惕地打量着前方，只见眼前杉树森森，茂盛的树叶直达天际。树荫清幽，灌木丛在脚下延展开来，就像给森林铺了一张天然的绿地毯。"没事，我在，熟悉。"恩奇都说。吉尔伽美什稍稍放下心来：恩奇都从小在这长大，应该对周围环境很熟悉才对。这样，至少能保证林中的野兽不会搞突然袭击。

　　这一路走得实在是太艰难了，乱得头发都打了结，衣服脏得看不出本来的颜色了。两人在林中警惕地行走，就在即将心灰意冷之际，突然，面前出现了一条笔直的大道。大道十分宽敞，足够二十个人手拉手并排走在上面。神奇的是，尽管两边树木参天，道路上却异常平坦干净，就跟人工修剪过的一样，让人走起来既舒服，又不安。"快了、快了。"恩奇都一边给吉尔伽美什领路，一边小声嘀咕。

　　又走了一段距离，大道渐渐变狭窄了，分成了很多条小路。恩奇都挑了一条最泥泞的小路走了上去，吉尔伽美什立马跟了上去，却打了一个趔趄——实在太滑了。就在这时，小路边的一棵杉树毫无征兆地动了起来，紧接着向四周急速膨胀，树干变成了躯体，树枝生成了四肢，树叶稀稀落落覆盖在身躯上，树冠居然长成了人的脑袋，五官渐渐清晰起来。

合力讨伐怪树头

　　"怪树头！"吉尔伽美什和恩奇都异口同声地惊呼。尽管事先有心理准备，但还是被这突如其来的变故震撼到了。

　　"哼！是谁在此喧哗？"高高在上的怪树头芬巴巴蠕动着干枯的树嘴，十分不悦地说。一条条鲜红的火舌随着他声音的起落不断地蹿出。

"恩奇都，"怪树头眯起浑浊的树眼斜睨着脚底下的两个人，威胁性地说道，"我认识你，你是在我的地盘上出生的。虽然没有见过面，我可是保护着你长大的。怎么，翅膀硬了，敢跟我作对了？你可知道，我是方圆五百里最强的？快点，把你身旁的人杀了，我还可以考虑给你留个全尸。"

"怪树头，你多行不义，今日，我们兄弟俩就是来讨伐你的！"吉尔伽美什边说边举起了手里的斧头，斧刃在斑驳的阳光照耀下熠熠生辉。恩奇都早已怒不可遏，抡圆了斧头就要飞身上前。"慢！"吉尔伽美什伸出另一只手拦住了恩奇都，只见怪树头冲着恩奇都进攻的方向呼了一口浊气，前方瞬间燃起万丈火焰。"好险！"两人急忙跳开躲避，却听到一阵震耳欲聋的咆哮，声音绵延不绝，贯彻深林。紧接着漫天洪水滚滚而来，浇灭了火焰，却冲到了两兄弟近前，眼看着就要把他们淹没。

秃鹫和雕鹰尖叫着盘旋在上空，阳光陡然黯淡下来，天上的白云变成了灰黑色，死亡的气息如雾般降临，遮天蔽日。就在这紧急的关头，突然，大风暴从天而降，东风、南风、西风、北风、罡风、烈风、旋风、冰风、热风、沙风、暴风、魔风、神风这十三种风①席卷大地，吹跑了大洪水，朝着怪树头的脸上横扫、呼啸，使他进不得、退不得，一时困在了风阵当中。

"好机会，快上！"吉尔伽美什和恩奇都从地上一跃而起，利用惯性冲破了风阵。两人飞身上前，扎马步定住心神，抡圆战斧往怪树头身上砍去。一下、两下、三下……随着斧子的起落，大地跟着震颤起来，不一会儿两人脚下的地面竟然裂出了缝隙，但两人依然站得稳如磐石，不停地拿斧子往怪树头身上招呼着。

"哎哟哟，疼死我了，别砍了，别砍了！"怪树头被砍得浑身刺痛，连声求饶，"壮士，我错了，以后我一定改。放开我，我把整座森林的杉树献给你们，给你们建宫殿！大大的宫殿！哎哟哟……"

兄弟俩听到怪树头的好言软语，手上的动作不觉一停。就在两人分神之

---

①一说是八种风，其中前四种东南西北风是没有争议的。这几种风相传由支持吉尔伽美什的天神舍马什（Shamash）帮忙所降下，后来舍马什还因此受到了其他天神的责怪。

际，怪树头突然伸出他枯瘦尖长的胳膊，恶狠狠地朝恩奇都抢去！"贤弟小心！"吉尔伽美什见状，急忙回转斧刃，跳起身自上而下砍断了怪树头的这根胳膊。胳膊被砍掉之后，化成了一根柔韧纤长的树枝。落地之后，吉尔伽美什利用这根树枝再次起跳，跳到了怪树头的肩膀上，手起斧落，斩掉了怪树头芬巴巴的头颅。

有句话说得好："祸兮，福之所倚；福兮，祸之所伏。"吉尔伽美什和恩奇都虽然英勇地战胜了作恶多端的怪树头芬巴巴，却惹来一身麻烦，以至于兄弟俩阴阳两隔。

第二节　吉尔伽美什史诗（下）

拒娶公主遭复仇
双雄鏖战天煞牛
探索永生四海游
精神遗迹千古留

拒娶公主遭复仇

恶战之后，吉尔伽美什来到森林里的一条清溪边，一纵身跳了下去。他在水里仔细地清洗着自己的头发，不一会儿，纠缠到一起的头发就被梳理开来，黑发微卷散落在宽阔的胸膛上，闪耀着健康的光泽。他拔下一根水草，将头发拢到身后束起。接着，他用溪水濯洗着自己健壮的身躯，白皮肤渐渐显露，矫健的后背上还带着几道战斗中留下的细长伤痕，好似男人勇武的勋章。沐浴完毕，吉尔伽美什跳上岸来，洗净武器，从随身包裹中取出干净衣服换上。他穿上帝王长袍①，束紧腰带，将一顶金灿灿的王冠端端正正地戴在了头顶上。瞬间，一种冷峻逼人的高贵气质袭来，光辉灿烂得令人不敢直视。

谁都不知道，这时候，云彩里正藏着一个天界的公主，眼睛一眨不眨地瞅着吉尔伽美什的一举一动呢！公主面若桃花，两片绯红飞上了面颊，一看

---

① 一说为斗篷，但长袍的装束对于这一时期的美索不达米亚人来说更为恰当。

就是动了情。公主轻飘飘地落在了吉尔伽美什面前，大大方方地对他说："英俊的人啊，我喜欢你，我们结婚吧。"

"你是谁？"吉尔伽美什眉头微蹙，波澜不惊地问。"我是伊什妲尔（Ishtar）啊。"公主急忙回答，看着吉尔伽美什好像对她没什么意思，急忙接着补充，"跟我结婚，你会有很多很多的钱和很大很大的权力，全世界的金山银山都是你的，任何国家的王公贵族见了你都会下跪。好处多多呀，英俊的人啊，赶快娶了我吧！"

"伊什妲尔，"吉尔伽美什眸光暗沉，低沉而优雅的声音蒙上了一层厌恶，"我听说过你。谁敢让你喜欢？你喜欢的都没有好下场！相传，你喜欢过一个小伙子，云雨之后便将他抛弃，以至于他年年想起你就以泪洗面！这还算好的，有一个牧羊人敬重你，天天给你上供，你却下凡挑逗于他！牧羊人不从，你就把他变成豺狼，让他被手下的牧童和狗追打！还有一个当地出名的美男子，你色诱不成，就把他变成了矮子，让他受尽羞辱！是不是？但凡你喜欢、你爱的人都遭受了屈辱，今天你又看上了我，我算是要倒大霉了！"

"吉尔伽美什！"公主怒了，粉脸因愤恨而扭曲在一起，"你……你欺人太甚！看不上人家也就算了，揭我老底干吗？我……我会让你后悔的！"说完，公主头也不回地返回天庭去了。

一回到天庭，公主就立马换了一张脸，泫然欲泣。"父皇！女儿受欺负了，您到底还管不管啊？我要那头天煞牛（Bull of Heaven），帮我下凡报仇去！"

"这……"

伊什妲尔见父皇犹豫，急忙说："就当再帮女儿这一次，好吗？最后一次了，我保证！"见父皇还是没反应，伊什妲尔凶巴巴地威胁说："父皇，你又不是不知道女儿的本事，如果不把天煞牛借给我，我就要让地下的死人全都复活！让人间成为活死人的天下！到那时，哼哼，死人比活人多！不喘气儿的比喘气儿的多！您自己掂量吧！"

"罢了，随你去吧。"伊什妲尔见父皇松口了，大喜，一蹦三跳地来到天宫牵出天煞牛，打算到人间大闹一番，挫挫吉尔伽美什的锐气。

双雄鏖战天煞牛

　　吉尔伽美什打发走了公主，就跟恩奇都一起，把战斗中倒下的杉树树干收集起来，合力造了一张木筏。恩奇都掌舵，吉尔伽美什拿着战利品，两人顺流而下，往自己宫殿的方向前行。百姓们听闻国王和他的挚友安然无恙地回来了，都非常高兴，自发列队到城门口迎接，打心里佩服这两位英雄。

　　就在两位英雄的双脚刚要迈进城门的那一刻，突然，前方"轰"的一声，土地塌陷了，露出一个黑黝黝的大洞，一百个夹道迎接的人猝不及防，掉了进去。吉尔伽美什心下一惊，就像心脏被什么东西扯了一下似的，半刻恍惚之后强定心神向四下环顾，只见一头浑身乌金的巨牛从天而降，一边降落，一边从鼻子里喷出团团白气，白气打在了地上，地面便炸裂开来，又现出一个大洞，二百个人掉了进去。"妈呀！"百姓吓得抱头鼠窜。巨牛再次低下头，把厚重的鼻息第三次喷在地面上。"天煞牛！贤弟小心！"吉尔伽美什话音未落，只见恩奇都腰部以下已经陷进洞里，三百个人从他身后跌落洞中，不见了。

　　吉尔伽美什走到洞口，探身握住恩奇都的手，然后转头看了一眼天煞牛的肩膀。恩奇都会意，脚下往洞沿猛然一蹬，手上借吉尔伽美什之力向巨牛俯冲而去。行至半路，天煞牛发现了他，粗大的牛尾如巨鞭一样甩来，尾尖带起的厉风划破了恩奇都的面颊。恩奇都急忙向一边躲闪，巨牛穷追不舍，将一条粗尾抡得虎虎生风。吉尔伽美什趁着天煞牛追赶恩奇都分神之际，欺身上前，如同脱弦之箭般，几个闪身绕过了大洞，来到巨牛近前。

　　吉尔伽美什伸手抓住牛蹄，纵身跳上了牛腿。他就像一阵旋风似的，眨眼间爬到了牛身，又顺着牛的脊梁跳跃，不一会儿便蹲伏在牛肩之上。天煞牛这才意识到有人上了它的身，无暇与恩奇都恋战，收回尾巴甩啊甩，可是尾巴有点短，正好差一点儿打不到吉尔伽美什。天煞牛恼羞成怒，扭头张开大口，冲着肩膀上的吉尔伽美什吐了一大口唾沫。可是唾沫落在肩上，却不见了吉尔伽美什——原来，他跳到另一侧牛肩上去了！巨牛战落下风，自然不甘，再一次扭头张口，企图把吉尔伽美什淹死在唾沫里。

　　这时恩奇都已经到了近身，他手持一柄宝剑，边爬边砍，也爬上了牛身。

恩奇都瞅准时机，冲牛嘴砍了一剑，紧接着牵住牛鼻，固定住了左右乱晃的牛头。"给——"恩奇都举剑，对吉尔伽美什说。机不可失，吉尔伽美什飞身跃向牛头，接过恩奇都抛来的利剑，高高举起，把剑毫不犹豫地插在了天煞牛的脖颈和牛角之间。

"万岁！""英勇！"人们见国王和恩奇都又替百姓除掉了一个祸害，自是喜不自胜，连声膜拜，声音此起彼伏，不绝于耳。

"啊——"一声凄厉的尖叫盖过了百姓的赞美之声，显得十分不应景。"大胆吉尔伽美什、恩奇都，竟敢屠杀天界神物天煞牛！"伊什妲尔公主跑来，看到血肉模糊的天煞牛尸体直接吓晕了过去。

是夜，吉尔伽美什做了一个梦。在梦里，诸神在天上召开了一个大会，参会众神群情激愤。[①]伊什妲尔说："吉尔伽美什和恩奇都联手杀了天界神牛，罪大当诛。"另一个神立马反驳："天煞牛还不是你放出来的？"伊什妲尔哑口无言。就在僵持不下之际，一个高高瘦瘦的神说："他们还杀了怪树头芬巴巴呢！芬巴巴虽然作恶多端，但处理他也应该是天界的事情，哪里轮得到那两个小子？太狂妄了！"众神连连点头称是。高瘦的神得意得不得了，接着说："所以，吉尔伽美什和恩奇都其中一人必须死！他们必须为所作所为付出代价！""那就恩奇都死吧！"一个矮胖的神马上接话，众神纷纷拊掌表示赞同。

吉尔伽美什从梦里醒来，满头冷汗。抬手抚额，梦中的情形依然历历在目，令人心下生忧。他急忙走到恩奇都的寝帐旁，注目察看——还好，挚友还在熟睡。突然，吉尔伽美什觉得有点不对劲，鬼使神差地将手放到恩奇都额头——好烫！恩奇都在发烧，发着很高的烧。"医生，医生呢？医生在哪？"吉尔伽美什慌了，心下像被什么东西重击过一般，一种苦涩的东西蔓延开来，渗透四肢百骸。

---

①相传天神不能和人直接见面，而是通过托梦等间接形式向人间传达信息。天界通过开会进行决策，从侧面反映出当时美索不达米亚地区长老会的民主机制。

探索永生四海游

恩奇都的病越来越重，最后久病不治，溘然长逝。"醒醒啊，你醒醒啊！"吉尔伽美什摇晃着他日渐冰凉的躯体，大声嘶喊："不许死，我不允许你死！还记得吗，我们第一次见面，在广场上大战三百回合？还记得吗，我们携手并肩，踏上征讨怪树头芬巴巴的旅程？还记得吗，我们齐心协力，一同消灭了草菅人命的天煞牛？你是那么厉害，那么多战斗都没打垮你，对不对？要死，咱也要死在战场上！"见恩奇都没有反应，吉尔伽美什痛哭起来，撕心裂肺地大吼着："为什么？为什么？我的挚友，我的好兄弟，你为什么要离我而去？为什么死的是你，不是我？"吉尔伽美什在灵堂焦躁地徘徊，用力从自己脑袋上揪下一缕头发抛在地上，又痛苦地撕扯着身上佩戴的珠宝，把它们全部摔碎，扔在了身边的地上。

六天七夜，接连六天七夜吉尔伽美什都守在恩奇都身边。在第七天夜里，恩奇都的尸体有点腐烂了，一条蛀虫从鼻子里掉了出来，吓了吉尔伽美什一跳。惊吓过后，吉尔伽美什开始思考，他暗忖着："难道每个人都必须死亡？我不想死！"悲伤如稀薄的晨雾，浸入了吉尔伽美什的心。他擦擦眼泪，决定云游四海，探索长生不老之路。

为了探索永生的奥秘，吉尔伽美什上了路。他孤身一人向着马什山（Mashu）进发，决定去那里拜访经历过大洪水（The Great Flood）时代的不老神翁①。走着走着，吉尔伽美什来到了旷野，眼见着天就要黑了，决定就地歇息一晚。他酣睡过去，又猛然惊醒，发现一群狮子正在不远处虎视眈眈地打量着他，似有进攻之意。"杀啊！"吉尔伽美什如凉水泼头，异常清醒，左手举起一直准备自卫用的斧头，右手划至腰间从剑鞘里抽出宝剑，左执斧、右擎剑，像脱了弦的弓箭一样冲到了狮群中间，左刺右朔、前砍后劈，不一会儿就打散了狮群。狮子是群居动物，一看伙伴都被打散了，剩下一两

---

①不老神翁的名字是乌特纳庇什提牟（Utanapishtim），其大洪水的经历与《圣经》中的挪亚（Noah）颇有些类似。学界的一种观点认为，《圣经》中挪亚方舟的典故即来源于此。

只不甘地看了吉尔伽美什几眼，最终悻悻而去。

"恩奇都啊，我的好兄弟，"吉尔伽美什仰天长叹，"你在森林里长大，森林生物都很爱你。如果有你在我身旁，动物们又怎么会袭击我呢？唉！"此地不可久留，吉尔伽美什收起武器，摸黑往前走。几天之后，吉尔伽美什走出了荒无人烟的旷野，前方出现了一间小客栈，客栈濒临大海，潮腥的海洋气息扑面而来。

吉尔伽美什向客栈走去，客栈的门猛然关了，还从里面上了插销。"你……你是什么人？胡子拉碴、形容枯槁、浑身脏兮兮的，好像十天半个月都没有洗澡！"老板娘从客栈里向外喊话。"开门，再不开我就破门而入了！"吉尔伽美什低沉的嗓音充满着威严。"本店不接待叫花子，"老板娘说，"更不接待无名无姓的流浪之人！""叫花子？流浪之人？"吉尔伽美什笑了，宽厚的笑容中非常具有震慑力，他说："你睁大眼睛看看，我到底是谁？我就是那个拥有三分之二神血统、征讨怪树头、怒杀天煞牛的——"话音未落，门吱呀一声开了，客栈老板娘从里面探出头来，迷惑地打量了吉尔伽美什一眼，接着眼里放出了惶恐而惊喜的神采，忙不迭地赔礼道歉："国王陛下！您……您怎么来了？恕小的眼拙一时半会儿没认出来。快……快请进……"

"从这到马什山的路……可不好走。"老板娘听完吉尔伽美什说明来意，连连摆手道："眼前这片海叫'水之死地'，谁碰了海水，谁就会殒命。就算是渡过了海，山口还有蝎人把守，不会轻易放你上山的。至于山上是什么样子……没有人活着回来过，所以没有人知道。"

吉尔伽美什谢别了老板娘，找来船夫，又花了很大工夫造了许多木头船浆备用，一切准备妥当之后就出海了。船行三日，海天茫茫，低黯的天际线从上空俯压了下来，压得人透不过气。海洋深处似乎有黑色的魔力漩涡不停追随着小船，随时准备着要将船上的一切生灵吞噬。潮腥的海风夹着疯狂的波浪从四面八方涌来，时大时小，不停变换着方位。"118、119、120，糟糕，最后一只桨掉了！"吉尔伽美什懊恼地说，脱手的桨就像一根火柴，被巨浪卷起，眨眼间不见了。"不好！桅杆倒啦！"船夫大声叫嚷，这时一个浪头打来，小船剧烈摇摆，几欲倾覆。吉尔伽美什赶紧解开腰上缠着的布，把外袍脱下撕成条，尽量抬高手臂，举着衣服用高大的身体做了桅杆和船帆！

精神遗迹千古留

"媳妇儿，你看，神来了。""不算神吧，我看他只有三分之二的神血统。""哦，老婆大人英明，他是做什么来的？千辛万苦渡过'水之死地'是为了什么？""我哪儿知道，等他醒了，你问他呀。"

吉尔伽美什勉强打算睁开眼睛，又因为不适应阳光的刺激而赶紧合上了。刚才，就像做了一个久远的梦，梦里有两个声音窸窸窣窣，一男一女，吵得人终究是不得安心睡觉。"我……这是死了吗？"吉尔伽美什暗忖，"不会的，死了就不能思考了，我这不是在想事情呢吗？"思及此处，吉尔伽美什感觉自己的心脏猛然牵动了一下子，醒了。

笼罩的暖阳和彻骨的山风混在一起，形成了一种奇异的寒冷。层层叠叠的山峦在眼前铺展开来，山巅与天相接，而山的侧面则幽深寂冷，似与冥府相连。一种危险的死亡气息缭绕群山，绵延不绝。吉尔伽美什转身，看到一男一女两个人面蝎身的蝎人，正手持大叉守护着山门。忽然，记忆如潮水般涌来，吉尔伽美什记起自己在海上差点遇险，又鬼使神差般成功地踏上了马什山。

"开门吧，我要见不老神翁，问他长生不老之术。"吉尔伽美什坚定地说。蝎人对望一眼，说："好吧。"于是，山峦断成两截向左右急速退去，入山门户打开了，吉尔伽美什大踏步走了进去。山里别有洞天，一进去就暗无天日、伸手不见五指。吉尔伽美什大胆地前进着，走了很久终于感觉到北风拂面，接着太阳升起来了，眼前一片光华，照亮了周围的景物。吉尔伽美什睁大眼睛惊叹了一声，原来自己正置身于幻境乐园里。带有天青石色的叶子迎风招展，玛瑙、红宝石装点于叶子中间，周围萦绕着雪松、荆棘和蔷薇，感觉富饶而又祥和，令人乐不思蜀。

"不行，我不能沉浸在此处，忘了自己的使命。"吉尔伽美什步伐稍做停留便继续向前走，身后的乐园消失了，眼前站着一个身着朴素长袍的人。这个人的长相和身形太普通了，与一般人并无二致。但他所站的位置昭示着，他就是不老神翁。

"孩子，你不贪图荣华富贵，这很好，我这就把长生不老的奥秘告诉你。千百年前，人间遭遇了一场毁天灭地的大洪水。在洪水到来之前，我用木头建了艘大船，又用沥青封死了入口，救下了一些人和动物。洪水过后，诸神都很沉痛，因为不只是坏人，甚至连好人几乎都在洪水中丧生了。他们念我是个为数不多存活下来的好人，又保留物种有功，就做了法事，祝福我长生不老。现在，时代变了，你想要通过大洪水来召集诸神齐聚，祝你永生，难上加难，唯一的办法是拿到池塘里的那株长生神草，吃掉它。"不老神翁指着不远处的池塘说。

吉尔伽美什谢过不老神翁，往脚下绑了一块石头，纵身跳进池塘。他屏息潜入水底，找到了发光的长生神草。吉尔伽美什将神草握在手中连根拔起，甩掉了脚下的石头，就利用浮力重新漂回了水面上。"成功了！"吉尔伽美什高兴地喊道，他像呵护生命般把长生神草放到上衣贴近胸膛的口袋里，打算回到自己国家的城市之后再吃掉它。

好几个月过去了，辛苦赶路的吉尔伽美什终于看到了自己的城堡——就要到家了！这时，吉尔伽美什看到前方有一个小池塘，水光澄澈，正好下去洗个澡再干干净净地回家。于是，他把衣服叠得整整齐齐放在岸边，一跃身跳下水洗澡去了。

长生神草发出阵阵幽香，从吉尔伽美什的衣兜里传出。一条蛇闻到了香味，吐着蛇芯子①爬了过来。它拱身钻进了衣服堆里，不一会儿又爬了出来，在地上蜕下了一层皮，又溜溜地爬走了。

吉尔伽美什洗完澡上岸，看见蛇蜕的皮，心底一沉，急忙往自己衣兜摸去——果然，长生神草不见了！被蛇偷吃了！"啊——"吉尔伽美什仰天长叹，一路走来，自己跋山涉水驱赶狮群、被老板娘当作流浪者拒之门外、衣不蔽体渡过"水之死地"、遇到蝎人又走过黑暗的山间……一切经历和苦楚，竟是便宜了邪恶的偷吃蛇！

强大的怒气夹杂着困倦击倒了吉尔伽美什。他累了、乏了，再也不想动

---

①即蛇的舌头。

了。背靠树干，吉尔伽美什睡着了。在沉沉的睡眠里，吉尔伽美什做了一个梦。他梦见了比正常人高一倍的恩奇都，从地底下缓步走了出来。"死后的日子……好过吗？"千万句话语竟化作无语凝噎，无数问句在脑中徘徊却不知从哪里问起。恩奇都摇摇头，"难受……难受极了。"吉尔伽美什更伤心了，就在这时，空明的话语从头脑深处响起，像是不老神翁在娓娓道来："珍惜当下吧，这是最好的忠告。多少人活在过去的悲伤与仇恨中不能自拔？多少人活在对未来不切实际的追求当中？当一切'过去'与'未来'成为过眼云烟，死亡却悄悄降临到每个人头上。这就如同你无法摆脱每天的睡眠一样。命运女神规定了生死，人们却无法预知死亡的日期。与其追求虚无缥缈的肉体永生，何不过好现在的时光，为后人留下一笔宝贵的精神财富呢？"

吉尔伽美什醒了，眸子里恢复了往日的神采。他笑笑，大踏步朝自己的王国宫殿走去……是啊，讨伐怪树头芬巴巴之前的那席话，已经包含了明确的生死观。是好友的离世，还是自己心中的执念，抑或是对人间的不舍，什么东西导致自己踏上追求长生的弯路呢？原因已经不重要了，重要的是：活在当下——人生苦短，唯以当下为要。

数千年的时光旖旎而过，吉尔伽美什的骸骨已不可寻，但人们将他的英勇事迹镌刻在泥板上，用亚述语、巴比伦语、苏美尔语、阿卡德语、赫梯语①等好几种古文字代代流传了下去，成为世界历史上最早的文学作品之一。吉尔伽美什，连同他勇于冒险、重情重义、不恋财色、看透生死的优秀品质，一起留在了人们心中，化作宝贵的精神遗迹，成为逾越时空的史诗传奇。

---

①这些语言都已消亡，后被古文字学家破解。

第三节　巴比伦之囚

耶路撒冷战火焚
强虏囚于巴比伦
信仰坚定不忘本
故土重归犹太魂

耶路撒冷战火焚

"啊！"一声痛苦的嚎叫响彻云端，随着山巅噼啪作响的火花与轰轰倒下的立柱，又立即淹没在无穷无际的轰鸣中。

西底家（Zedekiah）强忍住剧痛倔强地抬起头来，血水和泪水的混合物顺着刚刚被刺瞎的左眼流下面颊，打湿在脚下的沙土上。

"这，便是你背叛我的代价！"尼布甲尼撒二世（Nebuchadnezzar Ⅱ）狞笑着，手里的大剑一挥，身后几个五花大绑的年轻人立马中剑气绝，倒在地上。

"呜呜呜，我的儿子们哪！"心里最后一根弦已然彻底崩溃，犹太（Judah）国王的贵气与傲气在国破家亡的双重压力之下荡然无存，西底家掩面痛哭起来。

尼布甲尼撒逼近，恶狠狠地说道："背叛者！不依约向我巴比伦（Babylon）纳贡，还胆敢投靠埃及？所罗门神殿（Solomon's Temple）焚毁的场景好看吗？耶路撒冷（Jerusalem）陷落的情形震撼吗？儿子们死去的样子可令你满意？放心，你马上就要什么都看不到了。"语毕，尼布甲尼撒用剑尖挑瞎了西底家的另一只眼睛，"带走！"残忍的命令不容一丝置疑。

　　就这样，公元前 586 年，饱经沧桑的耶路撒冷城再次陷落了。公元前597 年及前 586 年，巴比伦国王尼布甲尼撒二世两次征讨耶路撒冷，将犹太人两次流放到巴比伦，史称"巴比伦之囚"（Babylonian Captivity）。十年前，尼布甲尼撒二世曾经带兵征服过这里，掳走了刚刚继位三个月的新帝约雅斤（Jehoiachin），连同著名先知①以西结（Ezekiel）及一干王室贵族和能工巧匠俘虏到巴比伦监禁起来，这是第一次巴比伦之囚事件。当时，尼布甲尼撒一手把约雅斤的叔叔西底家扶上犹太王位，本以为一劳永逸了，从此就在耶路撒冷这一兵家重地找到了个听话的傀儡，没承想前脚走了，后脚就反了，西底家瞒着巴比伦跟埃及结盟了——这还了得？于是，这次率兵前来，尼布甲尼撒是下了重大决心，坚决要把犹太民族拆散打没，把更多的人押解到巴比伦当奴隶，在自己眼皮底下总不会闹出什么岔子了吧？

　　城墙——烧；民居——烧；广场建筑——烧；王宫圣殿——财宝抢了烧，整个耶路撒冷陷入火的汪洋之中，似在魔鬼的淫威下沦为万劫不复之地。曾经召集十五万工匠，耗费数年才在山巅建成的所罗门神殿轰然倾倒，昔日金碧辉煌的朝圣之地如今扭曲着在地狱火中呻吟、坍塌。先知们煞白的嘴唇抖动着，说不出一句完整的话语。大先知耶利米（Jeremiah）颤声说："天哪！这是上帝对我们所犯罪孽的惩罚！"

强虏囚于巴比伦

　　黄沙遍野，日头高照。脚下的粗沙砾磨动着囚犯们的神经，前一人的脚刚刚离地，后一人就踏在了前一人的脚印之上。放眼望去，一条长长的队伍和沙漠一样望不到边，炎热的日光下升腾起孤寂和凄凉。每个人的手上都结实地绑着绳索，因挣扎而血迹斑斑。队伍最前面蹒跚地走着一个双目失明的男子，看上去三十有余，他的双手被铜锁链链铐在一起。

　　时间似乎在长途跋涉中凝固了。由于条件艰苦，一些人在路途中死去。

---

　　①先知指受上帝启示而传达上帝旨意或预言未来的人。

负责押送囚犯的巴比伦长官只是草草处理，便又催着犹太人赶路。终于，在不知度过了多少个昼夜之后，远处渐渐出现了一个城邦的轮廓。巴比伦长官高兴地欢呼起来，而耶利米只是在心里默默掬了一把早已流干的眼泪，不知道前面还有多少严苛的惩罚在等待自己和族人们。

尽管怀着对即将到来命运的隐忧，耶利米还是被巴比伦的繁华与富饶深深震撼到了。巴比伦城墙又高又厚，上方居然穿梭着几辆四轮马车；城里建筑错落有致，显得十分干净和整齐；街道商贩操着各种口音做买卖，行人如织。"不愧是大都市。"耶利米情不自禁地赞叹。

"工匠，过来，随我建空中花园去；其他奴隶，关起来做苦工！"一个大胡子巴比伦长官厉声给新来的犹太人分配了任务。

"空中花园？这是什么地方？"一个犹太工匠蹙眉道。"尼布甲尼撒二世打算为宠妃安美依迪丝（Amyitis）建的，仿照她家乡的景色。"耶利米回答。"哇，大先知，您学识真渊博！"犹太工匠不禁赞叹。"你也很了不起，巴比伦的建筑，很多都会融入我们智慧的犹太人的心血。"耶利米说，"我们要在此安心工作、快乐生活、繁衍生息，并且不要忘了，替故乡耶路撒冷祈祷。"

犹太人被囚巴比伦城，最初的日子过得艰辛而困苦。但随着日子的流逝，巴比伦长官逐渐放宽了对他们的限制，囚徒陆续从监牢里放出，很多犹太人也可以在城里自由从事一些职业了，但出城是不可能的。凭借着勤劳和智慧，一些犹太人成为当地富商甚至从了政，但他们被责令在一个相对集中的地方生活，囚徒身份依然没有得到实质性改变。

信仰坚定不忘本

"会弹琴的叔叔，给我们唱首你家乡的歌吧！"一个正在换牙的巴比伦小孩豁着门牙，缠着在河边休息的犹太琴手说。

"小朋友，叔叔现在心情不好，不快乐，以后再唱给你听啊。"琴手充满歉意地说。

"叫你唱你就唱，哪来这么多理由？"小孩的爸爸怒了，冲琴手挥舞着拳头。

　　无奈，犹太琴手蹙眉站起，凝视远方好一阵子，才缓缓开口唱道：

　　我们曾在巴比伦的河边坐下，
　　一追想锡安（Zion）①就哭了。
　　我们把琴挂在那里的柳树上。
　　因为在那里，掠夺我们的，
　　要我们唱歌；
　　抢夺我们的，
　　要我们作乐，说："给我们唱一首锡安歌吧！"
　　我们怎能在外邦唱耶和华的歌呢？
　　耶路撒冷啊，我若忘记你，
　　愿我的右手忘记技巧。
　　我若不纪念你，
　　若不看耶路撒冷过于我最喜乐的，
　　情愿我的舌头贴于上膛。②

　　唱毕，犹太琴手无语凝噎。在他周围，聚集起听到歌声后从四面八方赶来的犹太人，男女老少都有，他们垂下头，默默地祷告着。"先知啊，都怪我们当初没有听从您的劝告，才导致今天的背井离乡啊！"一个人放声大哭起来。"犹太国的灭亡并不意味着以色列③的神被打败！"先知以西结来到人们中间，坚定地说："请相信，上帝永远不会抛弃犹太人！请跟我一起祈祷，愿弥赛亚④早日降临吧！愿我们得到救赎吧！"

　　一个青年女子点点头，说："啊！我是多么希望回到祖先牧过羊、立过国的故乡去呀！那里有流不尽的奶、吃不完的蜜，那里是耶路撒冷——上帝

----

　　①指锡安山，位于耶路撒冷，衍生为犹太人家园的一种象征。
　　②选自《圣经·诗篇》第一百三十七篇一至六节。
　　③希伯来人、以色列人、犹大人、犹太人大体上都是指同一民族，这些称谓由历史演变而来。
　　④指上帝派来拯救犹太民族乃至全人类的使者。

的应许之地。"

"是的，永远不要忘记我们的根在耶路撒冷，以后我们要经常在一起聚会，怀念故乡，祈祷救赎。"以西结说，"我们不必在乎形式上的东西，圣殿祈祷、敬献祭品可以省略，但请将这颗赤诚的心永远保留下去，保持我们民族的凝聚力！"

故土重归犹太魂

"好消息，我们的王被从监狱里放出来了，正跟巴比伦新继位的君主以未米罗达（Evil-Merodach）吃饭呢！"公元前 562 年的一天，这个消息像长了翅膀般传遍了巴比伦城的大街小巷。

"是吗，哪个王？"一个正在做买卖的青年犹太人停下手中的活计，小声问旁边的摊主。

"咳，还能是哪个王？西底家早在这里的监狱里去世了，这次受到巴比伦新君礼遇的，当然是我们的老国王约雅斤啊！想当年，我们的老国王才十八岁，比你还小，就被掳到巴比伦来啦！苦啊！如今，终于……终于……"摊主说着，不觉热泪盈眶、百感交集，一会儿便泣不成声。

"诸位，我回来了。"约雅斤站在了人们中间，花白的鬓发在太阳的照耀下熠熠生辉，当年风华正茂的少年国王惨遭监禁，直挨到五十多岁的天命之年才被释放，不禁令人唏嘘。但众人看到他深邃清澈的眸子，波动的心神逐渐稳定下来，静静地聆听约雅斤的讲话："巴比伦新君以礼相待、赐我高位、准我回耶路撒冷，但我怎么可以独自离开呢？族亲们，我要跟你们在一起，同甘共苦！请相信先知的话，弥赛亚必将降临！我们必将携手同回耶路撒冷！"

听了约雅斤国王的话，人群沸腾了，一股浓浓的思乡之情在空气中蔓延开来。"弥赛亚，是的，弥赛亚一定会降临的！我们犹太人一定会得到救赎的！"人们口中喃喃说着，涨红的面颊挂着盼望与期待，一个个被信念点燃，闪着坚定的眸光。

时光荏苒，斗转星移。犹太人又在巴比伦城生活了很多年，从事劳动，繁衍生息，并且经常聚在一起，聆听先知的教诲，坚定重回故土的信念。终于，有一天，巴比伦城门大开，四面风起云涌，喊杀声不绝于耳——原来是波斯国王居鲁士（Cyrus），在城里内应的协助下攻入巴比伦，占领了这里。

公元前 538 年，居鲁士下诏，准许犹太人返回耶路撒冷，并将尼布甲尼撒二世之前抢来的犹太教圣物返还给归乡的人。当听到这个消息的时候，整个巴比伦城里的犹太人都沸腾了。耄耋老人干枯的眼眶中留下泉涌的热泪，用苍老的声音不断祷告："感谢上帝，弥赛亚终于降临！尊贵的国王居鲁士，您就是我们的救世主！我们犹太人世世代代不会忘记您的恩情！"老人迈着颤抖的双腿带着全家走向返回故土的路，步伐蹒跚而又坚定。有些犹太人留在巴比伦并没有走，而是把多年苦心经营积攒下来的金银财宝毫无保留地全部交给同胞，助他们回去后重新建设故乡。一路上，男女老少互相扶持，怀着与当年被掳时截然不同的雀跃心情，一步一步坚实地朝着神圣的耶路撒冷缓步归去。

然而，这些欢呼雀跃的归乡人不会知道，苦难并没有就此结束，而会继续碾压着这个多灾多难的民族。多年的风霜洗礼了心灵，使心中坚定了弥赛亚的信仰，正是在这不断地抗争强敌、不断地思念故土的过程当中，犹太人的凝聚力得到了升华，强大的精神凝聚为永远打不散、拆不断的血肉相连。犹太民族凭借着坚定信念与毅力，并没有被异邦的苏美尔文明所同化，而是保留和发展了自己的信仰，终于在公元前 538 年得以返回故土耶路撒冷。这一经历深刻地影响了犹太人，由此亦可追溯犹太民族在历史上多次深受苦难却一直屹立于世界民族之林的精神源泉。

有人说，居鲁士允许犹太人重返故土是下了一盘棋，下了一盘很大的棋。他要犹太人惦念他的好，把他当救世主来膜拜，同时在耶路撒冷发展自己的势力，牵制埃及，这有助于他创建的波斯帝国的稳固与昌盛。但不管怎么说，能有如此魄力与决断，绝对彰显出了一代帝王异于常人的仁慈与度量，无愧于帝王之名。

第三章

伊朗和波斯

- 波斯居鲁士大帝
- 神奇的拜火教

　　波斯人在很早以前就通过"丝绸之路"开始与中国人展开友好贸易了。他们将玻璃、珐琅、海西布等新鲜玩意儿运到中国来，又把中国的瓷器、丝绸等珍贵的物品带到西方去。正如勤劳善良的中国人背后有强大的祖国做后盾一样，波斯人的骄傲则来自伊朗高原富饶的波斯帝国。

　　波斯帝国有着一个从弱小变强大的艰苦过程。雅利安人来到这片高原的时候，分成米底和波斯两个部落。波斯并非是强大的那一个，而总是在称霸伊朗高原一时的米底王国的阴影下苟延残喘。终于，波斯居鲁士大帝（本章第一节）横空出世，一扫往日的阴霾，凭借强大的武力和外交手段灭了米底王国、新巴比伦帝国，随后又征服了吕底亚和各希腊人的城邦，彻底成为伊朗高原说一不二的霸主。

　　上一章第三节讲到，犹太人惨遭劫掳，沦为可怜的巴比伦之囚，思乡之情无限。在这一章，他们一代代重返耶路撒冷的夙愿，终于在居鲁士大帝治下得以达成。居鲁士扭转了苏美尔文明以来两河流域城邦林立，始终无法实现长治久安的历史顽疾。波斯文明自此一直屹立于世界历史舞台之上，从希波战争、亚历山大东征，到罗马帝国、拜占庭帝国、阿拉伯帝国、塞尔柱突厥、奥斯曼土耳其帝国，直至近现代，波斯文明都横亘在亚欧大陆之间，持续发挥着重要的影响和作用。

　　伊朗高原幅员辽阔，绿洲和沙漠的互补与对立、农业部落和游牧部落的冲突与融合，共同构成了一幅二元对立的奇特景观。也可能正是受到了这种鲜明对立的自然环境与社会环境的影响，一个主张善恶二元斗争对立的宗教产生了，名为琐罗亚斯德教。因为这个教派崇拜火，所以俗称拜火教（本章第二节）。后来，拜火教还传入了中国，我们叫它祆教。

第一节　波斯居鲁士大帝

儿时坎坷多灾祸
胸怀宽广施恩德
驼蹄踏踏金烁烁
创建波斯大帝国

儿时坎坷多灾祸

约公元前 1300 年，雅利安人进入伊朗高原，历经几百年的发展，逐渐在伊朗西北部形成了众多零散的城邦小国。公元前 7 世纪，在西亚的伊朗高原和小亚细亚（Asia Minor）半岛上，分散着许多部落，以城堡为城市，统辖着周围的村庄。这些部落很小，多依附于周围的大国。当时有三个大国呈鼎力之势：米底（Media）、吕底亚（Lydia）和新巴比伦（Neo-Babylonian）[①]。其中，伊朗是历史上第一个由雅利安人建立的统一国家。米底王国势力庞大，波斯只是它的属国，完全臣服于米底的淫威之下，在诸多部落中毫不起眼。公元前 558 年至前 530 年，波斯王居鲁士二世在位期间奋发图强，统一了波斯，推翻了米底，征服了小亚[②]、新巴比伦和中亚，开创了阿契美尼德王朝，古波斯帝国自此登上了历史的舞台。

有一天，米底的国王做了一个梦。在梦里，翠绿色的葡萄藤张牙舞爪地

---

①历史上并没有"新巴比伦"这种说法，而只是说"巴比伦"。后代学界为了和另一个巴比伦王朝区分，故加上了"新"字。本文中除对话外，一律称"新巴比伦"。
②指小亚细亚。

从年轻女人身体里钻出，舒展枝叶缠在了旁边头戴王冠的老年男子脖子上。一阵窒息随之而来，老人瞬间全身丧失了抵御能力，只能眼睁睁地看着整个王国都变成了葡萄藤的海洋，疆界不复存在，葡萄藤越长越长，枝枝蔓蔓向前蔓延，转眼吞噬了整个亚洲……

"不！"米底国王抓着脖子猛然惊醒，大口喘着粗气："来人，快……快传祭司解梦！"

"恭喜国王，此乃吉兆哇！这意味着不久宫里将诞下一个婴孩，成为亚洲之主哇！"祭司摇头晃脑地道喜。

米底国王摸着酸痛的脖子，想起那个梦来依旧心有余悸。突然，他像意识到了什么，凌厉的眼神中射出恶毒的光芒，皱眉发狠道："'亚洲之主'？哼！那个婴孩算是什么东西？如果有亚洲之主，那也只能是我！威胁到我米底王国的——斩！"

话音刚落，便听到宫里传来一声嘹亮的新生儿啼哭声。接生婆满面春风，由王室大臣哈尔帕哥斯（Harpagus）领着直冲内宫，兴冲冲地说："恭喜国王，贺喜国王！您的女儿米底公主与波斯王子伉俪情深，现诞下一个儿子，真是福——"

没等接生婆说完，哈尔帕哥斯感觉到了米底国王表情异样，急忙挥手制止了她的话。周围空气温度骤然下降，环境中的不安因子抖动起来。许久，像下了一个重大决心般的，米底国王开了口，声音冰冷而又不近人情："本王夜得梦启，此婴乃灾星，危及社稷。为除后患，唯有忍痛杀之。哈尔帕哥斯接旨，本王命你立即诛杀此婴！"

哈尔帕哥斯简直不相信自己的耳朵：哪有会对着自己的亲外孙痛下杀手的？然而，他不敢抗旨，只得硬着头皮领命。怀里抱着襁褓里的婴儿，哈尔帕哥斯突然觉得这个小小的婴儿跟自己刚夭折的儿子长得很像。正当大手即将扼上婴儿咽喉的时候，小婴儿突然睁开了又圆又亮的眼睛，居然张开粉嘟嘟的小嘴笑了，融化了哈尔帕哥斯本不冰冷的心。"哎，对呀！"脑中灵光一闪，哈尔帕哥斯喃喃自语道："干脆用我刚夭折的儿子尸身代替这个小婴儿算了，也好向国王交差。这个小婴儿也怪可爱的，不如将他交给手下的奴隶抚养。"于是，他找来自己儿子的尸体，谎称国王外孙已被杀死了，而将侥幸逃过一劫的小婴儿居鲁士交由手下的奴隶抚养。

时光飞逝，转眼间，十年过去了。居鲁士已经长成一个挺拔的少年，比其他同龄孩子高出一大截。这天，他正跟其他孩子玩过家家，在游戏中扮演一个皇帝。"跪下！"居鲁士爬到高高的草垛上发号施令，稚气的声音竟包含几分威严。孩子们闻言，接二连三地匍匐在居鲁士脚下，只有一个衣着华丽的贵族小孩站在原地没动。居鲁士用明亮的眸子盯了那个贵族小孩许久，才缓缓开口道："爱卿，听见本国王说的话了吗？见到本王还不快快下跪！"贵族小孩不屑地看着居鲁士："嘻，一个奴隶的孩子居然叫本公子下跪？告诉你，本公子陪你玩都是抬举你！""你说什么，你敢再说一遍？"居鲁士好看的面颊涨得通红，黑色的发梢似乎升腾起愤怒的火焰。"奴隶的贱种！我就敢说，你个贱奴的孽种！怎么着吧？"贵族小孩倨傲地说。听到这话，居鲁士彻底愤怒了，但是他并没有失掉"国王"的威严，而是沉稳地命令道："来人，给这个大不敬的臣子施以鞭笞之刑！"话音刚落，就有几个小孩子从地上站起，七手八脚把贵族小孩按在地上，捡起树枝往他身上抽去。居鲁士居高临下地看着，那一刻，风扬起了他的头发，帅气的五官蒙上了一层贵气，颀长的身躯沐浴在阳光中，运筹帷幄之态在这个少年的身上尽显无遗。

"什么，竟有此事？"米底国王眯起眼睛。"是啊，我尊贵的国王，区区一个奴隶的孩子竟敢让人打我的贵族儿子，以下犯上成何体统？哈尔帕哥斯居然维护那个奴隶孩子，不让我惩罚他，还有没有王法啦？英明的国王啊，您可一定要替我儿主持公道啊！呜呜呜……"贵族小孩的父亲哭诉道。他边哭边想：哼，居鲁士，你小小年纪便藐视贵族，看我这次让你命丧黄泉！

国王听完，反怒为笑："这个小孩……有点意思。宣他进殿。""宣居鲁士！"高昂的声音响彻皇宫，不一会儿，年仅十岁的居鲁士便被带上殿来。

居鲁士不卑不亢地向国王行完礼，不急不缓地抬起头，一双明亮的眸子正好与国王的眼睛相对视。老国王被看得心里"咯噔"一下，暗自思量："这气魄……竟与我幼时有些相像。这气质……应该是我皇家人才有的呀！"一见之下，米底国王发自内心喜欢上了居鲁士，不仅对他既往不咎，甚至还将他留在身边，做了司酒[①]。

宫闱之中，耳目甚多。加之居鲁士早就知道自己有不可告人的身世，就更加谨言慎行。然而，国王越看居鲁士，越觉得这个孩子不一般，仿佛与自己有血缘关系，便三番两次召来哈尔帕哥斯询问，哈尔帕哥斯见隐瞒不过，只得一五一十地将来龙去脉告诉了老国王。"孩子是无辜的。"哈尔帕哥斯说，"微臣无意隐瞒陛下，只是这孩子是公主的血肉，又是您的亲外孙，当时实在是下不去手哇！如今孩子长大了，还望陛下饶他一命！"

"陛下，这孩子在游戏中扮演过国王，以后就不会在现实中再做国王了。陛下确实可以放他一马。"旁边的祭司适时地插话。

"那就把这孩子交还给他的母亲和波斯人（Persian）父亲抚养吧。"米底国王挥挥手，眼底射出算计的目光，"哈尔帕哥斯，瞧瞧你干的好事儿，过几天来宫里吃顿便饭吧！"

胸怀宽广施恩德

历经磨难，米底公主终于见到了自己阔别十年之久的儿子，自是喜不自胜。她抱着儿子的头，不禁潸然泪下："乖儿啊，对不起，这些年让你受苦了。"居鲁士的父亲也是在一旁唏嘘感慨："不容易啊，儿子，等你长大了，父王就把波斯王位传给你。别看咱波斯受制于米底，但好歹也算是一个落脚的地方。儿子你要争气呀！"

居鲁士懂事地点头，心思却飞到了米底王宫：不知道好心收养自己的哈尔帕哥斯现在怎么样了，心思阴晴不定。残酷暴虐的国王有没有因为自己的事情而迁怒于他？

这时，就在金碧辉煌的米底王宫，歌舞升平、莺声燕语。推杯换盏间，一屉包子被推到了哈尔帕哥斯鼻子底下。"尝尝、尝尝！"米底国王狞笑着说："这包子馅，啧啧，是特地准备来犒劳爱卿的，足足用了爱卿的小儿子

[①]英文 cup-bearer，国王举办宴会时，为其斟酒的侍从。

一身肉呢！不吃，便是抗旨不遵。后果么——哈哈哈哈……"

哈尔帕哥斯闻言心下一颤，但还是不动声色地将包子缓缓塞入口中，咀嚼，咽下。国王冷眼看着，眸色渐缓，似是对他的表现还算满意。

又过了几年，居鲁士长大了，顺利继承了父亲在波斯的王位。一天，哈尔帕哥斯派使者找到了居鲁士，说明了想与他内外联手，讨伐米底国王的意愿。"米底国王逼我食子，昏庸无道，他指定的王位继承人比起他来有过之而无不及。我等大臣们看不到未来和希望，恳请波斯王出马，讨伐昏君，还我米底一片清明的统治！"居鲁士答应了。就这样，哈尔帕哥斯从宫廷内部策反了许多王公大臣，居鲁士从波斯挑选了一些精兵强将，二人里应外合，攻下了米底的城市，活捉了米底国王。

"杀了这个六亲不认、嗜血如命的老国王！我们愿意拥戴居鲁士为米底新王！"大臣们群情激奋，想起自己和家眷曾经受到过的种种侮辱和虐待，更是想把米底国王碎尸万段。

"诸位，诸位少安毋躁——"居鲁士充满磁性的嗓音在宫殿内响起，深眸一扫便制止了冲动的人群。他向众位大臣深鞠一躬，真诚地说道："死亡，难道真的就能惩罚一个人吗？不如让老国王活着，亲眼看到他当初曾经残忍对待过的人是怎样以德报怨的，看到从他手里夺来的王权是怎样在我们手里一步步发扬光大的。想必，老国王已经从这件事里得到了教训，接下来便是要活着，思及荒唐的过去，日日受到良心的谴责！""新王圣明宽厚，是我等臣民的福分哪！"众大臣心悦诚服。

居鲁士缓步走下大殿，来到阶下捆绑着的老国王身旁，弯下颀长的腰身，亲自为其松了绑。"你……你不杀我？"米底国王依旧是满眼惶恐，不见了往日的飞扬跋扈。"你做错了，而且错得很离谱。现在，我要接管你的王位。但我要留着你的命，让你继续活着，时刻受到良心的谴责。"说到这里，居鲁士和哈尔帕哥斯目光交汇到一起，彼此释然。

自此，公元前559年，居鲁士收复了强大的米底，从一个差点儿被杀的"灾星"，到继承了父亲小小波斯王权的米底附庸，再一跃吞并米底，创立古波斯王国。但是，刚到手的天下并不安稳，小亚霸主吕底亚与占领了叙利亚（Syria）、巴勒斯坦和两河流域的新巴比伦虎视眈眈，都想着趁乱在激烈的土地争夺中分一杯羹。施恩于民的同时，居鲁士不禁思考：是坐以待毙，还是奋起直击？历史的大潮，不给任何人喘息和思索的机会，尤其是当时最富有的吕底亚国王，已经蠢蠢欲动、蓄势待发。居鲁士心里清楚：唯有主动出击，才能取得先发制人的奇效。于是，在居鲁士的率领下，大军踏上了征战吕底亚的旅程。

驼蹄踏踏金烁烁

大军行进在干旱的高原上，枯黄的土地因常年缺水而呈现出一种灰白的基调。前路漫漫，不时有高耸的石柱矗立在远方。崎岖的山峦散布在沟壑纵横的地势之上，星罗棋布，点缀着一望无际的高原。军队前方的人一手拿盾、一手牵着马或骆驼，跟在后面的人背负着作战物资，衣着简朴地持矛步行。虽然地上有石柱和山峦的阻碍，使得他们不得不绕开障碍物继续行进，但整个队伍的行动是灵敏而迅捷的，毫不中断地蜿蜒前行。

"报！吕底亚国王已在前方调遣大量骑兵，打算与我方一战！"一个军士骑马从正前方赶来，将探听到的消息朗声报告给居鲁士。

"知道了。"居鲁士和蔼地说，紧接着，他闭口皱眉陷入了沉思。"我方的作战优势在于行军速度迅猛，可敌方熟悉地形，实力不可小觑。势均力敌，没有绝对的胜算。只有出奇制胜，方可掌握战争的主动权。"居鲁士凝视着身后枯黄的土地，一匹战马在地上止步不前，颇有些害怕地打量着身边的骆驼，甚至往后退了几步。"有了，"居鲁士脑中灵光一闪，一个绝妙主意浮出水面，"相传，马害怕骆驼的气味。而且，虽然此处天干地旱，但在吕底亚国内很难见到骆驼，我们就来个出其不意，用骆驼来对付他们。"他马上找来大臣们商议，做好准备。

吕底亚的国王集合了全国最勇猛的战士，配备了最好的战马和最精良的盔甲。他挺着浑圆的身躯歪坐在马上，不可一世地斜睨着远方的黑点——那是居鲁士率领的波斯大军。"咳，众将士听……听……听令，咳咳咳……"吕底亚国王本想做些战前动员，不料突然嗓子一痒，紧接着大声咳嗽起来。一个大臣适时站出，替主子解了围，"陛下，波斯的实力臣等都摸清了，您就放心吧。居鲁士那个小鬼，装备不行，只有头一排人拿着盾，连个像样的铠甲都没有，长矛一杆，弱马一匹，打起仗来全凭人多。可是他人再多，也比不上我们富庶的吕底亚厉害呀！吕底亚必胜！"话音刚落，将士们胯下的战马便嘶鸣起来。这个大臣很高兴，以为是自己"慷慨激昂"的演讲得到了呼应，可再一看就傻了——这些马儿都惊慌失措地嘶叫着，在地上不安地刨着蹄子，若没有将士的拉扯，恐怕早已跑得无影无踪。

前方黑云压境般来了无数个高耸的身影，如神兵天降般悄无声息地降临。这些骆驼渐行渐近，一眼望去居然有上千匹之多！它们驼峰高耸，喘着粗气，强烈的体味儿带来了一股铺天盖地的死亡气息。这些骆驼正在往吕底亚阵营方向奔跑着，沉重的蹄子敲击在道上，远远就感觉到了地面的巨大震动。"大……大王，那个背上长着两个山峰会移动的怪物……到底是什么玩意儿？"大臣狠命抽打着胯下躁动的战马，不安地嗫嚅着。"本王也从没见过，不管它是什么——给我上！"吕底亚国王发怒了，见到手下畏畏缩缩的样子就来气。可随着居鲁士骆驼大军的逼近，他也害了怕，策马转身刚想逃跑——

"哪里跑！"居鲁士催动胯下神骑，如旋风般包抄了吕底亚国王的后路。"这……这是什么怪东西？"吕底亚国王和他胯下的战马抖作一团，再没有了逃跑的勇气。"这个嘛——哈！"居鲁士得意地拍拍坐骑的双峰，"叫骆驼——沙漠中很常见的动物，在吕底亚却不多见。听说马怕骆驼，今日一试，果真如此啊！"

"骆驼……"吕底亚国王顿觉挫败，垂头丧气地注视着眼前的庞然大物。他扭头看去，绝望地看到骆驼大军冲进了已然溃败不堪的吕底亚军中，如入无人之境般横冲直撞，不断有战马倒下，士兵勉强站起，却被骆驼高高拱起摔到一旁，用巨大的蹄子疯狂地践踏，愤怒的骆驼大军用庞大的身躯猛烈地攻击着士兵们。吕底亚国王苦笑了一下，认命地说道："我投降。波斯国王居鲁士，富饶的吕底亚——是你的了。"

居鲁士一笑，对投降的吕底亚老国王以礼相待。他整合了吕底亚的财产和米底的强大势力，人民在他的仁慈统治下生活得愈加幸福。与之恰恰相反的是西南部新巴比伦王国内的百姓，他们正生活在水深火热之中。"国王啊，救救巴比伦的百姓们吧！那里的国王好大喜功、大兴土木、劳民伤财，我们都快撑不下去了……呜呜……"前来波斯投奔明君的新巴比伦商人说。

"嗯……是时候了,"居鲁士暗忖,"进攻巴比伦!"

创立波斯大帝国

公元前538年,居鲁士率领大军向新巴比伦挺进。由于语言不通,他在半路还雇用了几个口译员做翻译。军队有条不紊地前行,终于,在一个炎热的夏天,到达了新巴比伦城外。

尽管居鲁士南征北战、见多识广,但还是被新巴比伦城外的坚固防御震惊了。新巴比伦城傍依幼发拉底河(Euphrates River)东西而建,汩汩河水绕城而流,弯曲的河道延展到城内,成为天然的护城河。此外,大兴土木的新巴比伦国王还围绕着城市修建了一圈坚固的护城墙,城墙极为厚重,宽广的城墙顶上甚至偶尔有两辆四轮马车并排驶过。居鲁士明白,此城不能硬闯,于是他命令士兵们先在城外安营扎寨,寻找着进攻的时机和途径。

行军帐内,居鲁士愁眉不展。他审慎地思考着:"强硬攻开城门,打入城内,杀得巴比伦片甲不留?不妥,这样做只会苦了城中百姓。运用围城的战术,消耗粮草,直至巴比伦国王饿至投降?也不妥,这样一来只会两败俱伤。该怎么办才好呢?"

居鲁士惆怅地走出行军帐外,凝视着眼前蜿蜒的河水,陷入了沉思。突然,他脑中灵光一闪,有了主意:"何不围绕着护城河挖些沟渠,然后将河水转移到这些沟渠之内,这样就可以踏着干涸的河床,不费吹灰之力地进入巴比伦城内了。""国王英明,再过几天,正好是巴比伦节日,趁这个时机攻入,真是再好不过了。"投奔居鲁士的新巴比伦商人说。

这天,是新巴比伦城的一个盛大的节日,大街上张灯结彩,好不热闹。新巴比伦国王挺着啤酒肚,在一大帮王室贵族的簇拥下到处巡游,好不神气。"一个小小的外邦居鲁士,能奈我何?别忘了,我巴比伦可是连犹太人都囚禁了的!①哇哈哈哈!"新巴比伦国王忘乎所以地开怀大笑,对即将到来的

①详见第二章第三节《巴比伦之囚》。

危机浑然不觉。

　　"不好了！不好了！居鲁士领着大军进……进……"正在游街庆祝节日的人们突然四散逃窜，新巴比伦国王非常不满，抓住一个乱跑的人，刚想问怎么回事，就看见远处的河道不知什么时候已经干涸了，居鲁士率领着一支长长的队伍从河道走入城中。

　　"该死的，他怎么进来了？"新巴比伦国王恼羞成怒地说。城中的居民却从惊慌变成了欢腾，因为居鲁士一进城就安抚民众，尊重他们的信仰和意愿。"犹太人，"居鲁士特别提出，"可以自由决定去留。打算回到故乡耶路撒冷的，我会支持你们。"

　　至此，居鲁士统一了小亚和西亚最强大的三个国家：米底、吕底亚和新巴比伦。纵览居鲁士大帝不凡的一生，自公元前 550 年，居鲁士开创了阿契美尼德王朝，建立起了强大的帝国——波斯帝国。之后，他把首都迁到了新巴比伦，继续施行仁慈的统治政策。在一次讨伐北部叛乱部落的时候，居鲁士战死沙场。对这位睿智而骁勇的国王而言，堪称无上的荣耀。他的继任者大流士（Darius），开创行省制度，有效地控制了帝国的广大疆域，将居鲁士创建的波斯帝国一步步推向辉煌。

第二节　神奇的拜火教

先知降生天象异
创世造人与天启
至善之火永不熄
传入中土祆教立

先知降生天象异

　　自古以来，在波斯王朝伊始的伊朗高原上，就流传着一个关于"拜火教之父"查拉图斯特拉（Zarathustra）身世的离奇传说。由于当时没有发明文字，这个神奇的故事全靠口口相传，时间久了，连讲故事的人都记不清故事的主人公到底生活在什么时候了。有的人推测，查拉图斯特拉生活在公元前429年到前347年间；也有的人说，这时间不对，应该是公元前600年左右；现代研究认为，其具体年份已不可考，但大致范围可以确定在公元前1500年到前1000年间。传说神秘而美妙，在代代相传的过程中不断加入叙述者美好的想象，在现实的基础上为拜火教的创教神话增添了几分奇幻的色彩。

　　据拜火教传说，距今大约3500年前，在还没有产生文字的远古时代，波斯西北部的一个不起眼的小屋上空突然出现了一簇熊熊燃烧着的火焰，紧接着一道巨大的闪电毫无征兆地在高空炸裂，以小屋为中心向四周辐散开来，刹那间世界亮如白昼。就在这时，当地酋长领着一帮虎背熊腰的手下，气势汹汹地向着小屋奔来。"酋……酋长，我妻子正在屋里生孩子呢，现……现在恐怕不方便——"一个守在屋外的男人缺乏底气地伸手阻拦道。"让开！"酋长把男人推了一个趔趄，二话不说踏入房内。

"果然有光！"酋长的眼睛里笼罩了一层黑暗的阴影，不善地说，"昨天，我接到安哥拉·曼纽（Angra Mainyu）的神谕，得知今天在这屋里将会诞生一个周身发光的恶魔，果不其然！来人，把这个魔婴拖出去烧了！"

"不！我的儿子！"躺在床上虚弱的产妇闻言大惊，急忙搂紧褓褓中的婴孩，急迫地说："酋长请听我说！昨天我和丈夫散步时，无意中把一株神圣的植物带回了家，善灵斯芬特·曼纽（Spenta Mainyu）降下旨谕，植物中的圣灵成了我儿子的灵魂！我儿子身上的光绝对是圣光，您千万不要被安哥拉·曼纽迷惑了心智，这恶灵才是地地道道的恶魔呀！他怕被我儿子长大后打败，就先下手为强，企图要了我儿子的命。请您不要做恶灵的帮凶啊！"

酋长无动于衷地看着手下从产妇怀里夺过婴孩，抛在了屋外临时搭起的木柴上。"烧死他！"酋长下令。立即有人上前点燃木柴，可是火没烧起就灭了。许多手下接连去点火，然而谁都没能把火生起来。

"废物。"酋长轻蔑地说，他上前两步去点火，火光"呼"地一下烧到了酋长的袖子。"既然点不着火，不如换个方式，让牛踩死他！"手下提议。酋长狞笑着同意了。

一群狂躁的公牛被放了出来，头牛发现了婴孩，居然站在他身边进行保护。其他牛夹带着旋风从婴儿身边跑过，小婴儿却毫发未损。酋长的诡计又失败了。

"来人！把他丢到狼窝里去，让狼吃掉他！"酋长恶狠狠地发令。他又命人把狼崽全部弄死，推断着老狼回洞后见到小狼的尸体，一定会大发雷霆，吃掉婴儿。想到这里，酋长满意地走了。

过了一会儿，老狼果然回到了山洞。不过，老狼不仅没有伤害这个婴儿，反而对他悉心照顾起来。几天过去了，婴儿的母亲寻来，把他从狼窝里解救出来，并给他取名叫查拉图斯特拉。

在母亲温暖的怀抱里，查拉图斯特拉笑了，笑声纯净而美好，周边升腾起圣洁的光芒。紧接着，令他母亲大吃一惊的是，这个新生儿居然无师自通地开口说话了。"阿胡拉·马兹达（Ahura Mazda），"查拉图斯特拉轻声呼唤，天空中闪现出火焰般的光彩，"至高无上的神啊，我愿将此生奉献给您，去追求和传扬善的真谛。"

创世造人与天启

　　随着一天天地长大，查拉图斯特拉心中萦绕的疑问也越来越多：为什么自己生活的环境战火纷飞？公平和正义究竟在哪里？为什么世间会产生善恶冲突？在二十岁生日那天，查拉图斯特拉带着这些问题挥手告别了家人，来到了一座人迹罕至的深山，在茫茫山野中思索着答案，探究着世间的真谛。

　　在林间已经参悟了十年，这天，查拉图斯特拉前往附近的祭司家去过春节[①]。当他走到达伊提耶河（Daitya River）的时候，一个有着长长蓝色翅膀的天使悄然降落在他的面前。天使的面孔与常人无异，有着卷曲的头发和胡须。他左手持环，右手伸向远方。在身体和羽翅交接的正中央戴着一个金黄的巨大圆环，永恒的灵魂在圆环上熠熠发光。身下，天使还长着两根尾巴。正在查拉图斯特拉诧异的时候，天使开口说话了："你是谁？为什么会在这里？"查拉图斯特拉回答："我是查拉图斯特拉，来这是为了思考人生真谛的。"天使又问："那么，你觉得你人生中最重要的事是什么呢？"查拉图斯特拉对答如流："我在追寻正直、纯洁和智慧。"天使满意地点头，扇扇巨大的翅膀，开始施展奇幻的法力。

　　一幅巨大的图景在查拉图斯特拉眼前展开，他目不暇接地接收着神奇的理念：在创世初期，宇宙还并未形成。世间只有一个神，叫阿胡拉·马兹达。马兹达是至高神、至善神、智慧之神，在他的身上没有一丝缺点，一切都是那么美好。马兹达想创造出一个完美的世界，于是撷取了自身的美好，创造出善灵斯芬特·曼纽，光辉万丈，充满了真理、爱和欢乐。然而，始料未及的是，善灵的孪生兄弟也被带到了这个世界，成为恶灵安哥拉·曼纽，黑暗无光，充斥着邪恶、卑鄙和谎言。这二元对立的善恶构成了整个精神世界。伴随着善恶孪生之灵而产生的，是宇宙中整个物质世界。马兹达创造出了太阳和星星，并规定它们按照一定的轨道运行。他又创造出了月亮，并安排好

　　[①]拜火教有三种不同的历法，它们都与世界通用历法——格里高利历不一样，每年的春节也与我们传统意义上的春节不同。

了它的阴晴圆缺。天空、大地、植物、动物、水、火、人……一切都被阿胡拉·马兹达创造出来。马兹达创造出人类始祖迦约马特（Gayomart），并送给了人类一个礼物——自由的意志，把爱和欢乐带到了人间。迦约马特去世后，身躯变成了一对男女，这对男女繁衍生息，慢慢地就产生了整个人类种族，世代绵延不绝。

突然，美好的创世画风一转，末世天启降临，世界面临着灭顶之灾。恶灵在世间到处作乱，所到之处漆黑一片。善灵闪着光芒上前阻止，跟恶灵扭打在一起。两大神灵无休止地打斗，光芒与黑暗交织，一时难分高下。世间混乱，秩序不再。火光冲天，熔化的金属劈头盖脸而来，熔岩般迅速席卷了大地，劫难降临。这时，奇妙的事情发生了：邪恶的人转眼被熔浆吞噬，不等挣扎便尸骨无存；善良和正直的人被救世主带领着走过金属熔浆，神情自如而惬意，如同沐浴在温热的牛奶中一样。大地升腾起了火焰，世间万物在火中净化、升华，黑暗渐渐消散，光明陡然照亮了整个世界。金属熔浆退去，善灵打败了恶灵，世间终于被火净化成为一个完美无缺的世界，再没有邪恶和谎言，再没有痛苦和挣扎，所有曾经死去的人都复活了，所有人都变得那么完美，人们共同生活在和平与和谐的世界里。这是一个崭新的世界，一个阿胡拉·马兹达所希冀的完美世界，这个世界终于成为现实。

这时，天使张开巨大的翅膀，飞到天上去了。幻境消散之后，山还是山，河还是河，但却似乎不复之前的模样。查拉图斯特拉的心境蒙受了巨大的启迪，豁然开朗起来。借此，查拉图斯特拉开创了琐罗亚斯德教（Zoroastrianism），信仰阿胡拉·马兹达，就是我们通常所说的拜火教[①]。

至善之火永不熄

顾名思义，拜火教因其教徒"拜火"而得名。需要注意的是，拜火教徒并不崇拜火这种物质，而是崇拜火所蕴含的象征性意义。火，熊熊的烈火，

[①]拜火教是琐罗亚斯德教的别称，因其生动、形象，故而广为流传。它还有其他别称，如祆教、火祆教、波斯教等。

燃烧在金色的底座之上。它位于大厅的中心，大厅四周是洁白的墙壁与地砖，宽阔而肃穆，没有任何装饰物。这盆火来自 16 个地方，其中之一便是从上天而来的闪电之火。除此之外，它还取自不同的职业，这些职业都用火来制作或烘烤物品。相传，史前神牛驮着一团圣火从天上坠入凡间，一直保护和指引着人类前进的历程。火是阿胡拉·马兹达神圣的象征。它承载了太阳和其他天体的光辉，诉说着才智、力量和真理之魂。火，战胜黑暗；火，指向光明；火，充满清净；火，具有创造的生机和活力。哪怕是一点点微不足道的火苗，也对光明和美好的进程有着不可磨灭的功绩。永不熄灭的火焰，与亘古就有的黑暗做着顽强的抗争，终将取得胜利。

在拜火教的思想里，善思、善言和善行①是非常重要的信条和准则，这三个信条在火光中不停地跳动，随着向上升腾的火焰，深深镌刻在每个教徒的心里。人心向善，心中充满了善念，由此衍生而出的，是慈善的言语和善良的行为。每个人的身上并不带有原罪。人生而纯洁，之所以有的人会做坏事，是因为他们在成长过程中受到了周围邪恶环境的不良影响。可以说，善恶是二元对立的势力，二者共同平衡着整个宇宙。恶的存在并非阿胡拉·马兹达创世时的本意，却因物质世界固有的缺陷而在坏人心中扎根。值得庆幸的是，人拥有着马兹达赋予的自由意志，可以自由选择从善抑或从恶。当然了，作为一个好人，必须要弃恶从善、弃暗投明，不遗余力地促进世界发展，以使自己的灵魂得到超度和救赎。

关于死亡，拜火教有一套较为完整的理念。可以说，每个人都会面临身体的消亡，但灵魂不会轻易湮灭。人死之后，不洁的尸肉为鸟禽所食，尸骨则安葬在寂静之塔中。人的肉体死亡之后，灵魂则在第四天离开地球，到达一座审判桥。在审判桥上，三位小天使评判其生前的功过是非，善人可以平安地通过此桥奔向天堂，恶人则从中坠落，跌入无间地狱。对于死亡，活着的人们没有必要过多地悲伤。因为消极和绝望也是罪过，它们是对恶的妥协。现有的疾病、贫穷和愚昧都是世间的恶。当我们与这些疾病、贫穷和愚昧做

---

①善思（Good Thoughts）、善言（Good Words）、善行（Good Deeds），拜火教依次称为 Humata、Hukhta 和 Huvarshta。

斗争时，就是在做善行，从而距离完美世界更近了一步。虽然世间并无轮回，但死亡也绝非是永恒的。当天启来临，人们因一直遵循善思、善言、善行的准则而被拯救，罪恶消失、死者复活，所有的人共同生活在最美好的世界里。

除了物质生活和精神生活，拜火教还十分重视信徒的社会生活。拜火教认为，每个人都是社会中的一分子。积极地担负起社会责任，意味着人们应该努力工作，争取在工作中做到最好。拜火教的信徒，积极地从事生产，大力发展农业和畜牧业。善良的农民勤勤恳恳地播种粮食、踏踏实实地从事耕作，从不破坏庄稼。勤劳的牧民，总是早出晚归地出去放牧，充满爱心地对待动物，赢得了大家的尊敬和爱戴。工作是一方面，家庭生活也必不可少。结婚生子、组建家庭、养育后代，是快乐的生活不可或缺的重要元素。拜火教非常重视血统，提倡众教徒在血亲之间进行通婚，以求在世世代代生生不息中广传教义。[1]就这样，燃烧的火象征着至善，一耀千年。

传入中土祆教立

在伊朗高原上，有大片高耸崎岖的山和干旱的沙盐荒漠。这里冬冷夏热，生活条件十分艰苦。人们聚居在河谷地带，以垦田放牧为生。一个炎热的夏天，一高一矮两个人走在凹凸不平的路上，不禁感到口干舌燥。高个子抬眼望去，见不远处出现了一丛绿树，绿树的掩映中隐约露出白色的石柱。"我们到了。"高个子说。

两人来到拜火教神庙，浑身的燥热消失了，内心感到一阵平静。神庙由白色石头装砌而成，顶部的中央位置有一个浮雕，这是拜火教的标志，上面生动地刻画着人的面孔、巨大的蓝色羽翅和金色的圆环及尾巴。"真好看，不过这个人为什么长了翅膀和尾巴呢？"矮个子问。

---

①一些人认为，近亲结婚缩小了拜火教的传播范围，阻碍了它的发展；也有一些人认为，这样做使得教徒的信仰更为坚定，不至于被异教同化，有利于保持教派的纯洁性。拜火教近亲结婚受马兹达的创世理念所影响，是迦约马特尸身一生二、二生多、多生全体人类种族的具体体现。

"这个呀，因为翅膀可以带着好人的灵魂上天堂，那两根尾巴中一根代表着善，还有一根代表着恶。看见那两个圆环了吗？身体中央的大金环就是我们永恒的灵魂，左手拿着的那个是公正的力量。你看他的右手指向前方，在引导我们走向真理呢。看那人的脑袋，里面充满了自由的意志，要我们时刻记着善思、善言和善行呢。"高个子耐心地解释。

两个人推门进入神庙，进门的地方装饰着花朵和珠串做成的饰品。置身于这个安宁、纯洁、快乐的地方，心中的燥热立马涤荡一空。他们继续往前方走去，进入了大厅，大厅中央有一池水，两人蹲下身来，用水将身体的裸露部分仔仔细细地清洗干净。"跟火一样，水也是阿胡拉·马兹达神圣的创造。"高个子喃喃地说。

洗净身体，走到神庙中央，两人隔着格栅终于看到了拜火教神圣的火焰。几个祭司戴着白帽和长长的白色口罩，穿着白衣、白裤和白鞋，正在神情专注地凝视着窜动的火焰。"他们为什么要戴口罩，而且口罩还那么大呢？"矮个子小声地问。"因为人呼出的气体是不洁净的呀，所以要和火隔开。"高个子压低了声音回答。

离开了神庙中央，两人看到周围还有几个房间，分别写着讲演厅、聚会厅和图书馆。到了讲演厅，听到祭司正在带领大家祈祷。两人不敢怠慢，也急忙虔诚地跟着念出声来："心怀谦恭的崇拜，我双手伸出向您祈祷，哦，阿胡拉·马兹达。通过您仁爱的精神，赐予我此刻的欢愉。善行的正直、善思的智慧，由此我将欢愉带给您创造的灵魂。"[①]祈祷完毕，祭司进一步说："追求至善的道路是永无止境的，人可能终其一生也无法完全掌握真理。但我们不能够放弃，要通过不断探索、不断学习、不断提问和不断聆听，来学习和了解真理，丰富自己的精神世界，按照真理的规范多行善事，做到善思、善言、善行。"

两人若有所悟地离开讲演厅、走到聚会厅，刚一进门，就听见人们激烈的

---

①这段汉语的英文版本如下："In humble adoration, with hands outstretched. I pray to thee, O Mazda. Through Thy benevolent Sprit, Vouchsafe to me in this hour of joy. All rightousness of action, all wisdom of the Good Mind, That I may thereby bring joy to the Soul of Creation."Ahunavaiti: Ys. 28.1。这些诗句后被写入著名的《阿维斯陀》(*Avesta*)。

辩论声。"马兹达是一个如此善良、仁爱的神，他怎么能允许世间有这么多的邪恶和苦难呢？"一个人高声说。"邪恶和苦难是恶灵造成的，马兹达会与其做斗争并最终取胜的。"另一个人不卑不亢地说，立即获得了周围一片叫好之声。

"那么，善恶都是马兹达创造的吗？是不是创世之前它们已经在宇宙之中了？善恶只存在于人类心灵和头脑中吗？"矮个子思索片刻，好奇地问。人群立马炸开了锅，围绕着矮个子的问题争论不休。这些是拜火教中长久存在的问题，似乎并没有得到过完美的解释。但正是由于这些争议的存在，促使人们加深了对教义的理解，增添了拜火教的生机和活力，这反而是一件好事。

好不容易从聚会厅退出，两人来到了图书馆。看着满目书籍，身边的一个教徒不禁感慨万千："查拉图斯特拉创立我们教派的时候，还没有文字呢。祭司们全靠口述，才使经典得以保留。后来有了文字，才有了《阿维斯陀》。到如今发展得这么好，放到过去真是难以想象呢！"

"是啊，"高个子点点头，"听说，它还传到了遥远的中国呢！"说到这，两人眼中放出了骄傲的神采，像是想到了什么了不起的事情。

魏晋南北朝时期，拜火教经由陆地和海上丝绸之路（the Silk Road）传入中国。它首先到达了新疆，为胡人所信奉。接着又传到了内地，在唐朝时期大放异彩。唐朝初年，文字智慧博大精深的中国人给拜火教起了一个别名，叫祆教。"祆"这个字比较特殊，从示从天，发音与"仙"一致。我国古人见拜火教经常祭拜会发光的日月星辰，就推断它拜的是天神，所以造字的时候用了一个"天"字。又因为拜火教拜的是外国天神，所以给它加上了示字旁，表明它是外来宗教。人们不仅为拜火教创了一个字，也给教派的创始人音译了一个好听的东方名字，叫苏鲁支。①唐朝时期，宗教信仰相对自由，祆教在中国有一定地位，许多地方设了火祆祠，加强了内陆与西域的联系。但是，祆教在中国不传教、不译经，教徒只有胡人而没有汉人。宋朝以后，拜火教就在中国逐渐衰落乃至消失了。

拜火教创立初期发展十分艰难，查拉图斯特拉周游列国进行传教，但是

---

① Zarathustra，古译为苏鲁支，如南宋姚宽著《西溪丛语》所载，祆教"本起大波斯国，号苏鲁支"。现代人通译为查拉图斯特拉。

四处碰壁。直到四十多岁的时候，自己的小女儿嫁给了维塔斯帕（Vishtaspa）的丞相，丞相也心悦诚服地皈依了拜火教。在米底王朝后期，拜火教成为国教，并且盛行于整个波斯王朝。后来，在伊斯兰教的冲击之下，拜火教迅速衰退。如今，它已是世界上最古老、同时也是最小的宗教之一。与动辄十亿信徒的基督教（Christianity）、伊斯兰教比起来，拜火教现在只有区区十余万信徒。他们分布在伊朗、德国、北美、澳大利亚、中国香港等国家和地区，继续践行着"善思、善言、善行"的准则，努力学习，勤恳工作，向往着一个极其美好的世界！

　　赫梯，一个不容忽视的盛极一时的小亚古国，有着它自己的文字、自己的文化和自己的传说。在中国，我们祖先创造了辉煌灿烂的文化。古文字方面，有着甲骨文、金文、大小篆等优秀的传承。而对于赫梯，20世纪以前人们还不知道它有多么优秀呢。直到公元1906年至1912年的考古挖掘中，德国学者发现了几千块楔形文字泥板。这些泥板上的文字大多都很奇怪，只有少数几个字是由人们当时相对熟悉的阿卡德语写成的。

　　"这可怎么办哪？上面的字都不认识啊。"这一重大考古发掘引起了官方的注意，同时困惑也开始了。

　　"我们会！"几名大学里教书的学者自告奋勇来进行解读。

　　"瞎说，这么难，你们怎么可能会？"官方人员将信将疑地说，然后出了个损主意：让学者们分开进行翻译，互不通气，最后拿译文进行比照，如果差不多一致就是真会，否则……嘿嘿，等着名誉不保吧。

　　结果，学者们提供的译本还真是差不多，官方也信服了。就这样，在西方的口口相传下，我们看到了英文版本的"寻回失踪暴风神"等赫梯传说故事（本章第一节），也看到了赫梯关于小鹿、馋狗、铜杯、柴垛等的寓言故事（本章第二节）。这些故事在当下中国流传并不广泛，至少笔者没有找到相应的中文版本。不过需要注意的是，事实上，赫梯寓言有七则，只不过有关馋狗吃面包的那个故事只是换了个动物做主人公，其他内容不变，所以笔者就把它略去了。

　　中国古代帝王以黄为尊，皇袍都用黄色染料精心染制，然后在上面描龙绣凤，煞是威严。但是在西方，国王及贵族们却唯独青睐紫色，紫色染料可谓少之又少，只有腓尼基人才能很好地掌握它的提炼技术。而且因为腓尼基地处东西方交通要塞，近海多良港，所以就像一颗明珠一样璀璨，不失"紫色明珠腓尼基"的美誉（本章第三节）。

第一节　寻回失踪暴风神

赫梯节日何其多
神灵失踪惊碧落
蜜蜂苦寻长跋涉
巨鹰载回背上驮

赫梯节日何其多

在距今 3000 多年前的青铜时代（The Bronze Age），亚洲西南部的安纳托利亚（Anatolia）高原上有一个曾经强盛，又如烟花般陨落，在历史的长河中消失得无影无踪的国家，人们称它为赫梯帝国（Hittite Empire）。赫梯地处高原，有着高高的丘陵和茂密的森林，那里冬冷夏热，生存的条件较为艰苦。健壮的赫梯人克服了当地气候的种种不适，他们就地取材、开山凿石，用一块块巨石将国家的边境圈了起来，有效地保卫了国家的边境，使得觊觎他们土地的邻邦无从下手。然而，虽然外敌难以入侵，但是赫梯国的宫廷内乱却从来没有停止过。王室贵族之间互相杀伐劫掠，为了王位闹得不可开交。终于，有一天，一个叫铁列平（Telipinu）的国王忍无可忍，拍案而起，愤声说道："够了！你们不要再为王位继承的事起内讧了！以后，统统由长子继承王位！长子死了？那就次子！没生儿子？那就长女婿！以此类推！另外，王室贵族不能被随便处死！必须判定有罪才能施以惩罚，处罚只能针对罪犯本人，别动不动把他家人也牵连进去了！"人们点头称是。就这样，在国王铁列平的带领下，赫梯进行了一场轰轰烈烈、影响深远的改革，人们称之为"铁列平改革"。赫梯人崇拜一位农神，名字就叫铁列平，此名的由来也许是为了纪念这位敢于改革的国王。

赫梯的节日特别多，光是每年的日历上就标出了 165 个正式的节日①，更别提民间一些地方性的小型节日了。这些节日一般都举行庆典，供奉诸神以欢庆农牧业的繁荣，并提出良好的祈愿：土壤肥沃、雨水充足、果实丰收、畜群增加……庆祝活动的持续时间可长可短，长的可长达数月，短的却只有一天。在赫梯，有四个主要节日：安塔舒姆节（the AN.TAH. SUM Festival）、普如里节（the Purulli Festival）、努恩塔瑞亚斯哈节（the Nuntarriyashas Festival）和基拉姆节（the KI.LAM Festival）。每年春天，赫梯人都会欢庆安塔舒姆节和普如里节，这两个重要的节日为了侍奉太阳神（the Sun God）和赫梯土地上的众神、庆祝自然之力的新生而设，每个都持续月余。欢天喜地的人们簇拥着国王和王后，从首都哈图沙（Hattusa）一路走街串巷、沿途巡演，途经太阳神之城阿瑞那（Arinna），一直走到王国北部风暴神之城奈瑞科（Nerik）。在奈瑞科，庆祝活动达到了高潮，所有赫梯人信奉的神都聚集在了一起，共同庆祝新年的伊始。到了秋天，人们则迎来两个重要的节日：努恩塔瑞亚斯哈节和基拉姆节。努恩塔瑞亚斯哈节持续数周。节日期间，人们结伴到附近的宗教场所去拜访。基拉姆节虽然重要，时间却只有三天，庆祝活动一般在首都举行，由国王来主持。节日期间，暴风神被从宗庙里请出，人们把他连同三十尊其他诸神的神像装进牛车，由欢呼的人群簇拥着在大街上缓慢前进。对国王而言，这些节日具有非凡的意义：一方面可以借机巡查地方，巩固自己的权威；另一方面可以彰显王室的荣耀和威严，具有一定的震慑力。所以，遇到节日，即使国王在外打仗也要想办法班师回朝，主持庆典并且与民同乐。

神灵失踪惊碧落

又一年的普如里节到了，孩子们从各自家里蹦蹦跳跳地跑了出来。"过

---

① 详见特雷弗·布莱斯（Trevor Bryce）的《赫梯的生活与社会》（*Life and Society in the Hittite World*）一书。

节啦，出来看节目啦！"他们欢快地聚成一群，一溜烟儿飞奔到了大街上。这群孩子的头发又黑又直，皮肤白皙细腻。他们穿着长达膝盖的短袖束腰麻袍，麻袍外还套有一件羊毛制成的斗篷。他们身上戴着各式各样的饰物，小女孩甚至穿了耳洞，挂上了闪耀的金属耳环。这些赫梯孩子脚上穿的鞋子非常有特色，只见那鞋前端尖尖地向上翘起，赫梯人不分男女老少都穿这种鞋子。"快来看哪，今天演的是暴风神失踪的传说故事呢！"一个小女孩咯咯地笑着，抬起白嫩的小手招呼着伙伴们。不一会儿，在庆典上演出的队伍就被小孩子们围了个水泄不通，好戏马上就要开演了。

　　浓烟笼罩了一所由泥砖和石头砌成的房子，雾气透过窗户钻进了浴室。浴室里陈设着一个由黏土制成的浴盆，浴盆里面还砌有座位。随着烟雾越来越浓，屋里的陈设渐渐被浓雾吞噬，只留下壁炉噼啪作响的火光。突然，火光一闪也灭了，世界陷入了雾的汪洋，只听见远近高低一片混乱的哭诉：产妇声嘶力竭地呻吟着，她不幸遇到了难产；山羊大声地咩咩叫着，却无法生出小羊羔；母牛哞哞地叫着，拒绝哺喂初生的牛犊……饥荒很快席卷了大地，人们饥饿地啼哭着、沙哑地呻吟着，绝望的气息弥漫在空中，久久不能散去。

　　在天上，却还维持着一派和谐的景象：太阳神正在宴请众宾客呢！宾客全是大大小小的神灵，神头攒动，足有千神之多。[①]与众多神灵形成鲜明对比的，是宴会桌上少得可怜的食物和酒水。"我说太阳神，别这么吝啬行不行？瓶里的酒没喝几滴就空了，餐桌上的糕点少得还不够塞牙缝儿。"一个大嗓门儿的神豪爽地带头向宴会主人发难。"是啊，我这肚子呦，吃了还是觉得饿，喝了也不解渴。今年这是怎么了，提供的食物这么少？"一个老头不满地嘟囔着。太阳神凝眉不语，足足有几秒钟，然后开口说话了，话音迟缓而沉重："不瞒各位神灵，我儿子——暴风神——失踪了。""什么？暴风神失踪了？"这话无疑是颗重磅炸弹，惊得大小神灵半天没缓过神来。"是的，"太阳神接着说，"暴风神生气了，他一怒之下带走了许多好东西，包括谷物、动物、生殖、富足和繁荣。如果你们向凡间望去，就会发现那重重迷雾中断流的溪水、

---

　　①赫梯人信奉的神灵很多，所以赫梯有"千神之国"的称号。其中，主神一般为风暴神，其他如太阳神、农神、海神等也有举足轻重的地位。

干枯的草地和枯死的树枝。暴风神的地位实在是太重要了，但现在我哪里都找不到他，还请诸神集思广益，助我一臂之力，早日找回我失踪的儿子。"

蜜蜂苦寻长跋涉

众神听了太阳神的请求，纷纷摩拳擦掌、各显神通，都想赶快找回失踪的暴风神。大小神灵分头行动，他们有的站在高山之巅去寻找，有的跑到峡谷底部去搜索，还有的潜入大海深处去窥探暴风神的气息……有一位了不起的神灵放出了一只巨鹰在九天之上盘旋，锐利的鹰眼不停地寻找着暴风神的踪迹……然而，很多天过去了，诸神依旧没能发现失踪的暴风神的身影。他们只好无功而返，拖着疲惫的身躯飞回天庭复命。

"难哪，实在是找不到哇！"巨鹰收拢翅膀，垂头丧气地对着太阳神汇报，"我们找遍了高山、峡谷和大海，都没有暴风神的踪迹呀！"太阳神听了巨鹰的话，紧锁眉头一言不发，看样子下一秒钟就要抓狂暴走了。

正在诸神一筹莫展之际，一个天籁般的女声从身后适时响起："太阳神您别着急，我有办法。"诸神扭头一看，原来是女神汉哈那（Hannabanna）。汉哈那德高望重，她说出来的话一般都会得到诸神的信服。"汉哈那，快请说说，你有什么办法呢？"太阳神的双目因为希望而重新焕发出神采，他忙不迭地向汉哈那提问道。"这个……可以利用我手里的蜜蜂，它……"没等汉哈那回答完毕，神群中陡然爆发出一阵嘲笑之声："哈哈，蜜蜂？别逗了。我们这么厉害尚且找不到暴风神，蜜蜂？就这小不丁点儿？小翅膀、小身躯、小玩意儿，在巨鹰面前简直连尘埃都不如。再说了，我们这么多神合力都找不到，就凭一只蜜蜂？势单力薄，汉哈那你是不是急糊涂了，简直是痴神说梦吧……"

汉哈那毕竟是个女神，被这么多神说，脸上挂不住了，火烧火燎地红透了整个面颊。"汉哈那，谢谢你。"太阳神举手制止了诸神无休无尽的猜疑，"当今之计，唯有死马当活马医了。你就拿着你的蜜蜂，到处去试一试吧。"一声沉重的叹息，盘旋在汉哈那走后的大殿里。可见就连太阳神，也觉得用蜜蜂找回暴风神的可能性微乎其微。

"去吧，小蜜蜂，照我教给你的做。"汉哈那展开莹润的手掌，一只小蜜蜂从中迫不及待地飞出，扭着黑黄相间的身躯欢脱地对她说："嗡嗡嗡，放心吧，我会找到暴风神的！"接着，小蜜蜂快速地扇动翅膀，轻快地奏出嗡嗡的歌谣，一个猛子朝凡间扎了下去，横掠大地搜寻暴风神的踪迹。

小蜜蜂掠过了断流的大河。

小蜜蜂越过了枯竭的山泉。

小蜜蜂飞过了干涸的湖泊。

……

最后，小蜜蜂来到一片大森林中。这片森林依旧生机盎然，似乎并没有因为暴风神的失踪而受到太多的影响。"嗡嗡嗡，暴风神，你在哪儿？"小蜜蜂抒抒蜂针，轻快地喊道。她展翅轻盈地穿梭于古树之间，在斑驳的树影中跳着好看的舞蹈。她绕过一棵盘根错节的老树，又在另一棵大树上结的小黄花中调皮地停留了片刻。"嗡嗡嗡，好香，好香。我要吃饭了，吃饱了肚子才有力气继续寻找哇。"小蜜蜂一边说着，一边往不远处的一小片花海飞去。"哎呀，是什么东西撞了我一下，好疼啊。"就在小蜜蜂低飞掠过一棵古树时，一不小心撞上了一个……"啊！人？"小蜜蜂难以置信地嗡嗡着，直围着那个树下酣睡的人打圈圈。"啊哈！真是踏破铁鞋无觅处，得来全不费功夫！"小蜜蜂高兴极了，早把吃饭的事抛到九霄云外去了。"嗡嗡嗡，你不就是暴风神吗？大家都在找您呢！别睡啦，快起来啦！"小蜜蜂说着，打算把暴风神拉起来。可是，暴风神依然熟睡着，圆滚滚的大肚皮随着均匀的呼吸一鼓一缩地，没有半点儿鼾声，一看就是进入了深度睡眠。

"嗡嗡嗡，本姑娘豁出去了，看针！"小蜜蜂举起蜂针，朝着暴风神的大肚皮狠狠扎了下去。怎奈暴风神肚皮脂肪太厚，这一针下去就像扎在棉花上一样绵软无力。突然，小蜜蜂想起临走时汉哈那女神的嘱咐，"当你找到他以后，扎他的手和脚。"于是，小蜜蜂不再犹豫，高举蜂针冲着暴风神的手脚一阵猛攻。

"哇呀呀！谁，谁在扎我？"挨了扎的暴风神一骨碌爬起来，疼得直跳脚。他又疼又怒，生气地嚷嚷着："别闹了，烦！还让不让人睡个安稳觉了！"小蜜蜂无视他的抗议，继续用蜂针进行密集的攻击，并开始从腹部的蜡腺分泌出蜂蜡，然后将这淡黄色的液态蜂蜡仔细地涂抹到暴风神全身。暴风神闻着蜂蜡的愉快气息，感受着身体在蜂蜡包裹下的净化与升华，暴怒的心情渐渐平静下来。

巨鹰载回背上驮

小蜜蜂丝毫不敢大意，她小心翼翼地问："嗡嗡嗡，暴风神啊，您愿意和我一起返回天上吗？天上的诸神都等着您哪！地上的人们也都期待着您赶快归位，过上平静的生活呢！""不愿意。"暴风神说。小蜜蜂一愣："为什么呢？""本神心情不好，睡眠不足没劲儿飞回去。"暴风神身上的怒气还是很大，似乎在下一秒愤怒的火焰就又要燃烧起来。

"嗡嗡嗡，这可怎么办哪？我找到了暴风神，但他还生着气，不跟我回来呢！"一向性格开朗的小蜜蜂飞回天上委屈地说，看样子就要急哭了。"蜜蜂妹妹你别着急，"巨鹰拍拍翅膀走过来安慰她说，"能够找到暴风神已经很了不起了，你看我们这么多的大小诸神全体出动都没找见他不是吗？接下来的事情就交给我吧，你放心，我一定将他完好无损地带回来。"

巨鹰呼啸一声，张开巨大的羽翅，从九天之上滑翔而下，落在森林附近的山顶之上。他用锐利的鹰眼环视四周，只见暴风神就藏在蜜蜂指出的地方，躲在不远处的大树下打盹，又昏昏欲睡了。巨鹰当机立断，以迅雷不及掩耳之势逼近暴风神，然后羽翅一耸，将还没缓过劲儿来的暴风神甩到了后背上，潇洒地掠过古树回到天空，整套动作没有一丝拖泥带水，行云流水般顺畅。

"多亏了蜜蜂妹妹的帮忙，我把暴风神给带回来了。"巨鹰径直穿过天界，落到大殿之上，一侧身将背上驮着的暴风神掀倒在地。

"啊，我儿子回来了！""暴风神回来了！""他回来了！"一时间大殿四处响起了疲惫而惊喜的声音。"暴风神回来了，他带走的好东西也原封不动地回来了！大家看哪，谷物、动物、生殖、富足和繁荣，一样没少！真是太好了！"诸神总算松了一口气。

"暴风神，别再生气了。来来来，这里有美酒；快快快，不醉不归！尽情地喝吧，喝醉了，就会忘记一切，怒火也就随之消散了！"诸神纷纷劝酒，暴风神都有些招架不住了。

终于，暴风神喝得东倒西歪、七荤八素。诸神赶紧借这个机会将他身体里的邪恶、罪孽、怒火和暴虐抽离出来，然后用木柴生起一个大火堆，将这些不好的东西放在火堆上烘烤。火光烈焰狂躁地舞动着，眨眼间吞噬了暴风神的邪恶、罪孽、怒火和暴虐。当暴风神醒来，他就会发现这个世界上的溪水又重新开始流淌，草地上又长满了绿油油的嫩草，树枝发芽了，万年古木旁又会开满五颜六色的野花。小蜜蜂在花丛中唱啊、跳啊，人们的生活富足而安康。

演出到这里就告一段落了，观众们沉浸在剧情当中久久不能回过神来。"这是真的吗？"一个小孩子捅捅旁边稍微大一点儿的孩子，低声问。"是真的。它是我们赫梯的神话传说，我还看过一些类似的演出，像失踪的太阳神啦，失踪的农神铁列平啦，还有失踪的汉哈那等等。这些传说的情节都大同小异，就是主角变了。""啊，你懂得真多呀。看了那么多的演出，有没有哪一个是你最喜欢的呢？"小孩子的眼睛因为兴奋而闪闪发亮。"有的。我最喜欢阿普（Appu）和他的两个儿子的传说了。"大孩子说，"相传，有一个富翁叫阿普，他膝下无儿无女，看着别的父母拿面包给孩子吃，心酸极了。他也想有个孩子，让他宠爱和抚养。天上的太阳神帮助了这个富翁，让他有了两个儿子。因为上天赋予了大儿子错误的道路，所以富翁管他的大儿子叫错误（Wrong），人称错哥；而上天又赋予小儿子正确的道路，所以富翁给他的小儿子起名叫正确（Right），人称正弟。长大之后，错哥非要和正弟分家，正弟本来是不愿意的，后来被逼得没有办法了也就答应了。富翁家有两头牛，错哥选择了身强力壮可以犁地的公牛，而把病弱的母牛留给了弟弟。天上的神灵都觉得错哥太自私了，就施法术将两兄弟的牛进行了调换。错哥当然不服气了，于是向太阳神提出了控诉，太阳神就叫一个王后帮忙进行裁决……总之，裁决结果是正弟胜诉啦，谁让错哥那么贪心呢！"小孩子听得入了迷，过了一会儿才开口说："过节真好，有这么多节目可以看。""就是，很有趣。咱们去那边，问问明天演什么吧！"大孩子边笑边拉着小孩子的手，朝演出队伍的方向走去……

第二节　赫梯寓言六则

小鹿与山和牧草
馋狗蘸油吃面包
铜匠铸杯招埋怨
工匠吃力不讨好

小鹿与山和牧草

第一则：鹿与山

在一座高高的荒山上，徘徊着一只饥饿的小鹿。小鹿饿得皮包骨头，乌溜溜的大眼睛已经由于缺水而逐渐干涩。"小鹿啊，你走吧。我这里没你的吃的，留在这儿你会饿死的。"山说。"可是，除了你，我怕再没有山肯收留我了。"小鹿快哭出来了。"别担心，小鹿。你多走走，会有好心的山来收留你的。"山鼓励她说。

于是，小鹿告别了荒山，开始流浪。她走过了许多地方，吃了数不清的闭门羹。终于，另一座好心的山敞开怀抱，接纳了她。小鹿见这座新山土地肥沃、牧草丰美，高兴得直在草地上打滚儿。她在这座山上安了家，每天吃了睡、睡醒了继续吃，日子过得好不安逸。养尊处优的日子过久了，小鹿的身躯迅速丰盈起来，变成了一只肥胖的鹿。跟着她的体重一起疯长的，还有一颗不满的躁动的心。小鹿开始不安分起来，说话也变得张狂："哼！破山。让野火烧光你身上的草才好！""你说什么呢？请再说一遍！"好心的山不敢相信自己的耳朵。"说你呢，破山。"小鹿肆无忌惮地说："你最好是先被闪电击中，然后着火。祝愿漫天大火烧光你这破山！""小鹿，你拍拍良心告诉我，当初你走投无路时是谁收留你的？当初你饥肠辘辘时是谁把你喂得肥肥胖胖的？如今，我跟你什么冤什么仇，竟遭你如此恶毒的诅咒！"好心的山气坏了。

后来，一个猎人来山里打猎，一眼就看见了这只又肥又胖的鹿。猎人巧妙地设了一个陷阱，小鹿走到陷阱旁重心不稳，一个趔趄头朝下栽了进去。恩将仇报的小鹿，就这样被猎人捉到，吃掉了。

其实，这不是一只鹿，而是一个人，这个人离开故土来到了新的城市。很快，他在新城站稳脚跟，开始变得不满起来。作为"报答"，他反而密谋做些危害新城的事情。新城的守护神知道后，惩罚了这个忘恩负义的人。

这个故事告诉我们：人不能鄙视自己的家园，无论是故土还是新居。[①]

第二则：鹿与牧草

广阔的高原上长着茂密的草地，在草地中央，一条长长的小河蜿蜒流过，将草地分割成两个部分。近处，一只小鹿正在吃草，但她吃得并不安心，而是不时抬起头，渴望地瞅瞅对面。"你瞧哇，小河对岸的草儿多么肥美！我好想过去啃两口！"小鹿对伙伴们说。"太远了，你过不去的，"伙伴们对她说，"而且，我们这边的草也很好吃啊，为什么要舍近求远呢？""这边的草食之无味，真难吃！"小鹿说，"不嘛，人家就喜欢尝尝对岸的草嘛！"

于是，小鹿决定过河吃草。她将蹄子伸进水里探了探路，然后回头得意地冲着伙伴们说："你瞧，也没多难嘛，我要过去啦！"小鹿扬扬蹄子，舒展四肢朝着河水中心奔去。可是，当她正在欢乐之时，一股暗流涌来，小鹿站立不稳，立马倒在水流之中了。"救命啊，快来救——"没等小鹿把话说完，湍急的河水就卷着她冲向了远方，不知所踪。眼高手低的小鹿，既没吃到对岸的草，也把近处的草丢掉了。

其实，这不是一只鹿，而是一个人，这个人刚刚被上级任命为戍边大将，做了边疆的指挥官。可是，他对自己分内的工作心不在焉，反而一味去追求

---

①英文版本为 "Do not despise your homeland, whether the new or old one."。

另一个地区的控制权。结果，他既没有得到另一个地区，也失去了自己所守护的边疆。

这个故事告诉我们：人要安于现状，不要奢求属于别人的东西。[①]

馋狗蘸油吃面包

第三则：狗与面包

石头砌成的烤炉里火烧得正旺，一道道金红的火舌蹿涌而出，烤得炉膛里金黄色的面包噼啪作响。"呀，好香啊！"小馋狗耸耸鼻子，不停地围着烤炉打着转转，对即将出炉的面包垂涎三尺。主人刚把烤好的面包从炉中取出，小馋狗就立马一个箭步窜出去，张开大口死死叼住面包，夹着尾巴一溜烟儿地跑远了。

由于实在太激动了，小馋狗半路没能绕过一块大石头，被绊倒在地。他利落地打了个滚儿起身，却不承想面包一下子就从嘴里飞了出去，甩到了不远处的一摊黑乎乎黄不啦唧的东西上。"呀，面包掉进大粪里去了！"小馋狗好不懊恼。"不知道还能不能吃呢？"小馋狗一边思忖着，一边伸出爪子把面包扒拉回来。他将面包送到嘴边，小心翼翼地咬了一口——呀，好香！比刚才不蘸东西更香了呢！"可是，怎么会……"小馋狗一边纳闷儿，一边对准那摊看上去很恶心的东西舔了一口——原来，这不是大粪，而是香油！他高兴地在香油旁坐了下来，蘸一口香油，吃一口面包，不一会儿，就把一大块面包吃了个精光。

从此，小馋狗爱上了这样的吃食方法，一有机会就去叼一块面包，然后偷偷蘸油吃。可是有一天，当他又在蘸油吃的时候被旁边的人发现了，并把此事告诉了狗的主人。贪得无厌的小馋狗，受到了主人严厉的惩罚。

其实，这不是一条狗，而是一个人，这个人被上级任命为地方行政长官，走马上任了。一个偶然的机会，他克扣下本该交给国家的贡赋，大赚了一笔。

---

①英文版本为 "Be satisfied with what is rightful yours, do not covert what belongs to others."。

尝到了贪污的甜头之后，他变本加厉，将更多的苛捐杂税加之于民，一发而不可收。人们忍无可忍，跑到国王处去告状。结果，国王下令彻查，这个贪官不得不把处心积虑侵吞的财产又都吐了出来。

这个故事告诉我们：人要做好本职工作，不要贪图不义之财。①

铜匠铸杯招埋怨

第四则：铜匠与铜杯

偌大的铜匠铺里，一名铜匠正忙得热火朝天。他手执火钳，从堆在铜匠铺中央的火炉里取出滚烫的铜液，注入已经画好凹凸纹饰的泥模中。泥模分内外两部分，中间留有空隙。滚烫的铜液顺势流淌，不一会儿便填满了空隙，成了铜杯的形状。待铜液冷却之后，铜匠一点儿一点儿地打碎了泥模，从中取出了一个暗黄色的铜杯。"好了。"铜匠抬起精壮的手臂，抹一把额上的汗水，笑了。他捧起刚铸好的铜杯，脸上露出了笑容，眼神就像看着自己的孩子一样亲密，"铜杯啊铜杯，你是我用心血铸成的，你就是我的荣耀！"接着，铜匠又把铜杯小心翼翼地放在桌上，粗糙的大手抚上杯身，顺着纹饰的纹理开始耐心地打磨铜杯表面，并给它戴上好看的装饰品。铜杯在手艺精湛的铜匠的不断打理下流光四溢，在太阳的照射下闪耀出夺目的光辉，美艳不可方物。

"谁……谁把我造出来的？"铜杯开口说话了，语气中却夹杂着不耐烦："是你吗，铜匠？谁让你把我造出来的？你凭什么造我出来？"铜杯越说越激动，它尖声叫道："你的手破了才好！我咒你右胳膊瘫痪不能动！"铜匠听了伤心极了，一滴浊泪顺着满是褶皱的老脸划过，他悲痛欲绝地说："铜杯啊铜杯，你是我悉心铸造的，为什么竟会对我有着这么大的怨恨呢？"

突然，刮过一阵大风，罡烈的风将铜杯高高卷起，又重重地摔到了灌溉的沟渠中。沙石不断击打冲刷着杯身，使它面目全非。杯子上的装饰物掉落在河水中，散得七零八落。恩将仇报的铜杯，就这样香消玉殒了。

①英文版本为 "Fulfill your duty in the position in which you have been put and do not seek dishonest gain."。

其实，这不是一个铜杯，而是一个人，这个人的人品极差，甚至与亲生父亲反目成仇。小的时候，父亲辛苦拉扯他长大；成年之后，却从不正眼瞧一眼自己的父亲，更别提探望和赡养了。父亲的守护神知道后，惩罚了这个忘恩负义的人。

这个故事告诉我们：人要尊敬父母，并对他们心存感恩。[1]

工匠吃力不讨好

第五则：工匠与塔楼[2]

有一个手艺高超的工匠，他决定建一座非常宏伟的塔楼。于是，他在地上挖了很深的沟壕，为塔楼的建设打好坚实的地基。这沟壕究竟有多深呢？往下望去，就能直通地府，看见冥界来来往往的神灵。接着，他又在地基上盖起一座高耸入天的塔楼。这塔楼到底有多高呢？立于其上，伸手就能碰到天空。工匠洗净泥泞的双手，揉揉自己因缺少睡眠而通红的双眼，凝视着刚刚盖好的塔楼，不禁欣慰地笑了。

"呀！谁建的我？我让他不得好死！工匠，是你吗？你赶紧胳膊骨折、肌肉萎缩吧！"塔楼突然生起气来，瓮声瓮气地发出了恶毒的诅咒。工匠听得目瞪口呆，他简直不敢相信自己的耳朵。他亲手建好塔楼，塔楼竟然对自己这么狠。

这时，劲风刮过，沙石不断拍打着塔身，猛烈而凶狠。"啊——"塔楼终于受不了冲击，应声倒下。她浑身破裂，摔倒在沟渠之中。破碎的墙体掉落在河水中，转瞬间被水冲走。恩将仇报的高塔，就这样瞬间坍塌、瓦解破碎了。

其实，这不是一座塔楼，而是一个人，这个人的人品极差，甚至与亲生父亲反目成仇。小的时候，父亲辛苦拉扯他长大；成年之后，却从不正眼瞧

---

①英文版本为 "Honor your parents and be grateful to them."。
②古赫梯有很多情节雷同、寓意相似或相同，但主要人物、动物或事物不同的寓言，如第四、五则寓意相同；第三则除了狗还有一个小鸟偷面包的版本，已略去小鸟的版本。这反映出古赫梯寓言的特色，即不厌其烦地教导人们。

一眼自己的父亲，更别提探望和赡养了。父亲的守护神知道后，惩罚了这个忘恩负义的人。

这个故事告诉我们：人要尊敬父母，并对他们心存感恩。

第六则：木匠与木垛

在一片原始森林里，长着郁郁葱葱的参天大树。这些树有的笔直地伸向天空，有的却已经歪斜，眼看着就要倒下去了。终于，有一棵歪脖子树再也支撑不住了，"轰隆"一声轰然倒下。倒下的树干分裂开来，被路过的木匠拾起，仔细地收拾成一捆捆木块，放到小毛驴身上驮走了。这个木匠一次又一次地来捡拾木块，将拾到的木块都堆积在沟渠旁，堆成了一个大大的木垛。"小伙子，你这木垛堆得好大啊。我活了这么大岁数，还从来没有见过这么大的木垛呢！"一个路过的老爷爷不禁驻足，伸长脖子仰头观看。"是啊，甚至都快高到天上去了呢！"来往人群盛赞着。木匠看着高高的木垛，心里别提有多高兴了。

然而木垛却不以为然，他说："谁把我堆成木垛的？谁叫你把我堆成木垛的！我咒你的手被扎破，你的右胳膊瘫痪不能动！"木匠听到木垛这话哑口无言，心中一股悲愤的情绪喷涌而出。过了许久，他盯着木垛说了一句话："你会遭到报应的。"接着扬长而去，再也没有回头看木垛一眼。

一阵暴风刮来了，木垛被风卷起，又狠狠地摔在灌溉沟渠之上。木垛挣扎着、尖叫着，"救命啊——"然而风刮得更猛烈了，散开的木块有的被扬在风里，有的被按到地上，还有的被甩入水中，狼狈极了。恩将仇报的木垛，就这样溃不成形、七零八落了。

其实，这不是一个木垛，而是一个人，这个人是一个学徒。学徒从小就寄宿在师傅家中，跟随着师傅学习本领。一天天，学徒长大了，再也瞧不起自己的师傅，对恩师百般奚落和嘲讽。恶人有恶报，一天，有人发现这个学徒就像一条狗一样趴在椅子下面。待人们把他从椅子下拽出来的时候，才发现他已经死了。

这个故事告诉我们：学生要尊敬师长，不要忘了尊师重教的本分。[①]

①英文版本为 "It is the duty of the apprentice to honor his master."。

第三节　紫色明珠腓尼基

紫色染料货物足
海上贸易商船富
发明记事用字母
远航逐利几沉浮

紫色染料货物足

在古代历史的漫漫长河中，曾于两河流域和埃及法老文明之间存在着一个相对小型的国家，叫腓尼基。腓尼基在希腊语中有个浪漫的含义，意为紫红色的国度，这个古国位于今日的黎巴嫩地区。它如泱泱文明之中搏击风浪的小舟，不以武力见长，却以商业立国；国土面积不大，却能放眼大海、开土扩疆，影响远及地中海两岸，就像它的名字腓尼基一样闪烁着异彩，如明珠般照耀在近东的滨海之湾。

大致在公元前 3000 年左右，一群来自迦南（Canaan）的流浪者为了生存，不得不一路向西迁徙，沿途寻找水和食物。迦南人走过贫瘠的荒漠，越过魏峨的高山，当他们来到地中海沿岸的时候，一些人在这里定居了下来。他们与当地人混居，成为所谓的腓尼基人。虽然由始至终都在帝国争霸的夹缝中苦苦挣扎，但是腓尼基人依然义无反顾地以商业和航海立国，充分利用着沿海的便利交通和丰富的贸易资源，因紫色染料的提炼和字母文字的发明而名扬后世。

腓尼基人十分热衷与周围的城邦开展海上贸易。这天，他们用船载着大宗的货物，来到了希腊（Greece）城邦的阿尔戈斯（Argos）。年轻英俊的船主十分热情，不停地从船舱里搬出琳琅满目的货物，整齐地摆放到船尾，供前来交易的希腊人挑选。这些货品有雪松的松木、各种漂亮颜色的亚麻布、金属工艺品、美味的葡萄酒、油、盐、味道鲜美的干鱼……其中一部分由腓尼基人巧手制成，还有一部分则来自遥远的埃及和亚述，散发着浓浓的异域风情，令人目不暇接。

　　船主正忙得不亦乐乎，他又补充了亚麻布、橄榄油、葡萄酒等货物。刚要抬头，眼前突然出现了一双穿着精巧紫红色靴子的小脚，吸引了他的注意。"嘻嘻，好看吧？这是父王送给我的，说是从你们腓尼基人手里买的呢。"一个清脆的声音在头上响起，带着缥缈的空灵，又如夜莺般婉转动人。她接着说："所以，这次我非要出宫看看，看你们腓尼基人还有什么好东西。嘻！"

　　"伊奥（Io）公主？"船主抬起头，看到悄无声息驾临的公主，深邃的眼睛里写满了惊讶。"啊哦，你居然知道我的名字！"公主笑着说。待船主直起身来，公主的身高只到他的肩膀处。于是公主踮着脚尖，企图与船主平视，一字一顿地说："腓尼基人，我对你们的船和货物很感兴趣，带我到处看看吧。"

　　"是！公主。请随我来。"船主潇洒地行了一个水手礼，欣然走在前面带路。公主停停走走，走走停停，这瞧瞧、那摸摸，兴致盎然。"公主，买一匹贝壳染色的布回去做衣裳吧，跟您漂亮的靴子正好相配。这紫色啊，是'神赐之色'，有'帝王紫'的美誉呢！"船主好心地建议。

　　"好哇，真棒！这么名贵的紫色，在我们希腊只有王室贵族和高级祭司才穿得起呢！染这样一匹布，一定很不容易吧？"公主闪烁着大大的眼睛，好奇地问。

　　"是的，公主殿下。每年春夏季节，我们都会从海里捕捞出很多的贝壳，然后采集贝壳的腮下腺，加入水和盐，放在火边加热十天，才得到紫色染料。这种染料极其珍贵，每提取一克染料大约要用掉数千只染色海贝才行。"船主耐心地给公主做着解释。

　　"一万只？我没听错吧！"公主穿着小巧紫红靴的脚差点跳了起来。

　　"对，就是一万只。当然了，跟染料的纯度、浓淡也有一定的关系。我说的这个数字，能提炼出最好的紫色染料。"船主微微一笑，徐徐地说。

"噢，怪不得你们腓尼基在我们语言中有紫红色的意思呢！嘻嘻。我们这里呀，有个神话故事。相传，有一个了不起的神祇带着他的狗在海边散步，结果狗叼回了一只贝壳，把嘴巴都染紫了。于是你们发现用贝壳能染色，就开始做紫色染料和紫色布匹生意了。哈！你们的运气真好啊！"公主一口气说了这么多，看样子很开心。

又多逗留了一会儿，公主十分高兴地回宫了。临走前她跟船主约好，过几天再来船上玩。船主恭敬地目送公主走远，转身又到船尾去整理货物。

海上贸易商船富

过了几天，不速之客再次大驾光临。公主神清气爽地站在船头，手抚船头上雕刻的高高昂起的动物脑袋，等着船主徐徐向她走来。"公——"船主刚想说话，却被公主打断了："不要喊我公主啦，你不是知道我的名字吗？叫我伊奥就好了！"公主好心情地说。

"好，伊奥，今天我带你参观大船。"船主温和地说。

"最初，老祖先们还不知道利用木头制船，只是割来成捆的茅草束在一起，扎成两边尖、中间宽的窄船。"船主边走边说。"茅草船？那一下海就浸水了？"伊奥问。"船身涂上松脂，就好得多，"船主说，"不过，也很难在海里长时间航行。后来，人们开始使用芦苇筏，航行的距离就比较远了。后又改成木筏，就更好使了。腓尼基的山里有数不清的雪松，我们现在基本都用松木造船，造出来的船体又深又大又结实，很适合远距离航行。你现在看到的这艘船，就是经过改良后最先进的船了，既能当商船，又能当战船使用。"

"原来，船在你们腓尼基有这么长的发展历程啊。"伊奥说，"海上波浪东奔西涌、风向变幻莫测，你们是怎么把握航向的呢？"

"一般来说，是靠着船帆和船桨。船帆就像是一块块不规则的四边形，航行时高高挂在船桅之上，通过调整船帆的角度和船桅的起伏，就能借助风向到达想去的地方。船桨也很重要，靠着划动船桨可以快速航行。你看这艘船就有双排桨，每边的船桨都有 20 多根。航行时，桨手们节奏一致地划动，船桨数目越多，航行速度越快。"船主说。

中午时分，船主邀请伊奥一起用餐。席间，船主讲了许多腓尼基的风土人情和航海时遇到的趣事，逗得伊奥哈哈大笑。"葡萄酒，"船主说，"用葡萄酿好后封在泥罐里。橄榄树和雪松树都是榨油的好材料。有一天，一个水手酒瘾犯了。他拿起油瓶子来，咕咚咕咚——""哈哈哈，咕咚咕咚，"伊奥已经是笑得前仰后合，"咕咚咕咚，他一定是把油当成酒给喝了！哈哈哈……"

午餐后，稍歇片刻，船主就来邀请伊奥乘小船到海上游玩，伊奥欣然应允。船主拖出一艘精致的小木船，和伊奥一起走了上去。船主双手持桨，娴熟地拍打着海水，不一会儿便划出去老远。忽然，一阵疾风刮过，船桨有些不稳。伊奥鼓了鼓勇气，伸出手覆了上来，感受着船主的划船动作。两人合力，小船总算是躲过了疾风的侵袭，船主年轻俊朗的脸颊蒙上了一层可疑的红晕。一番折腾，天，竟是慢慢地黑了下来。

夜幕降临，与大自然搏斗得精疲力竭的两个人在甲板上躺了下来，任由小船在平静的波涛中漂荡起伏。"你看那颗星星，在天空的最北边，无论商船在海上如何航行，它的位置永远不变，总是指向北方。我们叫它腓尼基星，人们通常管它叫北极星。在没有发现北极星之前，水手们只能趁天亮在附近的海域转两圈，还必须时刻注视着海岸线，不能走得太远。发现北极星之后，一切都不同了。在夜晚也有星星指引，永远不会迷失回家的路。真是一颗幸运的星星呢！正是在这颗星星的指引下，我的商船从腓尼基来到希腊，然后遇见了你，我平生见过的最漂亮、最美丽、最开朗、最活泼的公主！呵，伊奥……"船主年轻而磁性的嗓音在夜空中轻喃，暖暖地拂过伊奥动人的面颊。

发明记事用字母

次日早晨醒来，伊奥发现自己不知什么时候回到了商船的船舱里，思及昨夜，像是做了一个悠远而绵长的梦。从窗户向外望去，只见船主又穿梭在船尾的货物间忙碌了起来。伊奥起身走到门口，却被门上密密麻麻刻着的奇怪符号吸引住了。“在看什么？”船主放大的脸孔出现在伊奥面前，吓了她一跳。“没、没什么……这是什么？”伊奥指着门上那些歪歪扭扭的符号好奇地问。

“这个啊，”船主摸摸脑袋，红唇弯出一个好看的弧度，露出了洁白整齐的牙齿，“是字母，记事用的。”伊奥听了大为惊异：“不是有埃及的象形文字和苏美尔人的楔形文字可以用吗？你为什么要用这奇怪的字……字什么？”“腓尼基字母，”船主好脾气地解释，“象形文字和楔形文字往往笔画太多，写起来太慢。我们经商的时候为了节省时间，常常会找些替代的方法。有一天，一个木匠把这些字母刻在了木头上，我们觉得不错，就拿来用了。”

“用字母记事……听起来不错。可是我都看不懂啊，你能给我解释一下这些字母是什么意思吗？”伊奥问。“当然可以。”船主爽朗地说。接着，他便给伊奥耐心地解释起来。

“乍一看，你可能觉得这些字母密密麻麻不知所云。其实，它们只有22个，每个字母代表着不同的意思。你看𐤀，这个字母是不是很奇怪？其实它代表公牛。再来看这个字母𐤌，字写快了就成这样了，它代表的意思是水。这还有一所房子𐤁，房子有门𐤃、有窗𐤄……[1]这些，都是在象形文字和楔形文字的基础上简化过了的，好写极了。”

“啊哦，原来是这样。把具体的事物变抽象，真是了不起！你们腓尼基人真聪明，真有本事！回去之后，我要建议父王也向你们学学！”伊奥心悦诚服地说。但两个当事人并不知道，这些字母对后世产生了多么大、多么深远的影响。当代使用的字母文字，几乎都可以追溯到腓尼基字母。随着远洋航行和贸易的进行，腓尼基人把他们的文化也带到了世界的各个角落。希伯来字母、阿拉伯字母、希腊字母，连同当今世界运用颇为广泛的字母文字体系——拉丁字母，都是在腓尼基字母的启发下慢慢演变而来的。

①以上腓尼基字母可分别对应后人演变出来的拉丁字母 Aa, Mm, Bb, Dd, Ee。

远航逐利几沉浮

商船在希腊港口停留数月，船上所载货物售卖一空，船员们又在当地补充了满满当当的地方特产，给自己准备了足够多的食物和水，即将扬帆远航，到新的目的地再去大赚一笔。

"你要去哪里？"盛装打扮的公主伊奥含情脉脉地看着船主，恋恋不舍之情溢于言表。"迦太基（Carthage）。"船主简明扼要地回答。转念一想又觉得有些唐突，于是便补充说："我要去的地方离这里很远，在遥远的地中海西岸，那里有我们腓尼基人建立的一个子邦。想当初，我的同胞航行到了迦太基，并打算在那里住上一段时间。当地人对我的同胞说：'给你这块牛皮，你能用它圈多少地，归你。'一块牛皮能有多大？当地人显然是想通过这种办法把我的同胞赶走。不过，他们万万没想到的是，我们腓尼基人竟把牛皮切割成细细的小条，将整个迦太基都圈了起来。这样，迦太基就归属我们了。"

"什么时候你能回来？"伊奥眼圈红了，昔日活泼生动的大眼睛里噙着泪花。

"这个……也许，几年以后；也许，我将不再回来。我们腓尼基的商人注定要居无定所、四处漂泊的。哪里有利益，哪里就有我们。其实，腓尼基不像大国之间总是打来打去，我们只是钻研着怎么改进商船，努力地做好买卖，来赚更多的钱。此番出发，也是为了实现我人生的价值和理想。你应该理解我的，伊奥。"

"怎么会那么久？你不是船主吗，不能快一些回来吗？"伊奥的手抚上肚子，听上去颇有些着急。

"我的好伊奥，大海的情况是变幻莫测的，远洋航行时间不可能很短的。曾经，一个法老让我们腓尼基人环绕西边的陆地①一圈，说返航后重重有赏。一年过去了，法老以为我的同胞已葬身鱼腹；两年过去了，法老淡忘了这件

---

① "西边的陆地"指如今的非洲。有种说法是公元前 600 年左右，腓尼基人受埃及法老委托，历时三年完成了人类历史上首次环绕非洲的航行，这种说法的正确性有待考证。

事；三年过去了，我的同胞历尽千辛万苦，终于完成了任务，回来了！事后，法老履行诺言，重赏了他们。伊奥，我不知道自己有没有同胞们那么好的运气，可以在多年之后安然返航；但我明白，我的心，"船主将手放到了胸口，"已经永远遗落在爱琴海，属于了你。"

"可……可是……"伊奥哭着扑上前去，哽咽着说："我已经怀上你的骨肉了啊，再也没脸回王宫了！带我走吧！"

船主很是惊讶，平静下来思虑再三，用船载着伊奥到了距离稍微近一些的埃及，生活在了一起。伊奥的父亲——希腊城邦的国王听闻此事怒不可遏："什么？！可恶的腓尼基人，简直就是一伙强盗！坑蒙拐骗，竟把我的宝贝女儿给抢走了！这还了得？"于是，他派了一伙希腊人到了腓尼基，把那里的公主欧罗巴（Europe）给劫走了。之前，希腊人还从腓尼基劫走过美狄亚（Medea）。腓尼基人索取赔偿无果，就从希腊抢走了海伦（Helen）。这下局势紧张了起来，大战一触即发，波斯人同情腓尼基人，与腓尼基人站在同一阵线指责希腊。旷日持久、影响西方一代历史格局的希波战争就此爆发。①

---

① 西方古代历史观习惯将战争归因于女人，但希罗多德认为这样的想法未免有失偏颇。希罗多德在他的著述《历史》中写道，作为希波战争的胜利一方，希腊在后世史书中写的是腓尼基人强行劫走了伊奥，但腓尼基人辩解说是伊奥怀上船主的孩子没脸回宫而自愿出走，双方各执一词，莫衷一是。

  中国古典四大名著之一《西游记》脍炙人口、家喻户晓，可你知道它背后的故事吗？关于美猴王孙悟空原型的由来，学界一直争论不休。有人说，它取自中国古典名著《山海经》；也有人说，它受到印度史诗《罗摩衍那》中灵猴哈奴曼（本章第一节）的影响。

  要说孙悟空和哈奴曼，可不是一般地相像：他们的父亲都不是人，只不过孙猴子的身世物化得更为彻底；他们都是神勇的猛将，只不过孙猴子地位更为尊崇，被赋予"齐天大圣""美猴王"的称谓；他们都会腾云驾雾，只不过孙猴子的筋斗云更为厉害；他们都会千变万化，只不过孙猴子的七十二变更为巧妙……

  在《西游记》中，哪吒、托塔李天王，甚至里面的老鼠，都有着深厚的印度史诗渊源。可以说，这实际上是"印度的孙悟空哈奴曼"；或者按照成书年代和世界影响力反过来说，"中国的哈奴曼孙悟空"。

  佛教传入中国后，对我国历朝历代尤其是汉唐时期产生了不可磨灭的影响。如今，在我国江浙等地，还有古代舍利子塔的历史遗迹。我们都知道，佛教的起源地在印度。然而，印度佛教也不是一夜之间传播开来的，它也有过一个漫长而复杂的过程。孔雀帝国的阿育王（本章第二节），经历了残酷的战争，不禁向天发问："战争啊战争，你究竟换来了什么？只是无穷无尽的杀戮、不幸早逝的儿童和寡妇痛苦的眼泪。"之后，他便在佛教教义中找到了救赎，同时竭力将劝人向善的佛教推广到印度全国。就这样，一个讲究轮回、系统而完善的教派逐渐成长起来。

第一节 印度灵猴哈奴曼

母乃少女父为风
试探罗摩巧结盟
夜寻悉多探宫廷
猴尾火烧楞伽城

母乃少女父为风

相传，印度灵猴哈奴曼（Hanuman）的父亲，是一阵风。

有一天，一个美丽的少女在山中漫步。她头上戴着各种颜色的花环，身上披着镶有黄边的麻布衣裳。这时，从山顶吹来一阵风，柔和的微风慢慢把少女的衣服吹开，露出美妙的胴体。风神见了不禁春心荡漾，伸出圆肥的双臂就要搂抱这个少女。"你走开。"少女坚定地拒绝。"不要怕，小姑娘，"风神说，"我只会触碰你的精神，你的肉体仍是纯洁的。"半推半就之下，少女在精神上与风神结合了，生下来一个儿子，模样长得与猴子一般无二。

小灵猴在高山深林里慢慢地长大了。由于父亲是风神，所以他也拥有了一些常人无法匹敌的神通。一天清晨，小灵猴从睡梦中醒来，饥肠辘辘，肚子直饿得"咕咕"叫。他一抬头，就看见挂在天空的朝阳，不禁产生了一个想法："嗯……这个红彤彤的果子，一定很好吃！等我把它摘下来，填饱自己的肚子吧！"于是，小灵猴纵身一跳，就跳到了天上。虽然周身温度骤然升高，但小灵猴还是抵不住馋虫的诱惑。他强忍炙热，伸出手来——

"啪！"一根金刚杵从云端伸下，打到了小灵猴身上，打破了他偷吃太阳的奢望。顿时，小灵猴失去了重心，只觉得天旋地转，就像断了线的风筝，一头栽回大地。"咚！"小灵猴的下巴重重砸在地上，摔坏了左边的颌骨。"哈哈哈，快来看哪，这里有个烂下巴！"一只大脑袋猴不知从哪儿冒了出来，幸灾乐祸地招呼着同伴。"咦？就是啊，你叫什么名字？看你摔得七荤八素的，不如我帮你取个名字，就叫哈奴曼好了。哈奴曼——大下巴，哈哈哈哈！"另一只大脑袋猴在小灵猴面前上蹿下跳，尽情地宣泄着自己那点儿小小的恶趣味。小灵猴忍着疼痛，懊恼不已。不过，他也接受了自己的新名字——哈奴曼①。

风神得知天上的神仙为了保护太阳不被吃掉，竟然用金刚杵打了自己的儿子，心疼坏了。"今后，一切武器都不能杀死我的儿子，除非我儿子自己寻死。"风神对哈奴曼施加了祝福，使他变得更厉害了。

哈奴曼住在山中的森林里，渐渐地有了些威望，成为一大群猴子的头领。他同其他几个头领一道，为猴子王国的国王效命。一天，猴王②把哈奴曼招来，要他去树林里探查两个陌生人的底细。"国王，您怕那两个陌生人是敌人③派来的奸细对吗？放心啦，这事包在我身上。"哈奴曼接受了任务，高兴地跳走了。

试探罗摩巧结盟

"亲爱的客人啊，看您气宇轩昂、身手不凡，一定是了不起的人物吧？请问，阁下究竟该怎么称呼呢？"尽管素不相识，哈奴曼的嘴上就像抹了蜜一样甜。同时，他还偷偷地打量着对方，越看越觉得面前的两个人很是面善。

"哦，我是罗摩（Rama），甘蔗王族④的后裔，十车王⑤之子。旁边这位是我的兄弟罗什曼那（Lakshmana），他因感恩而追随于我。我们来到这里，

---

①哈奴曼在印度语中有烂下巴的意思，还有一种说法是大下巴。

②在《罗摩衍那》（*Ramayana*）中，哈奴曼不是猴王，猴王另有其人，叫须羯哩婆。但在中国名著《西游记》中，美猴王就是孙悟空了。

③猴王须羯哩婆有个敌人叫波林，是他的兄弟。须羯哩婆后来借助了罗摩的力量，才坐稳了王位。

④甘蔗王族是印度著名的王族之一，相传释迦族即出于此族。

⑤十车王是拘萨罗国贤能的国王，也是罗摩的父亲。

是为了寻找我的妻子悉多（Sita）。请问你见过她吗？"罗摩迫切地向哈奴曼询问道。

"啊，十车王！这名字如雷贯耳，原来您是他儿子啊，失敬失敬！您刚才说……妻子丢了？那她长什么样子，怎么就失踪了呢？"哈奴曼拱拱手，热心地问。

"我的妻子啊，她可是个美人。"谈起悉多，罗摩眼底满是笑意，"她的皮肤是黑的，有着纤细的腰身，说起话来声音柔和婉美。她的面庞如同满月一样皎洁，尤其是那双大眼睛，就像荷花一样，又像是鹿的眼睛，纯真、明亮、澄澈，令人看过一眼就永远也忘不掉。我放弃了王位，跟她在树林里隐居。可有一个坏人看上了她，趁我不注意把她掳走了。我不知道那个坏人是谁，也不知道他把悉多带到了哪里……"讲到这里，罗摩几欲哽咽。"不要担心，我带您去见猴王吧，他一定能够帮助您！"哈奴曼安慰罗摩说。

"嗯……我是见过一个美女，被恶魔劫了去。当时他们站在山顶，女子不停挣扎，身上的衣服和首饰从山上掉了下来，我还拣了一些呢。你看——"猴王将那些首饰和衣物展示给罗摩看，罗摩一眼就认出那些正是妻子的东西。"悉多呀，"罗摩恸哭，"是谁，是谁掳走了我可爱的悉多？他把我的妻子藏在哪里了？"

"不知道在哪儿，不过我认得那个魔王，他就是罗刹王罗波那（Ravana）！"猴王说，"别着急，我会派猴子大军帮你找的。来来来，我们结盟吧。罗摩，我听说过你的父亲——著名的十车王，慈悲为怀、骁勇善战、热爱众生。不知我猴王有没有这个福分，能和著名的十车王之子结为同盟呢？"

罗摩点点头。哈奴曼找来两块木头相互摩擦，不一会儿便生起了一团火。他从林中采来鲜花投入火中，招呼着猴王和罗摩绕着火向右转圈。礼毕，猴王和罗摩结成盟友，罗摩还帮猴王打败了他的劲敌。猴王很高兴，派遣了许多猴子组成队伍帮助罗摩寻找悉多。而哈奴曼，则当上了最大一支队伍的头领。

猴子们找遍了所有能找的地方，都不见悉多的身影。只有大洋彼岸没找过了，猴子们聚在海岸犯了难：谁也过不去那片海。"我去！"哈奴曼跳了出来，几个翻滚就到了大海中央。这时，一个女妖探出身来，拦住了他的去路。"啊哈，不要挡我路，我急着找人呢！"哈奴曼大声讲。可是女妖并不听他的话，而是将身体变大。哈奴曼赶紧也将身体变大，随着女妖越变越大，哈奴曼也不断变大。"这样下去也不是个事儿。"哈奴曼想。他灵机一动，将身体骤然缩小，没等女妖反应过来，就已经拔地而起，穿过大海跳跃到了对面的楞伽城（Lanka）。

夜寻悉多探宫廷

"我这样贸然进去，一定会被逮住。"哈奴曼机智地想。于是，他蛰伏到深夜，摇身变得像野猫一样小，才悄悄地向城里进发。

一进楞伽城，哈奴曼感到自己的眼睛都不够使了。尽管时值深夜，但楞伽城依然显示出名城风貌。黄金城墙静寂地高耸着，墙上幡旗招展，悬挂的小铃铛响彻月光笼罩的大地。进城之后大路四通八达，紫罗兰花簇拥在路旁，树木郁郁葱葱，掩映着一座座七八层高的亭台楼阁。这些宅邸均由精炼的黄金砌成，上面撒着一层细砂，在月光的照耀下闪烁着圣洁的光辉。台阶是琉璃做的，窗户饰有珍珠细网。屋内灯火通明，不时从中传来孔雀的叫声和女子的欢笑。"悉多……究竟在哪里呢？"哈奴曼一边挠头，一边向着一座巨大的宫殿跳去。

走近宫殿，只见殿门非常雄伟。花鸟树木萦绕其间，还有鼻子上卷着荷叶、身上撒满花丝的大象，手执兵器在守门。偷偷溜进宫殿，哈奴曼立马被里面华丽的装潢震撼到了。殿内金银遍地，宝石充盈。琉璃做成的飞鸟在头顶盘桓，盛装打扮的美女环佩叮当。"哈哈，找到了！"哈奴曼高兴地抱着柱子上蹿下跳，追逐自己的尾巴，"这么漂亮，其中一定有悉多！就不知悉多究竟是这么多美女中的哪一个呢？"哈奴曼不敢大意，他跟随着美女的脚步来到了一座宽敞明亮的大殿。大殿一侧盘旋着用珊瑚、珍珠装饰的楼梯，在大殿的地毯上，居然纵横交错地躺倒着成百上千的美女，娇容似花，因醉酒而不安分地扭动着。"啊，罪过！我怎么能偷看这些美女呢？这不符合达摩之道啊！"哈奴曼赶紧用毛茸茸的手蒙上眼睛，不过很快就拿开了，"看到美女却没动念，我还是很坚定的嘛！再说了，不看怎么能找到悉多在哪儿？"猴子默默宽慰着自己，蹑手蹑脚地向那些美女走去。

宫殿楼梯旁边摆着一张大床，大床的纱幔用黄金织成，非常美丽。哈奴曼伸出毛手挑开纱幔——呀！床上睡的有十个脑袋的东西是什么怪物？一定是罗刹王了！在没找到悉多之前，还是不惊动他为妙。于是，哈奴曼又悄悄从罗刹王的寝宫溜了出来。

绕过巨大的荷花池，哈奴曼跳到一片树林。清幽的月光从树叶间洒下，斑驳的地上升腾起无限的忧愁。微风吹过，深林里传来一阵嘶哑的语声，声音非常难听，七嘴八舌地，像是不止一人在说话。"咳咳！我劝你就从了我们大王吧，今后吃香喝辣，荣华富贵任你选！""哇哇！大王许你七千女侍，只要你金口玉言一个字说'好'，立即送来供你差遣呢！""嗷呜！看大王对你多好，趁着年轻多跟他玩玩，也不枉此生了！"哈奴曼循声跳去，在树叶掩映中瞧见前方有一群丑陋的罗刹女，有的只长了一只眼，有的只长了一条腿，有的肚子拖到了地上，还有的舌头垂到了膝盖以下。她们手里都握着铁锤和铁叉，牢牢包围着一个妆容素淡、身形憔悴的大眼睛女郎。"难道……这位忧愁的女郎就是悉多？"哈奴曼拍拍脑袋，决定还是先拿言语试探试探再说。

"十车王啊，"哈奴曼开腔了，"英明又神武；罗摩啊，是他的儿子；十车王之子啊，千万番叮嘱；跋山涉水啊，不忘他托付；苦苦寻觅啊，寻找一个人……"

"你是……我丈夫派来的？"听到哈奴曼的话，悉多愁苦的大眼睛里迸发出神采。

"是的，"哈奴曼赶紧将悉多掉到山下的首饰拿给她看，"终于找到你了！快趴到我背上，我驮你回去吧！"

"不妥，"悉多想了想说，"要回去，你必须背着我越过大海。但我毕竟是凡人，如果半路体力不支晕倒了，就会掉到海里。再者说，如果不是我丈夫罗摩亲自率兵打败劫走我的罗刹王，更是有损他十车王之子的英明呢……"

猴子挠挠头，觉得有点道理。"这可怎么办，难不成我一个人回去？其实，我单枪匹马也能干掉罗刹王的，我有这个实力。"悉多摇摇头，从头上取下一根发簪，双手递给哈奴曼，说："这件宝钗是我和罗摩的定情信物，颇有渊源，你带回去吧。罗摩一见此物，定会知道应该怎么做了。"

猴尾火烧楞伽城

哈奴曼接过信物，拜别了悉多。一转身，哈奴曼又冒出了新的主意。他想："我应该把罗刹的兵都引出来，探听好敌人的虚实再回去告诉罗摩，这样等他带猴子和熊罴攻来的时候就多了一些胜算。该怎么办呢？……有了！"哈奴曼大吼一声，抬起毛茸茸的腿撞向旁边的一棵树，大树一下子被拔了个倒栽葱。接着，又一个猛子扎入池塘底部，把一池花草搅了个稀巴烂。然后，他又一个弹跳趴在了拱门之上，抽掉拱门的铁门闩，向着前来查探情况的罗刹喽啰劈头盖脸地砸去……

这一闹腾可不得了，把罗刹兵全给招来了。罗刹兵们手里握着可怕的锤子，极力围攻哈奴曼。哈奴曼轻松地拿铁门闩一个横扫，众罗刹兵应声倒地，没留一个活口。罗刹王得知此事，急忙派罗刹大将前来应战。那大将穿着红衣服，头戴红花环，连耳朵上的一对巨大的耳环都是红的。罗刹大将拉开了随身携带的一张巨弓，奋力发射了一枚利箭。哈奴曼一会儿挑起一块石头，一会儿又拔起一棵树，也毫不含糊地挺身迎战。最后，哈奴曼瞅准机会，将手中的铁门闩投了出去，正中敌人胸口，罗刹大将战败。罗刹王又派其他大将来斗，全部失败。"父王！儿臣战力无双、勇猛过人，愿请命出战！"罗刹太子驾着金光闪闪的大象和骏马就来讨伐哈奴曼了。罗刹太子果然不含糊，狂笑着将劈天盖地的弓箭向哈奴曼兜头射来，声声瘆人，箭箭致命。哈奴曼更是身手矫健，他闪着灵巧的身躯躲过，一反手竟然握住了太子的两条腿！他把太子在空中左摇右甩，最后大力砸向了大地！上一秒还在张狂的太子，就这样死了。罗刹王非常生气，他请因陀罗耆特（Indrajit）出马，要他拿着至高无上的梵箭，不择手段地运用各种法器收服哈奴曼。

因陀罗耆特乘着神一般的战车，风驰电掣地奔来。他掏出五彩缤纷的战弓，不停地射出神力满满的箭。趁哈奴曼上蹿下跳忙于抵挡之时，又祭出了带有天神威力的绳索，一下子将哈奴曼套在了里面。"哈哈，抓住了！"因陀罗耆特大笑着，对着捆得结结实实的哈奴曼一顿拳打脚踢，然后把他拎到了罗刹王的寝宫里。

罗刹王和几个年老的罗刹负责审讯哈奴曼。哈奴曼头脑灵活，说起话来也十分耐听：

> 我奉了须羯哩婆的命令，
> 来到这里——你们的家乡；
> 那个猴王——你罗刹王的兄弟，
> 问候你的健康！[①]

罗刹王还是很生气，一个年老的罗刹就出来劝："大王啊，别杀他了。杀他没用，那些派这只猴子过来的人，才是真的该死。不妨放他走，让他去给那些人下战书，咱们也好痛痛快快地打一仗，活动活动筋骨。"罗刹王听了觉得有理，但也不能白白让猴子走掉。"去烧着这猴子的尾巴！"罗刹王下令，"然后将他游街示众！"

哈奴曼一听要被游街示众，反而心花怒放，心想："也不错，想当初来的时候是黑夜，没能看见城市的全貌，这次正好借机游览一圈。"

于是，罗刹们吹海螺敲大鼓，把尾巴着火的哈奴曼推搡到街市之上。悉多得知此事，向上苍祈祷。祈祷显灵，哈奴曼觉得这火一点儿也不烫。突然，哈奴曼玩心兴起，一跃飞上街边小楼，用尾巴上的火点燃了楼顶。觉得不过瘾，他又跳到了其他几座楼上，把它们全点着了。"着火啦，着火啦！"楞伽城里的人们大乱。哈奴曼越捣乱越起劲儿，干脆甩着尾巴回到王宫，把亭台楼阁全部烧着，见树烧树，见人烧人，偌大的楞伽城瞬间变成了一片火海。

"坏了，不知这火有没有伤到悉多。"哈奴曼觉得有些懊恼，赶紧回树林去查看。幸好，悉多毫发无损地站在原处。"此番一去，不知罗刹王还留不留你性命，你要保重！"哈奴曼嘱咐道。然后，他三跳两跃地，就回去找

---

① 原文见《罗摩衍那》第二十一卷。

猴王复命了。

　　在哈奴曼的指引之下，罗摩领着猴子和熊罴大军攻来，打败罗刹王，救出了妻子悉多。这段历史在印度史诗《罗摩衍那》中广为流传。

第二节　孔雀帝国与阿育王

> 月护王建孔雀国
> 阿育出生循因果
> 手染鲜血登宝座
> 幡然悔悟信佛陀

月护王建孔雀国

千年之前的印度冲积平原上，印度河（Indus River）与恒河（Ganges River）贯穿而过，留下肥沃的土壤和适宜居住的土地。公元前 3 世纪，古希腊马其顿（Macedonia）大军铁骑踏来，狂飙一番又如潮水般退去，留下了一个浮萍般风雨飘摇的古印度（Ancient India），各地民心涣散、起义不断。这时，一个名叫旃陀罗笈多（Chandragupta）的人力挽狂澜，驱逐了马其顿残留的驻军，赢得了民心，终于结束了这一混乱的局面，开创了孔雀王朝（Maurya Empire）。

公元前 322 年，恒河流域的华氏城（Pataliputra）里一片沸腾，到处充满着欢乐的气氛，人们在街头巷尾一边庆贺新国王的登基，一边小声地悄悄交谈着。

"你知道吗？听说，我们的新国王过去是在宫廷里养孔雀的。"一个皮肤黝黑的小哥说。

"可不是嘛，不光是他，听说他家世世代代都是养孔雀的哩。他爸爸、他爷爷，全都在宫里当过差，专养孔雀。要不然，怎么会叫'孔雀王朝'呢！"一个皮肤稍白一些的年轻人说道。

"不对，我怎么听人说，新王属于吠舍（Vaishya）种姓①的孔雀族，所以才用'孔雀'命名新王朝呢！"一个长着黑色鬈发的脑袋从旁边探了进来，给出了新的说法。

"啊，怎么我倒听说，新王属于刹帝利（Kshatriya）种姓的呢？"年轻人据理力争，一时间两人各执一词、莫衷一是，皮肤黝黑的小哥被晾在了一边，倒显得尴尬了。

"快看，新王来了！"不知从哪儿爆发出这么一声，人群瞬间安静下来。人们顺眉垂手地站在道路两侧，旃陀罗笈多从中走过，身上还带着一股刚毅的杀伐之气。当时的人们哪里会想到，就是这个王，在他执政的24年时间里，不仅统一了恒河流域，也兼并了印度河流域的一些小国，并且打败了西亚入侵者，进一步扩大了疆土。于是，旃陀罗笈多成了历史上第一个促进全印度统一的国王，人称"月护王"。

阿育出生循因果

"儿子啊，我皈依了耆那教（Jainism），按照耆那教的习俗，是时候到王宫外面去过苦行僧的日子啦。到时候，我会慢慢绝食升天的。"耄耋之年的旃陀罗笈多拍拍儿子宾头沙罗（Bindusara）的肩膀，慈爱地对他说道。接着，老国王将王位传给了儿子，自己则到荒山野岭、茂林清泉处苦修去了。

宾头沙罗即位后，一方面平息叛乱、巩固疆土，另一方面则坚持继续向南征讨，扩大帝国疆界。一天夜里，他做了一个梦，梦里的人和事离奇而逼真——

梦中，一条长长的、泥泞的路上，一位身披袈裟、双手托钵的佛陀正在向路人乞讨食物，一个天真无邪、自由快乐的小男孩正在远处蹦蹦跳跳地玩耍。"叔叔，叔叔！"一个清亮的声音传来，一低头，原来那个小男孩过来了，

---

①印度种姓制度源于印度教，将人分成婆罗门（Brahman）、刹帝利（Kshatriya）、吠舍（Vaishya）和首陀罗（Sudra）四类。这一制度影响极为深远。

还正儿八经地捧着一抔沙土。"叔叔，我还小，没有吃的给您，就给您这抔沙土吧，好吗？"小男孩期待地说，亮晶晶的眸子里还有一丝忐忑。"好哇，谢谢你，小朋友。你叫什么名字？"佛陀笑了，躬身持钵接下了那抔土。"阇耶（Jaya）！"小男孩高兴地答。"善良的阇耶，谢谢你，你会得到报答的。"佛陀说。

"报、报——国王，您的儿子出生啦！恭喜国王又喜获一子！"大嗓门儿从宫外传来，把美梦中的宾头沙罗拉回现实。但他并不恼怒，而是急急忙忙奔向了产房，边走边高兴地说："哈哈，我又有儿子啦，又有儿子啦！我曾给大儿子起名叫苏深摩（Susima），那么他呢？有了！就叫阿育（Asoka）——阿育王子！"宾头沙罗高兴坏了。同时，他联想起刚做的那场梦，隐约觉得二者似乎有什么联系。然而这灵光只是一闪而过，就又淹没在巨大的喜悦与繁杂的事务当中了。

手染鲜血登宝座

阿育王子膂力惊人，四岁便已在习武场崭露头角了。长大后，又在父亲的授意下东征西讨，四处平定叛乱，为国家的稳定立下了汗马功劳。

"哼，阿育？他的妈妈出身不好，我母亲可是高贵的公主！再说了，我是父王的长子，他算老几？敢跟我争王位？看我灭了他！"阿育平叛后凯旋的消息再次传来后，苏深摩大王子坐不住了，生气地在宫中乱砸乱砍，吓得身边仆人大气都不敢出。他叫来一个杀手，嘱咐了一通，并给了杀手好多钱。"阿育，你死定了！"苏深摩露出阴恻恻的笑容。

阿育从战场回宫后，风尘仆仆、满身疲惫，所以当苏深摩提出安排他在恒河中洗澡的时候，他便毫不犹豫地接受了。太阳暖暖地照耀在阿育王子古铜色的皮肤上，平静的河水包裹着他健壮的身躯，不时泛起微波。这样的环境使人彻底放松下来。突然——

一个人从水中拔地而起，手持利刃逼向阿育的颈喉！阿育猝不及防，只能向后偏头，利刃划破胸膛，一丝血红在水中弥漫开来。但是阿育马上回神，转身斩向刺客的后腰，趁他自以为得势之际，劈手夺过了刺客的利刃！

阿育遇刺受伤的消息很快传遍了宫中。他的兄弟姐妹假惺惺前来慰问，实则心里琢磨着怎么害死他。"儿啊，宫廷险恶，你快离开这是非之地吧！"阿育的母亲泪流满面，"你不走，我便再也不同你说话！"于是，阿育洒泪挥别了母亲。

流落民间的阿育，心里时刻挂念着母亲。直到有一天，传来了一个晴天霹雳——自己心心念的善良母亲，竟然被苏深摩领着一帮弟弟妹妹给害死了！"啊——"阿育长啸一声，内心的郁结无处抒发。他想不通，为什么自己东征西讨、为巩固王国立下了汗马功劳，到头来却被当成眼中钉、肉中刺。他更想不明白的是，既然自己已经放弃了宫廷生活，为什么苏深摩等人还是不肯放过他，甚至加害于他的妈妈。是可忍，孰不可忍，失去母亲的阿育也无所顾忌了。他快马加鞭赶回王宫，进宫后不分青红皂白地逢人便杀、遇人便砍，凭着自己的强大武力，杀死了几乎所有的兄弟姐妹，踏着亲人的鲜血，走上了孔雀王朝的帝王宝座！

幡然悔悟信佛陀

"进攻卡凌加（Kalinga）！"被现实逼迫变得冷血而无情的阿育王残酷地发号施令。他深知这一仗的重要性。祖父旃陀罗笈多虽然统一了恒河及印度河大部分区域，但一直有一块心病——印度南部的卡凌加始终没能归顺，纳入王朝的版图。父亲宾头沙罗在位时也一直在努力，但终究未能成功。"今天，将是一个伟大的日子。"阿育王骑在高高的象背上，做着最后的战争动员，"让他们见识到我们强大的步兵团、骑兵团、大象兵团的厉害！我们要杀得他们片甲不留！谁敢负隅顽抗，下场只有死路一条！我们要烧得卡凌加寸草不生！战士们——冲吧！目标——卡凌加！"

卡凌加的人们虽然弱小，但是很硬气。最后，连本地的妇孺老幼都上阵了，好一场血战。硝烟散尽，夕阳西下，风起云涌的战场如死一般的寂静，只剩下阿育王的几个手下在翻检尸体，遇到什么贵重的东西就眼冒精光，赶紧收入怀里。阿育王登高远望，入目满是涂炭生灵，遍野尸横。"为什么，"身披重甲的阿育王突然蹲下身，双手抱头，身躯像失去母亲宠爱的孩子一样颤抖不止，"为什么取得了胜利，也最终完成了王朝的统一大业，我却一点儿高兴的感觉都没有？"

许久，阿育王略显平静，从指缝悄悄向战场瞅去。他看到了一个小男孩，弱小的手中拿着破烂的刀，颤悠悠地站了起来。"儿啊！"一个卡凌加妇女混在尸身当中，用残存的一只手臂撑地，艰难地向小男孩爬去。没能等到拥入妈妈怀里，小男孩又重新倒了下去。惊讶、不甘与纯真混合在他的脸上。这次，他的后背插着三支羽箭。妇女的身躯也停止了前进——失去了精神支柱的她，死了。

默默无语。阿育王自问："这一切都是我造成的吗？我还算是个人吗？"当年为了母亲，自己理直气壮地杀死了兄弟手足；如今为了战争，居然杀死了别的孩子和他的母亲！战争啊战争，你究竟换来了什么？只是无穷无尽的杀戮、不幸早逝的儿童和寡妇痛苦的眼泪。这绝不是一个稳定的王朝应该做的，也不是任何一个有良心的人可以直面的事情。

彻悟之后，阿育王迎来了人生的重大转折。正是这个转折，使他青史流芳，使"无忧王"的美名千古颂扬。"我要信奉佛教了，"阿育王说，"定佛教为孔雀王朝的国教，引导帝国千万子民向善。"为此，他放下屠刀、广布善行，将佛教从一个影响力有限的境地扶到正统的位置上来。同时，他还广修寺庙、颁布善令，将孔雀帝国带入一个印度历史上空前繁荣的阶段。之后，佛教向东传入中国，汉唐时期逐渐兴盛起来。在我国浙江宁波，现存一座阿育王古寺。其他地方还散存一些阿育王塔，足见其影响力之大。现在，提起孔雀帝国，人们都要缅怀阿育王，那前后巨大的转折，那善良而仁慈的本心，以及他为佛教传播做出的努力与贡献。

希腊大名如雷贯耳，希腊神话中的神祇故事数不胜数：宙斯、赫拉、阿波罗、雅典娜、缪斯……他们各具特色，神人同形同性，代表着人性的解放与智慧的复苏。然而，本章要讲的，却不是奥林匹斯山纠结的神祇关系，而是在当时广泛流传的史诗和史事的片段。

我国盲人民间音乐家阿炳创作了《二泉映月》，古希腊著名的盲人乐师荷马则唱出了佳作《荷马史诗》。相传，目盲的荷马辗转流落到各大宫廷，每到一个地方都会弹琴唱起美妙的歌曲。歌声婉转悠扬，歌词情节大气恢宏。荷马唱《伊利亚特》、唱《奥德赛》，唱奥德修斯受到海神波塞冬的阻挠、历尽千辛万苦重返故乡（本章第一、二节）的惊险故事。奥德修斯智慧、聪颖、坚韧不拔，满怀着对故土的热爱和依恋，历尽风雨苦痛，仍不忘初心，从诱惑、苦难、绝望中挣扎出来，终于得偿所愿。其人其心，正是古希腊时代智慧与朝气的缩影。

在普遍尚智的希腊，有一个特立独行的国家，那便是尚武的斯巴达。斯巴达之父吕库古（本章第三节）也是个了不起的人物，他最让人难以忘怀的还是那淡泊名利的心境。吕库古虽然早早继承了王位，但后来情愿将它拱手让给了更符合律法规定的继承人，自己则出国游学。在整本书中，不乏有为了争夺王位手足相残的帝王，尽管他们有的做了帝王之后特别成功，但其所作所为实则让人唏嘘感叹。吕库古，从传说来看，更像是一股清流，无论是他对法律精神的执着，对城邦理想的抱负，还是对同胞手足的热爱之情，对道德品格的坚守，都是令人动容的。其人其心，值得我们学习借鉴。当然，若想到斯巴达人恃强凌弱、残酷剥削其他民族和城邦的事实的话，这样的美好场景自然也会打些折扣了。但评判历史切忌苛求古人，毕竟任何人都不能超越其时代而存在。

第一节　奥德修斯返故乡（上）

战事结束远航海
化名智斗独眼怪
回家路上多磨难
同伴尽丧不言败

战事结束远航海

三千多年前，在古希腊的爱琴海上有一个美丽的岛国，叫伊萨卡（Ithaca）。公元前12世纪左右，它的国王奥德修斯（Odysseus）参加了著名的特洛伊战争。十年征伐，特洛伊（Troy）硝烟散尽，奥德修斯带领同伴乘海船踏上了回家的征程。途中，他们划船经过了一座奇怪的小岛，叫食莲忘返岛，在岛上生活的人全部以吃一种特殊的莲花为生。"欢迎远方的客人！你们从哪来？要到哪里去？赶快过来歇歇脚、吃点东西吧！"岛上的食莲人（Lotus-eaters）热情地招呼，并殷勤地向奥德修斯等人奉上当地的特产——食莲忘忧果。"我们乘船而来，正打算回家去。船上的淡水快用光了，所以下船来补充点儿。感谢您的美意，我们还是不——"奥德修斯话音未落，已经有两个手快嘴馋的同伴将食莲忘忧果拿来吞掉了。立马，二人精神恍惚，全身酥软，好似陷入了梦境。"这个果，不能吃啊！吃了就会忘记一切烦恼忧愁，也唤不起奋斗追求，总吃就永远陷入混混沌沌之中，再也回不了家了啊！"奥德修斯急迫地说。他赶紧跟其他同伴一道，将误食忘忧果的两个人强行架回船上，扬帆划桨，飞一般地驶离食莲忘返岛。

夜的网悄悄地撒了下来，浓雾从天而降，笼罩了所有航船，月亮躲在了乌云后面。在这伸手不见五指的漆黑之夜，突然，一声惊喜的叫喊打破了深夜的宁静："岸！这里居然有海岸！"众人听到这句话顿觉精神抖擞、睡意全无，睁大眼睛打量着四周。可是，天色实在太暗了，人们无论怎么看，都看不清楚前方的情况。"兄弟们，先上岸吧。其他的等明天天亮了，我们再从长计议！"奥德修斯提议道。于是，众人合力将船拖到岸边，并熟练地收起了桅杆，在岸上度过了一宿。

第二天醒来，人们被眼前的景色惊呆了，恍若置身于仙境之中：灰蓝的海浪拍打着礁石，激起一阵阵白色的浪花；不远处群山环绕，野葡萄一串接一串地挂满山腰，山羊在绿树碧草中悠闲地啃食，好一派充满野趣的景象。人们沸腾了，都为自己找到这个富饶多果又荒无人烟的宝岛兴奋不已。"诸位，你们先在附近打猎吧。另外，来几个兄弟跟我一起上山探探路，看有没有人住在这里。"奥德修斯从船舱中取出三瓶珍藏的好酒，招呼了两名随从一起爬上山去。山路越来越崎岖，前方拐弯处陡然出现一个山洞。山洞的洞口十分巨大，足够好几个人进出。走进山洞，里面的空间也十分宽敞。角落里摆放的壁炉还在刺刺冒着火花，壁炉旁摆放着一些奶酪。"这里住着人呢，我们等他回来吧！"奥德修斯和随从们十分高兴，刚想在洞里多转几圈，就听到"咚、咚"的脚步声，随着走近而愈发变得急迫，"咚咚咚咚"，紧接着地动山摇，山洞四周震落的砂石簌簌而下。"哇，好大的巨人！"一个随从吓得直往旯旮里钻。"他……他居然有……有一只大眼！"另一个随从也受到了严重的惊吓，结巴得连话都说不清楚了。

化名智斗独眼怪

"啊！你们是谁？"刚刚走进来的巨人将放牧的羊群粗暴地赶入山洞中，翻着额头上的一只硕大的眼睛，瓮声瓮气地问。声音之大，差点震破众人的耳膜。

奥德修斯没有立即回答他的话，而是睁大了眼睛，谨慎地审视着这个巨人——哦，不，是巨怪。只见这个巨怪是个独眼，额头正中长着一只圆鼓鼓的眼睛，白眼仁多、黑眼珠少，要多怪异有多怪异。

"喂！问你呢，外乡人。"独眼巨怪（Cyclops）得不到回答，显得狂躁不安，伸手就要将一名吓得哆嗦的随从撕成碎片。

"我叫……梅友人（Noman）①。我们从特洛伊城来，将要返回伊萨卡的家园去。借贵地叨扰一晚，特赠好酒三瓶，还望海涵。"奥德修斯定定心神，将三瓶好酒双手奉上，沉着冷静地回答道。

独眼巨怪听了并不说话，而是搬起一块巨石堵住了洞口。接着，他返回身来，扬手将一名奥德修斯的随从拎到空中，又摔向地面！待奥德修斯扑过来，随从早已气绝。"这……这就是你的'待客之道'吗？！"奥德修斯气得浑身颤抖，抬手指着独眼巨怪说。"没错，梅友人。既然你给我好酒做礼物，那么我也给你个礼物——先吃你的随从，把你放到最后才吃掉！你看，我对你够好的了吧？"巨怪猖狂地笑着，席地而坐，开始津津有味地就着奶酪和美酒，吃起死掉的随从来！奥德修斯看出来者不善，却没有想到，这个独眼巨怪居然吃人！他急忙发动随从，尝试去搬开洞口的石头。可是，试了很多遍，石头依然纹丝不动。就在众人忙得大汗淋漓的时候，酒足饭饱的食人独眼巨怪居然发出了震天动地的鼾声。

"他……醉倒了？"奥德修斯伸出手来，探了探巨怪的鼻息。"好机会！"他拿起巨怪用来放牧羊群的木棒，一下子刺进了巨怪合拢的独眼里！

"啊啊啊啊——"食人独眼巨怪疼得跳起身来，捂着受伤流血的眼睛边往洞口跑边喊："疼死我啦！眼睛瞎啦！"巨怪的邻居们闻声赶来，隔着洞口的石头问："怎么回事？"巨怪大声说："梅友人刺瞎我啦！梅友人！"邻居们疑惑地说："没有人？没有人刺瞎你你还喊什么！大惊小怪。"于是，邻居们又都走了。

食人独眼巨怪又蹦又跳、又哭又闹，然而由于眼睛看不见，他也无计可施。不一会儿，巨人又累又困，重新倒头睡了下去。"且慢！"奥德修斯制止了同伴要杀死巨人的行动，思索着说："如果杀了他，以我们的力气是断然搬不开洞口的石头的，只能在洞里等死。""然而，他又不可能让我们出去。"

---

① "梅友人"，谐音"没有人"。

随从说。"是啊。"奥德修斯说,接着他便凝视着眼前的一群羊陷入了沉思。

第二天,食人独眼巨怪——现在已经是食人瞎眼巨怪了——再度醒来,摸索着去放牧。"可恶的梅友人,你等着,等我放牧回来就吃掉你!"巨怪嘟嘟囔囔地挪开了堵在洞口的巨石,将羊群赶出山洞,又赶紧把洞口堵上。殊不知奥德修斯和他的随从们早已藏在了山羊的肚皮底下,躲在长长的羊毛之中。奥德修斯面朝上贴在羊的肚子上,如离弦箭矢般飞驰而去,带着一大批羊回到了自己的船上。食人独眼巨怪怒不可遏,不断从山上扔下一块块的巨石,疾风骤雨般投向了海岸,有的甚至砸在了奥德修斯脚边。"听着,食人独眼巨怪,"奥德修斯踏上临行的海船,仰起头说,"我的名字叫奥德修斯,不叫梅友人。你的待客之道就像你的行为一样粗野,希望你的瞎眼能给你留个教训。"

"哇呀呀,气死我啦!奥德修斯,你给我听好了,你居然敢刺瞎我的眼逃跑,我让我父亲来惩罚你!波塞冬你总听说过吧,海神波塞冬!"食人独眼巨怪俨然已经发狂,他冲着苍天大喊:"父亲,儿子有求于您,替我惩罚奥德修斯吧!让他的同伙全在路上死掉!奥德修斯即使能回家,也是在吃尽人间各种苦头之后!听见了吗,海神父亲!"[1]海上风浪陡然增大,奥德修斯巧妙地躲过一块块向着船舵砸来的石头,头也不回地向着家乡扬帆起航。

回家路上多磨难

奥德修斯在海上航行,他途经风神埃俄罗斯(Aeolus)的小岛,二人一见如故、相谈甚欢。一个月后,奥德修斯决定继续返家。临行前,埃俄罗斯送给他一个鼓囊囊的牛皮口袋,对他说:"这袋风是我送你的礼物。俗话说'财不外露',你千万要把它保管得'密不透风'。"说着,埃俄罗斯拿出银线,在袋子口绕了一圈又一圈。突然,一个不慎,西风从袋口蹿了出来,

---

①食人独眼巨怪的名字叫波吕斐摩斯(Polyphemus),是海神波塞冬的儿子。因为奥德修斯刺瞎了波吕斐摩斯的眼睛,所以波塞冬在奥德修斯回家的路上设置了不少障碍。

带着强劲的风势往伊萨卡的方向逃去。"不好意思，没扎紧。"埃俄罗斯带着歉意笑了笑，将袋子递给了奥德修斯。

奥德修斯收下风袋，怀着对故乡的惦念在船上睡去。"哎，那袋是什么东西？"一个同伴小声问。"不知道呢，只有奥德修斯收到了礼物，想必是贵重的……金银？"另一个同伴激动地说。他们你一言我一语，眨眼间就走近了袋子，悄悄地解开了绑着袋口的银线——"呼！"飓风顿时从四面八方涌来，东风、南风、北风、东北风、东南风……唯独缺少了西风。船体剧烈颠簸，随风改变了航向。奥德修斯猛然惊醒，心说："糟糕！"连忙到船头掌舵。经过这一番折腾，奥德修斯元气大伤。但是风神气坏了，决定不再帮他。

拂晓垂着玫瑰色的手指来临了，克服困难继续航行的奥德修斯站在甲板远眺，惊喜地发现前方赫然出现了一个小岛。"伙伴们辛苦了，"奥德修斯说，"我看这岛上的林木郁郁葱葱，或许可以上去歇一会儿。但是林木中央似有烟雾飘出，不知岛上住的是敌是友。为了避免全军覆没，我们不妨分成两路：一路人上岛打探情况，另一路人随我在船上等待消息。"于是，船上的人走了将近一半，上岛打探消息去了。

过了很久，从远处跌跌撞撞跑回来一个人，见到奥德修斯就号啕大哭起来。"他们人呢？"奥德修斯皱着眉头问。"都……都变成猪了！岛上住着一个叫喀耳刻（Circe）的女巫，先给他们灌了迷魂汤，后又拿魔杖把他们变成了猪！幸亏我当时还没进那女巫家门，不然就没人回来给您报信啦！呜呜呜……"

奥德修斯双眉紧锁，拿起铜铸的长剑背在身后，又带上了弓和羽箭。他安慰了报信人一番，就独身一人离开海船，前去解救被女巫施法变成猪的同伴们了。

下了船，奥德修斯来到山林之间。野狼和狮子在林中徘徊，但并无半点攻击性。当奥德修斯走近时，它们还友好地向他摇着尾巴，滑稽地揉着鼻子，俨然一副尽力讨好他的样子。"可怜的动物，一定是被女巫下药了。"奥德修斯心里想。

城堡的门没有锁，奥德修斯推门走进去，就见一个美丽的女巫坐在银色的大椅子上织布，嘴里还哼唱着动人的歌谣。"远道而来的客人，你一定渴了吧。我叫喀耳刻,很高兴认识你。"女巫喀耳刻轻移莲步走向奥德修斯,并递给他一杯下了药的饮料。奥德修斯早有防备,假装喝下饮料中了巫术。喀耳刻见奸计得逞,急忙抽出魔杖拍打奥德修斯。"现在,"喀耳刻大喊道,"变变!变成猪!变成猪和你的同伴躺到一块去吧!"

出乎意料的是,闻听咒语后奥德修斯非但没有变成猪,反而从身后抽出长剑,横亘在胸前。喀耳刻急忙挥舞魔杖应对,但没等她把咒语念出口,奥德修斯已经将长剑架在了她的脖子上。"哎呀妈呀!"喀耳刻吓坏了,以为命在旦夕,吓得瘫软在地,抱着奥德修斯的膝盖求饶,"勇士,我错啦!你这么厉害,居然有抗咒能力。咱们和好,做个朋友好吗?"

"呸,谁跟你是朋友?你把我的同伴变成了猪,我反倒要跟你握手言和?世界上哪有这样的道理!"奥德修斯愤懑地说。

"别生气,我是真想结交你这个朋友。这样吧,我把你的同伴变回人形,然后你们也不用急着走,在我这里好吃好喝好招待,养足精神再出海,怎么样?"喀耳刻仰头看着奥德修斯说,目光中充满了真诚、崇拜、期冀和一些说不清道不明的情愫。

奥德修斯转念一想,这段日子也在海上吃了不少苦头,是时候找地方休息一下了,于是答应了喀耳刻的请求,招呼同伴们住进了她的城堡里,日日美酒佳肴,吃得好不尽兴。

同伴尽丧不言败

时光如梭,眨眼间,一年的光阴转瞬即过。"我要回家了。"奥德修斯说。"多留几天吧。"喀耳刻说,神情中满含不舍和眷恋。"不了,我是一国之王、一家之主,妻儿都在家等着呢,我不能令他们失望。"奥德修斯坚定地说。"那好吧,"喀耳刻说,"我可要告诉你,前路凶险,请多保重。"说完,喀耳刻抽出魔杖变出一阵风,帮助奥德修斯驶离了小岛。

海船顺着风航行了许久,忽然,迷雾和黑暗渐盛,整个船队都笼罩在黑暗之中。"啊,世界的尽头——哈迪斯(Hades)的冥府!"奥德修斯喊道。他割破自己的手指,将血挤在流动的水里。不一会儿,一个模糊的身影出现了，是奥德修斯在特洛伊战场上的战友。战友告诉他，战场上生还的其他人都已经到家，而自己已经牺牲了。过了一会儿，又一个熟悉的身影出现了，"母亲！"奥德修斯激动地喊。母亲笑笑，说自己因思儿过度已经不幸去世了。母亲告诉奥德修斯，家里有一大堆求婚者逼着他的妻子改嫁，所以他妻儿的日子也很不好过。奥德修斯听了眼眶发酸，当他伸出手去拥抱母亲的时候，母亲的身影消散了，如同一个影子一场梦。

离开哈迪斯，奥德修斯调整航向，继续往家乡伊萨卡进发。突然，有一种美人鱼一样的生物出现在地平线上。"前方是塞壬（Siren）女妖的地盘，这种妖怪用歌声作为致命的武器，听到歌声的人就会受到引诱自取灭亡，成为她们的盘中餐！大家可千万不要大意啊，我会用蜡堵住你们的耳朵，这样就不会有危险了。"[1]奥德修斯对同伴们说。"那你怎么办？"同伴们问。"你们把我手脚绑住，系在桅杆上吧。这样，就算我听到了歌声，也不会做出什么伤害自己的事情。"奥德修斯想了想说。

依照奥德修斯的主意，人们平安地路过了塞壬女妖的地盘，来到了意大利（Italy）和西西里岛（Sicily）之间的海域。在这里，有着两块陡峭的悬崖，悬崖中间长着一棵无花果树。两块悬崖暗藏杀机，一块盘踞着斯库拉（Scylla），另一块则埋伏着卡律布狄斯（Charybdis），她们都是当地有名的妖怪，都想凭借妖力掀翻路过的船只，杀掉上面的水手。斯库拉长着六个脑袋和十二只脚，不停地监视着周围的海域。她脖子一伸就会吃掉一个水手，十分可怕。奥德修斯保守地估计，如果路过斯库拉的地盘，必有一些同伴丧命；但如果绕开斯库拉而经过卡律布狄斯的地盘，则会更加凶险。卡律布狄斯每天三次将身旁的海水吸入又吐出，制造出巨大的漩涡。不管任何船只来到她的附近，都会被漩涡吸入沉到海底，船上的人断没有生还的可能。奥德修斯知道，要想回家，必须从中选择一条航线才行。他犹豫许久，选择了经过斯库拉的那条航线，但没敢把即将面临的巨大危险告诉

---

[1]这里，奥德修斯既欣赏了美妙的歌声，又设法免于灾难，可谓古希腊人享乐主义和人生智慧的完美呈现。

自己的同伴们。①

"做好准备——趁现在！"奥德修斯瞅准卡律布狄斯制造漩涡的空当，指挥同伴们冲进旁边斯库拉的地盘。"嗷呜！咯哈哈哈！"一阵令人听了毛骨悚然的怪笑过后，六颗硕大的狗头从天而降，不分青红皂白地咬住了奥德修斯身旁的六名船员，大力撕扯并大口咀嚼着。一时间，哭号声、喊叫声和求救声不绝于耳，船上乱作一团。

"加速！左满舵！"奥德修斯冷静地指挥着，并不时拨动舵盘，面上现出坚毅的神情。待到驶入安全区域，才发现一身冷汗已经浸透衣衫，混着苦咸的海水向下流淌。奥德修斯数了一下，少了六名船员同伴，不禁心下凄然。但好歹没有全军覆没，又有些许安慰。

驶离危险地带，奥德修斯的船继续向前航行。傍晚时分，一个小岛赫然出现在眼前。"太好了，正好上去休息会儿。"一个同伴提议。"别，别上去，"奥德修斯说，"喀耳刻告诉过我，这个岛是太阳神的，我们最好不要上去。""哎呀，刚才差点儿被斯库拉吃了，都累得不行，划不动了！还是快上岛吧，在上面歇一晚上也好。"另一个同伴恳切地说。"那……好吧，"奥德修斯说，"不过你们一定要答应我，千万不能吃岛上的牛。""放心吧，我们一定不吃！"同伴们一听能上岸休息都高兴极了，忙不迭地答应。

上岸之后，众人沉沉睡去，一夜无话。第三天夜晚，天气骤变，乌云密布，飓风大作，众人不得不选择留在岛上。一个月后，他们把船上储备的食物都吃光了，就开始打太阳神的牛的主意。"喂，食物都吃光了，天气还不见变好，我们总不能饿肚子吧？干脆，把岛上的牛杀了吃掉算了！"一个同伴盘算着，不料这句话被奥德修斯听到了。"不可！这里的牛属于太阳神，吃了就会遭到天谴！请克制一下，很快，天气转好，就又能出海了！"奥德修斯说。同伴听了不以为然，悄悄对身边其他人说："与其在这岛上慢慢饿死，看着好吃的又不能吃，还不如把那些牛杀了吃掉！大不了，拿出两头来专门给太阳神祭祀，弥补他的损失也就是了。"其他人纷纷点头称是。

---

①奥德修斯这一抉择反映出古希腊人在做出选择时的智慧与能力。

于是，众人趁着奥德修斯酣睡之际，就把太阳神的牛杀死吃掉了。奥德修斯醒来，看见同伴们正在从烤肉架上撕扯着牛腿大快朵颐，激愤之情溢于言表。他忍不住破口大骂："不是告诉你们不能吃了吗！这种牛不生不灭、不增不减，属于太阳神，凡人是不能碰的啊！完了，这下完了！"

这时，人群里引起巨大的骚动：只见剥下的牛皮居然在地上匍匐爬行，烤肉叉震颤起来，上面的熟肉和生肉哞哞直叫，情形诡异万分。人们吓坏了，赶紧往船上跑去。突然，一个闪电从天而降，击中了船体。大火在船上蔓延开来，支离破碎的船体顺水漂流，船员纷纷落水，挣扎一会儿便不见踪迹。

"同伴们都死了，"奥德修斯心里想，"而我不能放弃！我要回家！"想到这里，他使出全身力气攀附到了一块破碎的船体上……"漩涡妖怪卡律布狄斯！"奥德修斯认出了前方的悬崖，那是他和同伴曾经拼尽全力避开的地方。"难道……我今天注定要命丧于此？不！我还有梦，我还要争！"奥德修斯努力咽下一口气，仿佛有一种不可抗拒的力量推着他赖以依存的破碎船体迅速飘向悬崖底下的大漩涡。乌黑的海水如同看不见的手，拨弄着英雄的命运。远处，奥德修斯抬眼望去，深沉的眼眸中映现出无尽的不甘与凄凉。"家人啊，"奥德修斯泪眼迷蒙，"我的同伴已经尽数命丧海里，而我眼看也将命不久矣，我恐怕……"突然，他看见了悬崖之间的那棵无花果树，急忙拼尽全力伸出双手，死死地抓住了树干。破碎船体轻飘飘地被扫进了巨大的漩涡，海水呼号翻转着，奥德修斯全身攀附在无花果树上，命悬一线……

第二节　奥德修斯返故乡（下）

求婚者众欲夺爱
打探消息扮乞丐
家人相认惩无赖
千古传唱奥德赛

求婚者众欲夺爱

"美人儿，你就出来让我们看一眼嘛！本王子有真心话对你说，一句话，就一句话啦！"一个容貌猥琐却披着繁复而华美长袍的佝偻男背靠着金碧辉煌的大厅，尖声细气地向楼上喊道。"行了行了，就算你喊破喉咙，她也在忙着织布，难得出来一次。在这里好吃好喝好招待，寡居的王后迟早要从我们中间挑一个王子嫁了，急什么？"一个眼神射着精光的矮个男子手执牛腿，从上面狠狠地撕扯下一块肉放在嘴里咀嚼，不屑地斥责佝偻男。"哎，你说这奥德修斯，在特洛伊打了十年的仗，然后就没影儿了。多年来，生死未卜、下落不明。万一……我是说万一，他没死，怎么办？"一个人高马大、满脸横肉的强壮男突然将手中的黄金酒杯扔到了对面的墙上，扯着破锣嗓说出了自己的担忧。"咳，这么多年没消息，人一定在回来的途中死了。不是被海鱼给吃了，就是被巨鸟给啄了，要么就是在某个岛上喂了野兽。总之，奥德修斯肯定没个好！他的王位，我要了！他的财产，归我！他的妻子，终究会选择嫁给我！"一个秃头男抹了一把嘴上的油，自信满满地说。闻听此言，求婚者中发出一片嘘声。这时，一个风姿绰约的女仆走了过来，弯腰对着矮个男的耳朵说了几句悄悄话。矮个男听了立马眯起眼睛，脸上神色变了又变，最后涨成了猪肝色。

　　"诸位，快静一静。关于珀涅罗珀（Penelope）王后，我有话要说。"矮个男拼命敲打着身旁的酒杯，求婚者们逐渐安静下来。"还记得三年前，珀涅罗珀是怎么说的吗？'奥德修斯十有八九是死了，我打算为亡夫织一匹裹尸布，聊表心意。等布织好了，我就立马跟你们求婚者中的一位结婚。'瞧瞧，说得多好听！多么冠冕堂皇的理由，多么天衣无缝的借口！结果，我们都上了她的当！刚才有个女仆告诉我，表面上看，珀涅罗珀白天是在织布，可她每天晚上都会借着火炬的光把织好的布偷偷拆掉！其实，她一点儿都不想再婚，她在故意使诈拖延时间！"矮个男一语激起千层浪，大厅立马炸开了锅。"身为邻国王子，我的身份多么高贵！她居然……她居然敢——"秃头男气得说不出话来，其他求婚者也都气坏了。强壮男一马当先大跨步走上台阶，不顾婢女的阻拦一把推开珀涅罗珀的房门，冲里面粗声喊："出来吧，尊贵的王后！您白天织、夜里拆的诡计我们都已经知道了，就不要再假装织布做无谓的挣扎了！今天，你必须找人嫁了，我们不会再给你留出织布的时间了！"珀涅罗珀无奈，只得放下手中的活计走出房门。珀涅罗珀长得很美，动人的光彩在周身流转，美丽的面庞笼罩着圣洁的气息。她款步下楼来到大厅，骚动的人群立马变得鸦雀无声，佝偻男看得眼睛都直了，口水流到了下巴处也毫不在意。

　　"不要难为我母亲！"忒勒马科斯（Telemachus）挺着幼小的身板，从大厅一侧的房间里冲出，挡在珀涅罗珀面前。"母后，父王是死是活还未可知，我请求母后准许我出海打听父王的消息，我保证会安全返回伊萨卡的。"忒勒马科斯回身，仰着稚嫩的脸对珀涅罗珀说道。珀涅罗珀想了想，开口对求婚者说："诸位，奥德修斯现在应该是死了，但也不一定。请允许我给儿子一点儿时间出海去打探他的下落。待儿子带回他死亡的消息，我一定立即选择一位求婚者结为连理，决不食言！"佝偻男一听王后的声音，骨头都酥了，忙不迭地答应。强壮男和秃头男一听王后能心甘情愿地嫁人，也表示同意。只有矮个男眼里闪烁着危险的光芒暗自思忖："等她儿子回来，我派人半路伏击，结束了他的性命。如果奥德修斯还在，我也能如法炮制，把他们父子俩一并解决掉……只是，奥德修斯是生是死？究竟身在何处呢？"

打探消息扮乞丐

忒勒马科斯招募船员，出海寻找父亲。他先来到贤哲内斯特（Nestor）那里询问父亲的下落，内斯特虽然热情接待了他，却说不出奥德修斯身在何处。于是，忒勒马科斯又辗转来到了斯巴达国王梅内莱厄斯（Menelaus）的地盘。在这里，他听说父亲并没有死，而是在女神卡吕普索（Calypso）的海岛上，万分欣喜。"谢谢！我得赶紧回到伊萨卡的家，把这个好消息告诉母亲。求婚者们快把家门都踏坏啦！"忒勒马科斯稚嫩地说。国王见挽留不住，就同王后海伦一起，送给了忒勒马科斯许多礼物，并托他代自己向老朋友奥德修斯问好。

回家途中，忒勒马科斯事先得知求婚者在一条海路上设下圈套，于是他特意走了另外一条海路，绕开了求婚者的埋伏，安然地回到了伊萨卡。在途经猪倌欧迈俄斯（Eumaeus）的小屋时，他停下脚步，打算在里面稍做休息。

忒勒马科斯刚想敲门，就听见屋里有断断续续的说话声传来："……就在千钧一发之时，我看到前边有一棵无花果树①。抓住这棵树，我侥幸逃过一命。同伴都死了，而自己独活着的滋味真不好受……之后，我游到女神卡吕普索的岛上，她居然半囚禁、半引诱地不让我走。此岛虽美，可毕竟是异国他乡，怎比得上故乡伊萨卡？很多年过去了，众神向卡吕普索施压，让她必须放走我。在众神的压力之下，卡吕普索终于同意了我回家的请求，并帮我造好木筏，准备了充足的食粮……途中，我经过了一个小岛，得到了那里的瑙西卡（Nausicaa）公主和他父王的帮助，招募了一些新船员，回到了，哦不，来到了这里……""您的冒险经历可真有趣。我就简单多了，一直在这里养猪。我是从小被腓尼基人拐来的，他们驾着大船到我的故乡做生意，临走时一个女人把我带上了船……"小屋里的两个人在絮叨着自己的经历，忒勒马科斯在门口听了个一清二楚。

"呀，王子，您回来啦！我说护院的狗怎么不叫，原来遇到熟人啦！"猪倌欧迈俄斯抬眼看到了站在门外的忒勒马科斯，高兴地将他请进屋里。

---

①指《奥德修斯返故乡（上）》结尾处提到的那棵无花果树。

"喏，这位本是远道而来的旅行家。时运不济，他成了乞丐。我这几天正在家里招待他。"欧迈俄斯指着打扮得破破烂烂、浑身泥泞、面目全非的奥德修斯，热情地介绍着。"而这位，则是我们的小王子……"欧迈俄斯继续介绍，忒勒马科斯礼貌地冲奥德修斯点点头，丝毫没有察觉这个乞丐打扮的人就是自己千寻万找的生身父亲。

奥德修斯走出门去。他卸下了自己的伪装，恢复成往日的装扮。进门之后，忒勒马科斯简直不敢相信自己的眼睛：刚才的乞丐佝偻的身躯变直挺了，皮肤变白了，衣衫焕然一新。"你……你究竟是何方神明变出来的，怎么长得像我父亲？"忒勒马科斯疑惑地问。"我就是你的父亲。前几天扮成乞丐回到伊萨卡是为了方便打探消息——毕竟离开了这么久，不知道具体情况究竟怎样了。"奥德修斯说。忒勒马科斯听到这里，终于放下疑惑，上前紧紧拥抱住自己的父亲。父子久别重逢，失声痛哭。欧迈俄斯站在旁边高兴地笑着，他才知道自己招待数天的"乞丐"原来是自己的国王奥德修斯。

"我要回家，去会一会那些求婚者，看一看他们的人品如何。如果他们善待我这个乞丐，那么我可以既往不咎；如果他们不礼貌，那也休怪我不客气。"奥德修斯说着，又恢复了乞丐的装扮，同自己的儿子忒勒马科斯和猪倌欧迈俄斯一道，往王宫的方向走去。

看见一个乞丐远远地走来，宫门口俯卧在垃圾堆附近的老狗警惕地竖起了耳朵。这条老狗曾经是奥德修斯忠实的伙伴，因为主人失踪无人照顾，此刻正趴在垃圾堆里奄奄一息。待乞丐走近，它嗅出了主人的气息，收回了竖起的耳朵，高兴地摇起了尾巴。只是，它太虚弱了，已经无力移动。它喉咙里发出一声哽咽，垂下了头，在死亡线上挣扎着。奥德修斯本欲上前抱住自己心爱的老狗，但想想自己这次的使命，还是忍住了。当奥德修斯推开家门的时候，这条老狗咽了气。①

---

①这虽不是主要情节，却是感人的一幕。当妻儿对奥德修斯真实身份的第一反应都是怀疑，这条老狗却无条件相信了他，并在生命的最后一刻盼来了主人，相见却不能相认。当一切尘埃落定，奥德修斯又回去看它了吗？它的遗体得到妥善安置了吗？文中并没有进一步交代。我们宁愿相信：这条善良的狗最终得到了善待。

"啪！"奥德修斯刚一推开大门，一块石头就迎面飞来。奥德修斯一扭头，石头落在了地上，发出了沉闷的响声。一个秃头男面色不善地盯着他，厌恶之情溢于言表。"瞧啊，一个乞丐！乞丐凭什么进来了？赶快从我眼前消失！"秃头男手里捻着石头，傲慢地说。"臭叫花子，又懒又馋净知道乞讨。"一个佝偻男愤愤地说。"带他来干吗？你是嫌流浪汉和乞丐还不够多？趁着吃饭烦我，你以为我们坐这儿都没事干？"一个矮个男从座位上站起，不满地冲着欧迈俄斯嚷嚷。一个强壮男扯着破锣嗓大吼一声，一拳打向奥德修斯右肩。奥德修斯也不甘示弱，侧身躲过后出拳揍向强壮男的脖子。顿时血花四溅，二人滚落在地，扭打到一起。

"住手！这就是你们的待客之道？乞丐怎么了，乞丐就不是人？"珀涅罗珀从楼上走了下来，出声喝止道。"啊，儿子，你回来了？有没有打听到你父亲的消息？"珀涅罗珀看到了一旁的忒勒马科斯，急迫地问。

"是的母亲，这个乞丐说他知道父亲的下落。"忒勒马科斯说。

"啊，快请进！"珀涅罗珀对着乞丐打扮的奥德修斯说，"我让奶妈帮你洗洗脚，然后请你告诉我丈夫的下落，可好？"

家人相认惩无赖

"你是……奥德修斯？"奶妈捧着乞丐的脏脚耐心清理着，仔细端详，最后终于下定决心般出声询问。"错不了，我认识你脚上这块疤，你就是奥德修斯！"奶妈激动地说，老泪纵横。"嘘！"奥德修斯捂住奶妈的嘴，指了指隔壁，制止她继续说话。"我通过询问和观察，发现求婚者人品都很差。待我惩罚了他们再揭示身份，在这之前你不要告诉别人我是谁，连珀涅罗珀都不能告诉。"奥德修斯说。奶妈点点头。

奶妈把奥德修斯领到珀涅罗珀的房里。"抱歉，这段时间总有人过来说，在某处某地见到我丈夫了，事实上是骗钱来的。所以，你不会是……"珀涅罗珀眉眼弯弯，充满歉意地说。奥德修斯用尽全力克制住强烈涌出的感情，强迫自己冷静下来，过了好一会儿才缓缓回答道："很多年前，有一个人在我家做过短暂的停留，他说他的名字叫奥德修斯。尽管我已淡忘了他的长相，但我依稀记得，他穿着紫色羊毛斗篷，别着一枚有两个挂钩的金色胸针……"珀涅罗珀听了很激动："这是他二十年前离家时我亲手给他做的！后来呢，他怎么样？""走了，"奥德修斯答，"他走后我们就再没联系过。""走了？"珀涅罗珀失望地说，却又无可奈何。天色已晚，她吩咐奶妈带奥德修斯下去休息，自己坐在床沿黯然神伤，最后沉沉睡去。

"你去把武器库里的武器搬到别的房里。"奥德修斯对儿子说。他从妻子房间出来后，并没有闲着，而是策划着一场复仇。"好的父亲。"忒勒马科斯领命而去。

第二天一早，求婚者又在杀猪宰羊，张狂的笑声与动物的悲鸣交织在一起，肆无忌惮地回荡在大厅。"喂，你，乞丐！"秃头男不满地说，"你怎么还不走？""跟他废话干吗？"强壮男从身边的肉篮子里抓起一块牛蹄，抡圆了就照着奥德修斯的脑袋砸去。奥德修斯偏头躲过，表情并无明显变化。忒勒马科斯生气了，他稚嫩地说："你们怎么能随便砸人？！"听到忒勒马科斯的话，求婚者笑得更起劲了。他们更为凶恶地屠杀着动物，将刚剔下来的骨头朝着奥德修斯扔过去……

"不要再闹了！"珀涅罗珀出现了，她气愤地说："这样的日子什么候是个头！我父亲也催，兄长也催，干脆，今天就讨论再嫁事宜！"求婚者们立马安静下来。"我这里有一张弓，"珀涅罗珀接着说，"这张弓是奥德修斯留下来的。我在前面立十二个斧头，谁能把箭从斧头孔里穿过去，我就嫁给谁！"

求婚者们闻言高兴极了，全都摩拳擦掌，跃跃欲试。尤其是佝偻男，他的驼背似乎都挺直了，两眼直勾勾地盯着面前的弓矢，流出的口水都忘了擦。不知不觉地，佝偻男走向了这张弓。他伸手握住弓臂，使出浑身力气也没能把弓举起来。"一边去，我来！"强壮男铁烙般的臂膀从侧面伸来，试了几次终于抓起了这张弓，拿箭瞄准了斧头，一副志在必得的样子。"嗖嗖嗖嗖"几支箭飞出去，都打偏了，别说斧头孔了，就连斧头的边都没碰到。"你们都不行啊，看我的！"秃头男伸手，拽着弓箭走了两步，突然步幅不稳，被自己的脚绊倒了。"哈哈哈哈！"一直在一旁冷眼观察的矮个男看到这滑稽的一幕不禁笑出了声，秃头男狂傲的脸立马变成了猪肝色。矮个男找到位置站好，大喝一声举起弓来，却怎么都拉不动弓弦，只好收敛笑容，灰溜溜地继续躲到一边去了。

求婚者们一个接一个地尝试，又一个接一个地败下阵来。在众人都试过一遍之后，一个低沉又不乏威严的声音响起："让我来。"

"谁？乞丐！""那个乞丐！""乞丐？真不怕被人笑掉大牙！"讥笑之声不绝于耳。奥德修斯不为所动，他稳步上前，挽弓搭弦，"嗖！"一支箭矢飞出，飞快地穿过第一个斧头孔、第二个斧头孔、第三个斧头孔……第十二个斧头孔！求婚者们都看傻了，张大嘴半天发不出声音。

"拿起武器，杀了他！"矮个男最先反应过来，大喝一声。其他求婚者也如梦方醒，都把奥德修斯当成眼中钉、肉中刺，恨不得杀之而后快。求婚者们纷纷到武器房去拿武器，却发现那里的长矛和铠甲全都不翼而飞——原来奥德修斯早有准备，让忒勒马科斯事先把它们运到别的房间里去了。"你先护送你母亲回房，一会儿注定将会有一场恶战发生。"奥德修斯一边穿上事先准备好的铠甲，一边对忒勒马科斯说。

忒勒马科斯送回母亲，转身回来加入父亲的战团。这时，已经有几个求婚者找到了武器，披挂上阵了。"你不是已经把武器藏好了吗？"奥德修斯问。"是的父亲，不过我好像没把房门的门缝堵死，他们应该是撞开门拿到了武器。"忒勒马科斯说。"不管怎样，拼了！"奥德修斯说。"你们这些无赖，是不是吃定我不会从特洛伊战场上归来？于是，你们霸我家园、食我猪羊、垂涎我妻，还企图谋害我儿！简直是罪恶滔天，罄竹难书！今天，我，伊萨卡的奥德修斯，回来了！我将用矛和剑惩罚你们！"说完，奥德修斯和忒勒马科斯举起长剑，与众多的求婚者展开了一场血战！

千古传唱奥德赛

强壮男大喝一声，举起锋利的铜剑向奥德修斯刺去。奥德修斯挽弓搭弦，没等强壮男接近便"嗖"的一声射中他的心脏！强壮男手中的剑无力地落下，庞大的身躯轰然倒地，淹没在尘土中。求婚者都没想到，这次奥德修斯居然是动真格的了，打算以寡敌众么？矮个男眼珠滴溜溜乱转，不知道在打什么鬼主意。

　　秃头男眼中带有一抹狂傲之色，持剑大力朝奥德修斯的后背砍去。"父亲，小心！"忒勒马科斯出声提醒。奥德修斯放下弯弓、拾起长矛，"噗"的一声，转身刺中了秃头男的左肩！长矛从左肩斜刺而下，径直贯穿了心脏！秃头男摇晃了几下便瘫软下去，额头触地，倒地身亡。

　　"儿子，看住大门，不能让他们出去搬救兵！"奥德修斯识破了矮个男的诡计，大声冲忒勒马科斯喊道。矮个男见计谋暴露，怒不可遏，于是他联合佝偻男和其他求婚者，共同将手里的长矛往奥德修斯身上扔去，企图把奥德修斯捅成马蜂窝。可是，那些长矛都没投准——一支矛打在了门柱上，一支矛飞到了门上又反弹在地，还有一支矛插进了旁边的墙上……

　　求婚者见情势不妙，转身想往屋里逃跑，结果统统被奥德修斯抓住，毫不留情地结束了他们的性命。接着，父子两人又严厉地惩罚了家中吃里爬外的女仆，让她们也付出了生命的代价。一切事情办完后，奥德修斯卸下乞丐的装扮，将家里重新打扫干净，并让忒勒马科斯去喊他的母亲下楼团聚。

　　"不，你一定是骗我的。你不会是我的丈夫奥德修斯。"没想到珀涅罗珀看到恢复往日神采的奥德修斯后，非但没有上前相认，反而冷静地提出了自己的质疑。站在一旁的奶妈、忒勒马科斯和猪倌欧迈俄斯听了都很着急，七嘴八舌地说："夫人，如假包换啊，我洗脚时看见的那道疤，就是他的呀！""母亲，他的确是父亲啊！""一开始他扮成乞丐完全是为了打探消息，他……"

　　"奶妈，你去屋里把那张橄榄木床搬出来，让这位'乞丐'今晚就在外面歇息，睡在那张床上吧。"珀涅罗珀不为所动，依然很冷静地说道。听了这话，奥德修斯不禁愤怒地跳起脚来，他说："什么，橄榄木床？你敢搬，那是我临走前亲手做的！我用了庭院里的橄榄树，这床非常结实，一般人都搬不动它！我还用黄金、白银和象牙给它做装饰，然后用牛皮细细地缠绕，使它发出美丽的紫光！那时我们是多么恩爱，而今天……"

　　没等奥德修斯把话说完，珀涅罗珀就伸出手臂，紧紧抱住了他。"丈夫，我等得你好苦、好苦啊！二十年了，我一直不敢忘了你，从来不曾答应那些王子们的求婚。请别见怪，刚才我提到那张床，是因为那床算咱们俩的秘密，我只是想最后确认一下你的身份，我的好丈夫，奥德修斯。"

之后，奥德修斯只身来到果园，在那里和自己的父亲相认。父亲也是一开始对他的身份半信半疑，但在奥德修斯说出自己被野猪咬而留下伤疤和小时候种树的种种回忆后，父亲哭着拥抱了他。然而事情还没有完结，有人召集求婚者的魂灵和他们的家人来找奥德修斯复仇。但在智慧女神密涅瓦（Minerva）①的调停下，双方宣布和解，奥德修斯终于得以在家乡过上了安静平和的日子。千年过去了，吟游诗人荷马（Homer）似乎依旧讲着《奥德赛》里奥德修斯的故事，散落在爱琴海的小岛上，在风中轻吟浅唱：

缪斯请为我开讲，那个英雄的以往……
他到过很多地方，领略过许多风光……②

---

①密涅瓦（Minerva）为罗马（Roman）神名，希腊人称之为雅典娜（Athena）。在奥德修斯回家这件事上，密涅瓦提供了很大的帮助。但由于海神波塞冬的阻挠，她又不敢将事情做得太明显。一种观点认为，密涅瓦之所以帮助奥德修斯，是因为后者智慧非凡，与其颇有相似之处。本文为了突出人的力量，故而将神性色彩尽可能地舍去。

②节选自《奥德赛》开篇。该史诗有两条线索：儿子忒勒马科斯出海寻找父亲奥德修斯和奥德修斯历尽千辛万苦返回家乡。最后两条线索交织到一起，共同推进情节的发展。史诗以对话形式展开，并运用了倒叙、插叙等多种叙述手法。本文为了理清线索、降低阅读难度，尽量采用顺叙的方式，以奥德修斯返乡经历的先后顺序为线展开。

第三节　斯巴达之父吕库古

无冕之王吕库古
缔造律法均贫富
仁心感化诸贵族
民风尚武轻钱物

无冕之王吕库古

公元前 800 年左右，希腊世界里有一个特立独行的国家，即赫赫有名的斯巴达（Sparta）。在这个神奇的国度周围，没有一段城墙——尚武的斯巴达勇士夜以继日地保卫着国家安全，并不需要城墙的保护。在爱智、善思，文学、艺术、哲学、建筑学等高度发达的希腊大环境下，斯巴达另辟蹊径，闯荡出一片简约、和谐、充满着力量与纪律的天地。斯巴达人既没有纠结于宙斯（Zeus）、赫拉（Hera）和奥林匹斯（Olympus）诸神的儿女情长，也没有羁绊于贫富、攀比和炫耀的家长里短，甚至不曾从事种田、商业和手工业等微小的技艺。在无冕之王吕库古（Lycurgus）的立法指引下，斯巴达人奴役希洛人（Helot）种田，自己则拿出全部精力来进行军事训练，在现实世界中谱写了一曲难以复制的千古传奇。

吕库古出身于斯巴达王室，排行老二。在他的父亲和兄长相继去世之后，吕库古便顺理成章地继承了王位。可是，有一天，他的嫂子私下里找到了他，并悄悄地对他说："吕库古，你可知我怀了身孕？在你哥哥还没去世的时候，我便已经怀孕了。按照王位继承的惯例，如果我生出来的是个男孩，他可是要继承王位的呀。到时候，你的国王恐怕就没得做了。所以，我请求你，娶我……"

吕库古面上浮现出深思的表情，他嫂子以为他是动了心，就娇笑一声，阴险地说道："娶我，我现在就喝药把肚子里的孩子堕掉。这样就不至于万一生出来的是男孩，你就要让位，你的王位可以保住，我的后位也无可动摇，岂不是两全其美？"

"这……"吕库古哑口无言，从震惊中恢复了好半天，才无奈地说道："嫂子啊，喝堕胎药对身体不好，您还是把孩子生下来，要是个女孩您就养着，要是个男孩我就派人把他杀了，然后娶您为妻。您一定要保重身体呀！"

吕库古的嫂子转念一想，觉得十分在理。尤其是想到未来的夫君这么关心自己的身体，不禁喜不自胜。她拜谢之后，便回自己的寝宫待产去了。这边吕库古皱着眉头把心腹叫来，对他说："可叹啊！可悲呀！我哥哥尸骨未寒，嫂子竟想出这么一个烂主意！我于王位无意，如果嫂子生的真是男孩，我就立马按规定把王位让给他。为了稳住嫂子、不让她把孩子拿掉，我假意依了她。但我怎么可能会娶她？又怎么会杀哥哥的子嗣？你去看着，严密照料，务必在婴儿出生的第一时间把他毫发未伤地抱给我。"心腹领命而去。

孩子出世后，果然是个男孩。"他，是哥哥的孩子，王位的正统继承人。从今天起，我将让位于他，这个新出生的小婴儿就会成为你们的国王！"吕库古不容置喙地说。他很高兴，抱着孩子让宫廷内外的民众们相认。

依照王位继承规则，小婴儿当上了国王，而吕库古只是在一旁兢兢业业地辅佐。全斯巴达人民都夸吕库古主持正义、以身作则，对他甘愿依照律法放弃王位感到由衷地钦佩。尽管已经脱掉了国王的华衣，但吕库古的地位在人民心目中更高了，成为遵守道德、遵循律法的楷模。然而，吕库古蛇蝎心肠的嫂子却在后宫恨得咬牙切齿："好哇，好你个吕库古，说什么在乎我、珍惜我的身体，原来只是为了让你死去哥哥的孩子继承王位！当上太后又如何？亏我还一片痴心，现在终究还是成了寡妇……"于是，她到处煽风点火、散播谣言，说什么吕库古要谋害新王、自己掌权，一开始人们都不信她，不过说得多了，有些人开始捕风捉影，信以为然。

"各位，清者自清。我要走了，为了避嫌。你们要服从国王的命令，不辜负我的厚望才是。"说完这些，吕库古离开了斯巴达，自我放逐，云游四方。

他来到了一个叫克里特（Crete）的岛屿，岛上的人遵守法律，做事情井井有条，令吕库古大开眼界。他又来到了一个叫伊奥尼亚（Ionia）的地区，对散佚的《荷马史诗》（*Homeric Epic*）击节称赞，对史诗中包含的政治与纪律方面的深意赞叹不已[1]，于是，他着手进行整理，并编排成册，使它第一次在希腊地区广为流传。最后，他又访问了埃及，受到了一定的政治启发。

"回来吧，吕库古，王国需要您！"在吕库古环游的几年间，斯巴达人民不断给他写信说："尽管别人戴着王冠，加冕为王，但在我们心中，您永远都是斯巴达唯一的国王——您是我们心中的无冕之王！只有您，才真正具有领导人民的天赋，您永远在正义的道路上领导斯巴达人民前行！"连年幼的斯巴达国王也沉不住气了，他用稚嫩的笔迹写道："回来吧，帮我治理这个国家，管理王国的人民，只有您才有资格、有能力做这些呀！"

众望所归之下，吕库古重新返回了斯巴达。回国后，他结合出国经历和体悟，带着无冕之王的荣耀，轰轰烈烈地展开了一场律法的缔造运动。

缔造律法均贫富

"不好了，国王，大事不好了！"一个心腹大臣气喘吁吁地跑进了国王的行宫，顾不得行礼就上气不接下气地说："吕库古，他带着三十人的武装跑到街上去啦！今儿一大早，毫无预兆地，他就占领了集市，那些人可都是全副武装的呀！"

"啊！我该怎么办，天哪！他不是来杀我的吧？"年幼的国王快要哭了，他急忙登上马车，躲到一个神庙里寻求庇护。正当他惴惴不安之时，消息又传了过来：吕库古是为了不让人阻碍他的改革才采取这一雷霆之举，并非觊觎王位。国王心中稍稍安定，在大臣护送下也来到集市上，一起聆听吕库古的变法思想。

"这就是我推出的首要改革——建立元老院！"吕库古在人群中慷慨激

---

① 本章第一、二节《奥德修斯返故乡》素材即取自《荷马史诗·奥德赛》。

昂地说，"这对你们都有好处，我们斯巴达的每个人今后要都有投票的权利！以后遇到重要问题，28 人的元老院就要启动程序，你们就可投出自己宝贵的一票！这样岂不是很好？"

"国王，他在分割您的权力呢！"大臣伏在国王耳边小声说。"不啊，这反而更好，因为这样一来，我的统治便可以更持久了。"国王明事理地说。然后，他又扭头继续听吕库古的演说。

"观今日之斯巴达，大多数的财富和土地聚积在少数人手里，傲慢与嫉妒丛生，奢侈与犯罪横行！你们有没有感觉到贫穷，感觉到不快乐？这都是财富分配的不平等造成的！从今往后，我保证这种不公不会再有，我们要均分土地，这样，战功将成为衡量我们的一切，而非金钱！"挥手向欢呼的人群示意后，吕库古接着说，"另外，再告诉大家一个好消息：我们有了新的货币了，那就是铁币！今后，在斯巴达，就不流通金银货币了，而统一使用铁币！"这下，人群可炸开了锅，人们交头接耳，声音一浪高过一浪。

"国王，金银如果不当货币了，我们跟其他国家的买卖也就做不成了——谁稀罕那堆破铜烂铁？"大臣忧心忡忡地说。"这正是吕库古的高明之处啊！他知道直接没收人们手中的金银富人会受不了，就采取了这个间接的方法，以铁币驱逐金银，手中的金银没了用，富人也就变成了普通人，这样整个社会就更平等啦！况且，这种方式下，其他国家的坏人自然不会再来抢我们的钱，天下就太平啦！"国王虽然年纪小，但脑子并不笨，他微笑着说。

"诸位！诸位少安毋躁，听我把新的律法宣读完。"吕库古说，"关于你们的日常生活，我规定两点：其一，每个人都要到公共食堂吃饭，不能在自己家吃任何东西；其二，建造房屋有固定的规制，谁都不能超过这个规制。好了，今天我就说这么多，具体的细节还要在推行中不断完善。"

"国王，这这这……"大臣一时气结，因为他家也算是个富贵之家，吕库古这么一颁布律法，等于是把他的既得利益全部给没收了。"别生气，建设一个人人平等的国家，这不是你我都愿意看到的吗？"国王宽慰他说，"在公共食堂吃饭，就杜绝了人们在饮食上的攀比；对房屋规格的限制，就在无形中督促人们打造简朴的家具来与房屋外观相称，这又杜绝了人们在居住条件上的攀比。如此一来，就杜绝了奢侈享乐，人们才能一心一意地投入到军事训练里来呀！吕库古此番可谓用心良苦，我支持他。"得到国王的支持后，吕库古倡导的律法推行得更顺畅了，很快传遍了全国，尽管富人有诸多不情愿，但律法还是在磕磕绊绊中逐渐施行起来，得到越来越多人的理解与支持。

仁心感化诸贵族

变法施行之初，受到了不小的抵制，意见最大的当属那些富贵之人。这天，他们聚集在一起，共同发泄着自己的不满："这个吕库古，弄的什么东西，我堂堂一个大贵族，连食物都不能按照自己喜好来吃了，真是可气！"一个老年人生气地说。"就是，我们家以前多么富，总跟外国人做生意。这下好了，不让用金银做货币了，生意是没得做了。"一个中年人不断地唉声叹气。"这个法就不该变，你说是不是啊，阿坎德（Alcander）？"一个年轻人扭头问身旁的小伙子。"不该！吕库古太可恶了！"那个叫阿坎德的小伙子一脸憎恶地说道。人们越说越生气，群情激奋，这时不知谁喊了一句："看，吕库古在那儿！"人群的情绪就好像找到了一个突破口，他们拾起地上的石子和树杈等作为武器，挥舞着愤怒的拳头蜂拥跑向吕库古。

吕库古这时正在跟人谈话，见势不妙急忙转身就跑。他跑过一条长长的巷道，人群边追边向他奔跑的方向砸石头；他又侧身闪入旁边的小路，甩掉了一部分人，但依然有人挥舞着树杈紧追不舍；他又转向另一条小路，人们都被远远地落在了后面，只有一个年轻小伙依然追在身后。当吕库古停住脚步，转身想看清谁在追他时，那个小伙见机会已到，抡起棍子就劈头盖脸地打去。当被甩掉的人群追上来时，他们都呆住了，一时竟忘掉了仇恨——只见吕库古的脸被打得血肉模糊，血水顺着一只眼睛淌下，而那只眼睛，却已经瞎了。

人们忘记了自己的不满，只觉得这个青年做得太过分了，令贵族蒙羞。"对不起！这个打伤你的小伙实在过分，今天就交给你了，任由你发落处置！"一个长辈出面，将凶手交给了吕库古。"你叫什么名字？"吕库古问。"阿坎德！我就是讨厌你，要杀要剐，悉听尊便！"小伙子不服不忿地说。吕库古对小伙子的态度并不十分在意，他想了想，说："阿坎德吗？我不要你的命，就罚你做我的仆人，留在我身边听候差遣吧。"

贵族们听到吕库古仁慈的宣判，都对这位宅心仁厚的人多了几分好感。阿坎德一开始是非常排斥服侍吕库古的，但时间久了，随着他对吕库古的了解慢慢加深，竟渐渐对这个既智慧又敬业的人，生出一种敬佩之情来。"斯巴达应该建立民主政治啊。"一个人争论道。"先从你自己家开始吧。"吕库古智慧地反驳。"你为什么给神的祭品这么少？"另一个人问。"这是为了保证我们可以源源不断地给神供奉啊！"吕库古狡黠地回答。"斯巴达怎样防止外敌入侵呢？"人们问。"保持贫穷，不显得比别人更优越。"吕库古的回答非常发人深省。"我建议咱们还是在边界上修段城墙吧，别的国家都这么做呢！"一个人热心地建议。"人墙比砖墙更坚固。"吕库古以简洁的话语否定了这个看法。

随着了解的深入，阿坎德对吕库古佩服得简直五体投地，赴汤蹈火也在所不惜。他将这些见闻跟其他贵族好友说了，许多一开始不支持吕库古变法的人也渐渐地理解了他的良苦用心。几年过去了，新的律法已经深入人心，吕库古深深地明白，自己的年纪虽然不算太老，但如果现在功成身退也不会有什么遗憾了。为了让自己倡导的律法在斯巴达永远施行，有一天，他把大家找来，对人们说："诸位，我要去做一件大事，一件非常重要的事。关于这件事情是什么，我现在还不能透露。但临走之前，我必须要你们亲口向我保证：在我回来之前，现行的律法一点儿都不能改变。"于是，人们立下誓言，吕库古离开了斯巴达。他静悄悄地来到了一个不知名的地方，并开始绝食。在生命弥留的一刻，吕库古的嘴角漾开了微笑：虽然自己客死他乡，却可以让斯巴达人守住诺言，将现行律法永远施行下去，值了。

民风尚武轻钱物

生老病死乃人之常情，人类历史就是在这一车轮中滚滚向前，永不停息。这天，阳光灿烂，一户斯巴达人家十分高兴——一个男婴喜临人间。刚一落地，人们便用酒为这个新生儿擦洗全身，祝福他长得强壮而有力。接着，这个婴儿被带到了长老委员会处接受检查——斯巴达对优生优育特别看重，如果新生儿被检查出有缺陷，那么他将被抛至峡谷之中，永远失去做人的机会。"检查合格，孩子很健康！"好消息从屋里传出，从此斯巴达又多了一位勇敢刚强的小公民。

这个斯巴达的孩子在自由活跃的环境中长大，从不哭鼻子，也不怕黑，没有挑食之类的坏毛病。每到吃饭时间，他总会来到公共食堂，在十五人一组的桌子上吃饭，同时向大人学习言谈的艺术。"听吧，孩子，那些智慧的话语，你注意听他们谈论的国家大事，还有礼貌而简洁有力的言谈方式。"孩子的父亲嘱咐道。"大家尽管畅所欲言，"一位老者在人们走进饭厅的时候指着门口说，"你们说的任何一句话都不会从这里传出去。"

每一个饭桌就像一个微型社会团体，稳定而团结。一天，有一个人想加入到其中吃饭，于是在这饭桌上吃饭的人进行了一场秘密表决——他们将揉成小球的生面团投入碗中，不同意的人就将他手中的那个小球压扁。"结果出来了，虽然大部分球是圆的，但其中有一个球是扁的，说明这桌有一个人不同意和你吃饭，你被一票否决了。"人们对那个人说。于是那个人只好灰溜溜地走了。

"孩子，你今年七岁了，是时候离开家里，去过有军纪约束的集体生活了。"男孩的父亲对他说。于是，男孩带上他唯一的一件衣服——斗篷，来到了训练场，跟其他同龄孩子一起训练和生活。因为他表现优秀，本事和胆量都非常出色，还被指定为孩子们的首领，有权力指挥其他孩子并惩罚和鞭笞那些不听话的人。

男孩十二岁的时候，开始接受正式的军事教育。他被编排到了一个分队，接受二十岁长官的指挥。"看到他了吗？"长官指着远处正在接受严厉鞭笞的陌生男孩说，"他偷食物被抓住了！"长官顿了一下，接着说："偷食物并不可耻——相反，这还能锻炼你们的身手和胆量！可耻的是，居然被抓住了！这就说明他的勇敢和谋略还远远不够，如果这事发生在战场，他小命就完了！所以必须接受惩罚。这就告诉我们：一定要谨记勇敢、智慧、力量！听明白了吗？""听明白了！"男孩们挺直身体，齐刷刷地说。

男孩长到十八岁了，按照斯巴达的惯例，他已被视为成年人。"快来呀，女孩子们要在咱们面前唱歌跳舞啦，要求全斯巴达的年轻男人都来看呢！"

一个伙伴兴高采烈地招呼他。男孩出门一看，只见许多女孩都赤裸着身子，露出矫健的胴体，她们开口唱道："我用我的歌声，颂扬勇敢强壮的人，取笑懦弱胆怯的人……希望你，我的斯巴达青年啊，如勇士一般骁勇善战……"

"好看吧，是尊敬的吕库古大人要求女孩子们这样跳舞的呢。他说，这样能使她们更勇敢，平时更注重锻炼，这样才能做好母亲，生出许多拥有健康体魄的斯巴达后代……"伙伴向男孩解释说。然而，男孩已经无暇顾及身边喋喋不休的伙伴了，因为他在众多女孩当中，看到了一个明眸皓齿的年轻女子，只一眼，便深深地刻在脑海深处，久久挥之不去。"喜欢她，就对她说呀。"伙伴看出了他的心思，怂恿道。男孩开朗地笑了。

当天夜里，女孩在窗边留了一盏灯。男孩费尽九牛二虎之力从墙头爬了上去，与女孩共度良宵。之后的时日，男孩一有空就秘密地跑来女孩这里，即便是结婚后也依然如此。因为直到三十岁，男孩才彻底有资格将婚姻关系公开，与妻子名正言顺地住在一起。

年复一年的艰苦训练，造就了铁一般的斯巴达人。后来那一场空前绝后的战役，那一腔明知失败却依然奋勇迎敌拼杀的豪迈热血，塑造了斯巴达三百勇士的不朽之躯——哦，不，实际上是二百九十八位勇士，因为其中有一人请了病假，另一人出了公差。战后，他们并没有因苟且偷生而沾沾自喜，而是因没能战死疆场而羞愤难当。于是，他们一人选择了自杀，另一人找个机会又去打仗，终于如愿马革裹尸还。以歌声迎接战斗，勇敢无畏的斯巴达人，在希腊尚智文化此起彼伏的历史大环境中写下浓重而凝练的一笔。

　　先说句题外话，在中国古代帝王里，颇有些"技能点"加错的悲剧人物。比方说精书法、工绘画、通音律却不得善终的南唐后主李煜，再比方说精通书画、客死他乡的北宋皇帝宋徽宗。然而在西方，也出现过一个有着奇特爱好的皇帝，他就是罗马的暴君尼禄（本章第一节）。尼禄热衷于扮演小丑，靠着蹩脚的舞台表演和恐怖的皇权威压获得各种毫无用处的桂冠，用观众虚假的喝彩来填补癫狂寂寞的内心。基督徒被他迫害得要命，对其冠以"暴君"的臭名，也成功地使他遗臭万年。他的暴戾与偏执、疯狂的精神似乎与他拙劣的演技、对丑角和渺小人物的偏爱是相当吻合的，这样一种性格的扭曲在其皇帝身份与小角色的演绎当中得到了充分的诠释。

　　罗马的饮宴是举世闻名的，现在一说起罗马时代的豪饮与不羁，人们还很是向往。跟我们当代中国倡导的养生之道类似，古罗马人也讲究饮食的宜忌。不过令人奇怪的是，古罗马人一般觉得吃冷硬食物有益于健康，而面包居然被视为是不健康的食物，真是令人匪夷所思。为了更多、更好地介绍这些罗马日常饮食逸闻（本章第二节），特意虚构了一场盛宴，以宴会为线，将当时的食物种类、建筑特色、医学观念贯穿其中，希望能够有所展示。

　　再光鲜的高楼，下面也有阴影；再辉煌的罗马，背后也有硬伤。在罗马这座"永恒之城"中，生活着许多悲惨的奴隶，他们有的生而为奴，有的欠债为奴，有的战败被掳，还有的则来自海盗的抢劫……关于罗马奴隶的故事实在是太多了，但用中文写出来的却相对少见。这里，仅仅就一些史实和历史事件，描述了罗马奴隶生活二三事（本章第三节）。历史长河中，真正能像罗马这般维持如此庞大奴隶阶层的国家是不多的。这毕竟需要持续不断地对外征服，将大量国境之外的资源与人民掠夺为己用。而这样的一种社会机制的运行，必然也会对罗马过去的传统机制和社会体系造成严重的冲击。如此一来，历史的波折出现了，或是调整，或是大厦将倾……

第一节　暴君尼禄疯癫的艺术生涯

奢侈排场返宫殿

扮演小丑夺桂冠

举止荒唐亲胆寒

穷途末路谱系断

奢侈排场返宫殿

距今一千九百多年前的一个清晨，整个古罗马城（Ancient Rome）都笼罩在一片莫名的气氛里。"看哪，皇帝回来了！""是啊，他从希腊演出回来了！"一群穿着本白色长袍的罗马人在大街上奔走相告，同时伸长脖子打算一睹尼禄（Nero）皇帝的身姿。公元54年，尼禄在母亲的扶持下，十七岁时就登上了罗马帝王的宝座。他是先皇克劳狄（Claudius）的养子，全名是尼禄·克劳狄·恺撒·德鲁苏斯·日耳曼尼库斯（Nero Claudius Caesar Drusus Germanicus），属于恺撒（Caesar）谱系，同古罗马之前的两位著名领袖恺撒和奥古斯都（Augustus）有着亲缘关系，且拥有着恺撒之名。现在，尼禄刚从希腊赢得了音乐比赛的胜利，正在返回罗马宫殿的途中，就像功勋卓越的皇帝打赢了一场胜仗一样高兴。白马拉载的车驾从远处驶来，后面跟着一群神采飞扬的士兵，正山呼海啸般呐喊着祝福的号令。"这白马……我怎么看着这么眼熟？"一个胖子小声地问。"我也看着眼熟呢……对了！这不是先皇奥古斯都从战场上胜利归来时用过的战车吗？"一个瘦子眼尖，一下子便认了出来。"糟蹋了，可惜咱现在这个皇上啊，就知道搞艺术。别说上战场了，就是给士兵传个话、演个讲什么的都不肯，据说是怕弄坏嗓子。

你说他生来嗓子就又暗又哑，能唱出什么好歌来？"胖子愤愤不平地说。"嘘！皇上可不是吃素的，被他听见你就——咔！"瘦子用手比在脖子上，做了一个砍头的姿势，胖子立马噤了声，两人一起往尼禄的车驾上望去。

微风徐来，光影闪动，所有人都浸润在虚浮而欢欣的气氛中了。突然，耀目的金光一闪，震天的喊声袭来，直逼得人闭上双眼，脑袋里一阵阵耳鸣。待人们睁开眼睛以后，尼禄乘坐的战车早已从身旁经过，开到前面去了。从后面看去，那金光是来自尼禄的斗篷，华美的希腊风格斗篷之上连缀着金色的星星，不时露出紫红色衣摆。他头戴奥林匹亚（Olympia）桂冠，右手擎着皮提亚（Pythia）桂冠，还有数千卫兵帮他举着各种各样的桂冠，这些全是尼禄演出时获得的奖励，上面清楚地标注着演出时间、地点、观众等信息。[①] "明天，请大家一起来剧场欣赏我皇神圣的嗓音吧！"一个卫兵态度十分谄媚地说。人们听了却愁眉苦脸，恨不得明天永远不要到来。

扮演小丑夺桂冠

"尊敬的裁判，我会努力唱好的，希望您公正裁决，给获胜者最高荣誉的桂冠。"尼禄挺着低矮浑圆的身躯，恭敬地说。他的目光却像刀子一样，剜向了另一个强有力的竞争对手，心想："虽然大家公认他嗓子比我好，但是我昨天已经贿赂他了，他应该不会抢我的风头了吧……哼！等我哪天杀了他，要做得神不知鬼不觉。"裁判们哪知他还有这些心思，只道是尼禄心里紧张，好心劝他鼓起勇气。"你！怎么不说话？难道是对我怀有二心么，嗯？"尼禄伸着粗壮的脖颈扯嗓喊道，故意将尾音"嗯"拉长了音，吓得一个沉默的裁判赶紧擦擦额头上的冷汗，"不不不，我……我只是太期待了……哈哈！"

于是，尼禄将小丑面具挂到脸上，迈开罗圈腿开始了人生中早已数不清多少次的表演。开腔前，他想清清嗓子，又怕影响演出效果，只好作罢。"啊——啊哦。"尼禄从暗哑的嗓子中挤出了这么一声，惊得第一排观众身上猛一哆

---

①据说，尼禄一共获得了1808顶桂冠，后来都钉在了古罗马竞技场的埃及方尖碑上。

嗦。"不得了了，这有个孕妇羊水破了，要生孩子了！"观众一阵骚乱。"喊什么喊，皇上有令，唱歌时谁都不准离开剧场，好好听歌！"一个卫兵不耐烦地训斥道。"哇——哇！"婴儿降临人世，竟出生在剧场之上。"依儿呀——啊哦。"尼禄手忙脚乱，竟把道具掉到了地上。他赶紧弯腰捡拾，并偷望裁判，生怕因此影响比赛成绩。这时，观众席中响起了热烈的掌声，尼禄心中稍安，抬手想擦额头上因紧张而渗出来的汗水，却悬在半空中停住了——他突然记起，这样做是违反演出规则的，只得作罢。尼禄纵情放喉高歌，观众席上的人却不淡定了，他们在一旁小声交谈着："哎呀，真没意思，这段表演我都听了千儿八百遍了，真的不想再听了。"一个身着靛蓝长袍的人愁眉苦脸地说。"那怎么办，翻墙而逃？可是大门是锁着的。"另一个身穿藏红花色长袍的人惆怅地搭腔说。这时，热烈的掌声响起，两人只得举起了手，不屑地比画着鼓掌动作。"哎呀，不行，我要死了——真死了！"靛蓝长袍那人双目一翻，就向后仰倒在地。"不好了，这里死人了，快把他抬出去送葬啊！"穿着藏红花色长袍的人先是一愣，然后像醒悟了什么似的，抬起那人身体，拔腿就走。人群越聚越多，都想趁机混进送葬的队伍溜出观众席。待人们走出剧场一拐弯，那个已死之人立马"活"了过来，如释重负地回家去了。

举止荒唐亲胆寒

在一个炎热的午后，尼禄的母亲正在皇宫帮他处理政务，就听"嘭"的一声响，房门大开，尼禄满脸堆笑一步步走了进来。母亲心下一惊，心想：这个多事的儿子是不是又在琢磨什么诡计和坏事。不料尼禄破天荒地客气起来，尖着嗓子一板一眼地说："母后，儿臣为您准备了一艘华丽的大船，明日出海同游可好？"

第二天，母亲欢天喜地登上大船，还为自己的儿子突然懂事感到欣喜不已。但是，当船驶离岸边的时候，悲剧发生了：甲板上破了一个洞，母亲正好从里面掉了下去！"哇哈哈哈，多事的婆娘，净干涉老子的政务。这次，叫你死无葬身之地！"尼禄面色狰狞地盯着母亲溺水远去的身影，语气不善地说。

也许是注定命不该绝，母亲居然游泳游到了岸边，被当地渔民救起。之后，不明事因的她又重新返回宫殿，恨得尼禄背地里直磨后槽牙："多事的婆娘，看我不毒死你。"于是，他派人配制烈性毒药，并且暗地里在小猪、小山羊身上轮流做试验。毒药制好后，尼禄假装好心地端给母亲来喝，不过他的母亲因为害怕被投毒而常年服毒，已经对毒药产生了一定的免疫，尼禄这招又失败了。恼羞成怒之下，尼禄冒天下之大不韪，直接派刺客刺杀了母亲，却也因此走上了不归路。他谋杀年迈的姑母[①]、踢死怀孕的妻子[②]、逼死自己的老师[③]、淹死年幼的孩童[④]、毒死忠诚的守卫[⑤]，犯下滔天的罪行。亲戚们见了尼禄都十分胆寒，生怕厄运会降临到自己头上。

没有了亲人的规劝和老师的管教，无拘无束的尼禄一天比一天嚣张起来。"皇上，听说附近有一处宝藏，里面的钱取之不尽、用之不竭！"一个骑士谄媚地说。尼禄对此深信不疑，他更加大肆挥霍，动不动就派一千辆雕金饰银的马车跟随出行，还着手修建富丽堂皇的宫殿。宫殿高大而奢华，里面有长长的罗马柱廊和一个大得望不到边的池塘。"哈哈，我终于开始像人一样生活了！"尼禄搂着阉人斯波鲁斯说。斯波鲁斯跟尼禄一起纸醉金迷地笑着，不时当众接吻，早已忘了自己的身份：其实，他本是一个小男孩，被尼禄看上后就接受了阉割，变成了皇帝的禁脔。"哦，我的妻子、我的女皇！"尼禄兴高采烈地对斯波鲁斯说，"咱们去逛大街吧！"

"不好了，着火啦！"没走几步，尼禄便听到从不远处传来的喊声。他皱起了眉头，很不高兴地登上城楼查看，却顿时乐开了花——浓烟滚滚，黑雾弥漫，火光冲天中夹杂着号啕的人声。[⑥]天哪，这末世般的情景简直是现实版"特洛伊的陷落"！尼禄灵光乍现，急忙从寝宫搬出七弦琴，换上演出

---

①尼禄为霸占财产命令医生给便秘的姑母服用大剂量泻药。
②尼禄的妻子波贝娅孕期因埋怨丈夫晚归被残忍踢死。
③尼禄的老师塞涅卡（Seneca）辞去官职三年后被迫自杀。
④鲁弗里乌斯因为玩游戏时喜欢扮演皇帝，被尼禄指使人推下海淹死。
⑤近卫军长官布鲁斯在服下尼禄送来的"咽喉药"后不治身亡。
⑥据官方记载，此火灾为意外所致；但民间普遍传言是尼禄一时兴起所放。大火烧毁了古罗马多个城区，损失惨重。

服装，面对浓浓的火海，扯开尖锐的哑嗓即兴开唱了："特洛伊呦，陷落又毁灭；悲伤的人呦，忧愁且彷徨……"

穷途末路谱系断

大火足足燃烧了六天七夜，烧得尼禄心花怒放，也烧掉了人民对他的最后一点儿希冀。"什么，说我放的火？怎么可能！这一定是基督徒干的！"尼禄听到传言后气得青筋暴起，扬言要大肆屠杀罗马城内的基督徒以泄愤。于是，又一群倒霉的人遭了殃，尼禄却自在地弹起了他的七弦琴，边弹边自我欣赏道："嘿，这竖琴好啊！一技傍身，走到哪里都有饭吃！"他又高兴地去希腊巡演了。

"我们的皇帝紧拉琴弦，而其他国家的皇帝则紧拉弓弦：我们的皇帝会唱歌，人家的皇帝会射箭……整个罗马正在完全被宫殿吞并，大家快迁走吧！"渐渐地，百姓中流传起这样的风言风语。"无稽之谈。"尼禄毫不在意。实在没办法了，一些有良知的民众发布檄文声讨他，尼禄终于被其中的一句话给激怒了："什么？骂我是拙劣的竖琴手？骂我对艺术一窍不通？谎言！全篇都是谎言！就说我，啊，一个伟大的皇帝，对艺术的不懈努力已经使我达到了完美的程度。你们知道哪一个竖琴手比我高明？说！谁能比我赢得的桂冠多？说！"尼禄恼羞成怒，反复找理由印证自己的艺术天赋，并"天才"地想到了平息人民怒气的办法："哼，等我回到罗马，站上讲坛，然后扮演一个可怜的乞讨者，挤出几滴眼泪再痛哭两声，这样一定能软化反对我的人的心。就是到时候穿什么好呢……这是个大问题……对了，就穿黑色的戏服吧，这样达到的效果应该会更好……"

可是，回到自己的宫殿之后，尼禄并没敢去用艺术感化那些反对他的人，他忐忑地想："哎，万一走到半路，我的讲稿被愤怒的人们撕碎了，怎么办？算了，先睡一觉再说吧！"尼禄伸展开圆滚滚的双臂躺在豪华的大床上，却辗转反侧，难以入眠。"卫兵！卫兵过来伺候！"静谧的深夜十分难挨，他只能大声地喊道。"都跑到哪里去了？快来人！再不来，统统杀掉你们！"尼禄生气了，从床上一跃而起，四下寻找着自己的仆从。但除了众多紧闭的房门和空无一物的大殿，再也没有其他了。"啊，他们都跑了！我最贴身的人儿全部卷着财产逃跑了！"尼禄绝望地倒地哭泣，甚至有了呼叫刽子手帮自己了结生命的想法。"来人啊，杀手快来，快来杀了我啊！"他发狂地嚎叫。还是没有人出现，只有寂寞的回声飘荡在富丽堂皇又空无一物的大殿中。"啊，难道我既没朋友，又没敌人了吗？"尼禄伤心欲绝。他跌跌撞撞地走到宫殿外面准备跳河自杀，但想想又作罢；他开始逃亡，途中作势挖坑要埋掉自己，又有诸多不舍："啊，一个多么伟大的艺术家就要死了！"

　　尼禄琢磨着给自己找一个隐身之所，可逃亡过程中听到的话却令他胆战心惊："嘿，咱们那个皇帝，已经被元老院宣布为公敌，打算抓住后就对他鞭刑处决呢！而且……哎，这不是尼禄吗？"尼禄被老部下认了出来，可他已经万念俱灰了。哆哆嗦嗦地，他伸手抽出了两把随身携带的匕首，在脖子上比画几下试了试锋芒，又急忙缩了回去。"啊，我活得多么卑微、多么懦弱、多对不起'尼禄'这个伟大的艺术家名字啊！"尼禄痛哭流涕，他旁边的人实在看不下去了，就帮他将匕首刺进了喉咙，结束了这个暴君年仅 32 岁的生命。古罗马皇位的恺撒谱系，至此就断了代。但当时的罗马王朝，依然在延续。如果当时的尼禄生在艺术世家，也许会有一个好的归宿；可惜他生到了帝王之家，庞大的权势迷惑了混沌的双眼，比赛带来的潮水般的桂冠又在一定程度上填补了他日渐膨胀的虚荣心。在寻找存在感的歧路上，良知一步步泯灭，这位疯癫的暴君，又何尝不是一个令人扼腕叹息的悲剧人物呢？

第二节 罗马日常饮食逸闻

肉贵酒香日三餐
食有宜忌喜热寒
王宫贵族常设宴
生活饱足尽开颜

肉贵酒香日三餐

距今一千九百多年前的一个夜晚，夜幕降临，而古罗马富人家的宴会仍在继续。一座二层高的木制小楼精巧地矗立在一条蜿蜒的大道上，楼里高处摆放着奢华的灯台，灯台中用橄榄油灌注，燃烧时散发出一阵阵奢靡的香味。仆人、奴隶们沿着木制楼梯忙着进进出出，手里端着盛满了猪肉、鱼肉及各种其他肉品的金银餐盘上去，又捧着吃得精光了的餐盘下来。在小楼的二层，有一间豪华的宴会厅，还没进到屋里，就听见里面传来的阵阵欢声笑语。

"来，吃点猪肉，这里还有小牛肉。多吃点，这些肉都很贵的，我们平常不太能买得起呢。"一个年轻的母亲抱着自己怀中的小男孩柔声细语地劝道，眼里满是慈爱。

"来来来，喝，喝酒，这酒是用水和蜂蜜勾兑过的，小孩也可以喝，很是香甜呢！"一个年轻的男子从桌上端来一杯葡萄酒，放到了小男孩手里。

"对，我平时一日三餐，早晨一般简单吃点面包、奶酪、水果等等；中午就吃面包、鸡蛋，再加上几样小菜，有时还会吃吃鱼来改善一下生活，像这样能吃到肉的时候真是不多。不过葡萄酒倒是常喝，还有啤酒、牛奶什么的，你也知道的，很普遍，我和家人都爱喝。"一个中年大叔喝得双颊酡红，斜靠在餐桌旁的躺椅上，眯缝着眼说。

"嘿，说起吃鱼来，我倒想起一个卖房的事儿，不知你听说过不？"另一个中年男子用手从盘里拎起一条小鱼放进嘴里，边品味边说："就在咱们不远处有片湖，一个富人相中了这个地方，非得把别人的房子买下来。你猜那房主怎么着？他偷偷雇了一群渔夫！他让那些渔夫在没有鱼的湖里假装捕捞，富人一看就更想买他的房了，于是房主通过这笔买卖赚到了天价。买房后第二天，富人亲自下湖捞鱼，却一无所获。'我还纳闷哩，这湖从来就没有鱼，昨天为啥突然就来了那么多渔夫？'当富人问起邻居来，邻居如实回答。富人这才知道自己上当受骗了。"

"哇啊，那他有没有去找元老院议员主持正义、讨回公道？"旁边的人放下手里的酒杯，饶有兴致地问。

"哪啊，房都买了，无凭无据地，算他白吃亏。不过我倒知道另一个人，他也是买房时受过骗，但是最后追回了损失。卖给他房子的人明知道房屋的一部分将被拆除，但是隐瞒了这个事实。买房的人怒了，将其告上法庭，最后赢得了官司，获得了赔偿。"爱吃鱼的中年男子笑着说。

"嗯，说起赔偿来了，有个船主骗赔的丑闻你知道不？他谎称给军队运送的货物在海上遗失了，这样就可以获得政府的巨额补偿——其实他根本就没有运！空手套白狼获得了好多赔偿，直到东窗事发——"旁边的人说着说着，突然发现人们的注意力都被另一张桌子上的一个手里拿着巨大袋子的人吸引过去，于是他便知趣地打住话题，也往那个人的方向望去。

食有宜忌喜热寒

这个宴会上有个奇怪的人，手里拿着一个大袋子，正在把桌上的诸多食物一股脑儿地装进去。啪！一大块煎猪排进了口袋；咚！一大只烤鸽子又落到了袋里；砰！一大块鸡腿被投了进去；嗖嗖！袋里又多了半条鲻鱼和一条鲈鱼……装满后，这个人满意地扎上口袋，扛着它大摇大摆地回家去了。

"哇，看他手上那大袋里的东西，都能喂饱十条二十条的狗了！这种光天化日、明目张胆抢劫食物的行为实在少见，而且简直太没教养了。"一个宾客看得瞠目结舌，好半天才憋出这么一句话。

"这有什么，听说过'餐巾窃贼'的事儿不，有个小偷专门在宴会上偷窃餐巾，那才叫手法高超呢！"有人回答。

因为宴会主人与用袋装食物的宾客相识，所以这件事不了了之。人们又回到了原来的座位上，开始了新一轮的高谈阔论。

"我呀，正在着手编写一部百科全书。现在写到了医学，我正琢磨着哪些食物对胃口有益，哪些有害。"塞尔苏斯（Celsus）端起一杯冰冷的饮料一饮而尽，接着说："像这杯冷饮，就很不错。事实上，极烫或极冷的食品或饮料都是有益的，而微温的饮食，像温水什么的，就有害。"

"是吗，大医学家，您真是太有才了！还有吗？"一位贵妇听到了这番讲解感到十分新奇，不禁凑过来想了解更多。

"还有的，很多。"塞尔苏斯微笑着说，"先说对胃口有益的饮食吧，苦涩的、酸味的、适度的盐腌食物、未发酵的食物、泡过的米和大麦、烤煮鸟类、瘦肉、猪的各器官如猪蹄、猪耳、猪肚儿等等，生菜、葫芦、樱桃、桑葚、石榴、葡萄干、海枣、松软的蛋、加工储存的白橄榄、成熟的黑橄榄、红酒、生牡蛎、蜗牛、鱼，还有咱们之前说的极热或极寒的饮食。"

"好的，我记下了，以后叫仆人多准备这些食物。请问在饮食方面还有什么需要注意的吗？比方说不能吃的东西……"贵妇急迫地问。

"有的，的确有些食物对胃口有害，像温热、太咸、太甜的食物，炖的食物，或者特别油腻的食物，这些都不好。除此之外，也最好不要吃酵母面包、大麦面包、在鱼肉沙司或橄榄油里浸泡过的芳草、葡萄干酿制酒、所有乳品如牛奶、奶酪等，葡萄、无花果，一些调味品如百里香、樟脑草、留兰香、酢浆草汁。"塞尔苏斯如数家珍般地娓娓道来。

贵妇听了这些讲解高兴极了，她心中暗喜，心想这些对健康有害的食物大部分正好跟自己的胃口相悖，以后就可以名正言顺地不再吃它们了。她向身旁的仆人颔首，仆人立马意会，拿来了蜡板和尖头木笔，将那些饮食宜忌一丝不苟地记录下来，供以后饮宴时借鉴。

王公贵族常设宴

"有宴会吃……真好。"一位上了年纪的老人抿了一口葡萄酒，开始了遥远的回忆，"一天，我见有个人在柱廊那走来又走去，低着脑袋，抓着头发，我想这人到底遇到什么烦心事儿了，这么不高兴。走近一看——呦，这不是大流士嘛！我琢磨着他家也没灾没难地，他也没欠谁钱，按理说不该这样啊。上前一问，你猜出了什么问题？他在家吃饭！就为这，苦恼半天了。"

"咳，我以为什么事呢，咱普通百姓不都经常在自己家吃饭吗，这也就是遇到了农神节（the Saturnalian Festival），才能凑到一块儿吃顿好的。哪比王公贵族啊，天天山珍海味，据说最贵的一顿吃掉了一千万塞斯特斯（sestertius）①呢！"另一个身穿白色长袍的老人接茬儿道。

"不会吧，安东尼（Antony）不是颁布过宴会限制令吗，用来限制宴会规模和花费的。一千万塞斯特斯……太夸张了吧。"人们难以置信地说。

"这是之后的事情了。当时，安东尼和埃及女王打赌，看谁能吃到世界上最贵的食物。女王摆了一桌名贵的饭菜，却算不上奢华。"白袍老人整理了一下衣摆，接着说："眼看着安东尼就要赢了，女王命仆人端来一杯非常特别的醋，然后——然后把一只珍珠耳环摘下投了进去——这耳环价值连城，少说也有一千万塞斯特斯了！于是，女王赢得了打赌，而安东尼就颁布了限制令。"

"有意思。我听说贵族们家里一般都经常准备着饭菜，什么时候饿了就叫奴隶给热一热的。"端着葡萄酒杯的老人说，"我听说啊，之前那位皇帝奥古斯都就经常不定时地吃些东西，像面包啊，黄瓜片啊，生菜啊，苹果啊什么的。真到正式晚宴的时候，他就已经饱了。而他又特别喜欢举办宴会，宴请宾客的时候他有时就会迟到，有时也会早走，所以他对大家说：'不用等我了，大家来了就尽情吃，我走的时候也不用送。'"

"是啊，这些宴会上还经常听音乐、看表演、讲故事什么的。好是好，

①塞斯特斯（sestertius）是古罗马货币，初为银铸，后为铜铸。

就是门槛太高了。非得是品质高尚的上层人士才有资格呢。有一丁点儿奴籍背景的都不会被邀请，解放后成了自由民也还是不行啊。"白袍老人沧桑地说，人们陷入了沉思中。

生活饱足尽开颜

"老爷爷，我们是一样岁数的呢！你看，你的牙齿掉了，我牙齿也掉了呢！"小男孩不知何时凑到了白袍老人身边，不小心泼溅了几滴葡萄酒在老人本白色的长袍上。

"哦——哈哈哈哈！"老人一愣，紧接着开怀地笑出声来，身边的其他宾客也都跟着笑了。"都掉了牙齿就是一样的岁数啊？小滑头，你真是好玩——哦哈哈哈！"老人笑得前仰后合，小男孩却很是不服不忿："不许叫我小滑头！"

"你给大家说说，你不滑头么？是谁故意在眼睛里抹了橄榄油，然后对老师说：'我看不见东西了。'最后顺利逃了一天的课？哈哈！"老人敲敲小男孩的额头，慈爱地说。

"这个……"男孩的小脸涨得通红，气嘟嘟地说："我们老师说了，他就是'每天都把不情愿的孩子从户外游戏里拽回门廊下接受教育'的人，我就是那个'不情愿的孩子'嘛……总之，不许再叫我小滑头！"

"好吧，"老人高兴地跟这个调皮的小男孩开起了玩笑，"那就叫你……卡图卢斯（Catulus）吧，在我们地方话中是小狗狗；不然，还是叫斯考卢斯（Scaurus）吧，有着小痛风的意思呦，呵呵……"

听了老人的话，小男孩不好意思地又钻回了妈妈的怀里，宴会上的人们又开始了新一轮谈笑。

"哎，我给你讲个笑话啊，真事儿，附近有一个人想娶一个寡妇继承财产，别人问他这又老又丑的寡妇哪点好，这人支吾半天没回答上来。最后说：'我喜欢她的咳嗽。'咳嗽啥时候成优点了？呜哈哈！"一个人眉飞色舞地说。

"还说呢，咱们这儿有一个人声称自己每年过八个生日，为的就是收到各种各样的礼物。结果大家知道他在骗人之后，连真生日也没人给他过了——

怎么说呢，真是自作自受。"另一个人绘声绘色地描述。

"我给你讲一个事啊，"从旁边走来一人，边吃面包片边说，"从前有个富人不愿意听他家奴隶多说话，就下了严格的规定：除非回答问话，否则奴隶不得先开口。有一天，这个富人的朋友责备他说：'我想请你吃饭呢，都邀请过好多次了，怎么不见回音？'富人奇怪地说：'没有啊，我怎么从来就没接到过邀请的消息？'回去一问才知道，原来，奴隶不敢主动跟这个富人说话，就没能把消息传达到。'您又没问过我。'奴隶说。富人哑口无言。"

众人哄堂大笑。一顿晚宴就在愉快的氛围中结束了。人们各自散去，当空皓月与手中油灯交相辉映，脚下的路通达而漫长。

第三节　罗马奴隶生活二三事

永恒之城奴隶多
艰难起义讨生活
主奴相护躲灾祸
真知灼见西塞罗

永恒之城奴隶多

"我们的海，我们的永恒之城（Eternal City）。"罗马人骄傲地说。是的，坐落在地中海沿岸的古罗马城，历经王政（Monarchy, 753 B.C.—509 B.C.）、共和国（Republic, 509 B.C.—27 B.C.）与帝国（Empire, 27 B.C.—476 A.D.）三个时期，涌现出数不胜数的诗人、哲学家、戏剧家、历史学家和传记作家，是延续至今的一个不朽传奇。历史上，在这座辉煌永恒之城中，有两个生活在暗处的人群：奴隶和女人。当然，女人和奴隶在身份上不可同日而语，她们的地位低下主要是与男人相比较而言的。在古罗马家庭中，"父言即法"[①]，但丝毫没有给妇女相同的权利。古罗马的奴隶有很多，他们的来源主要是战俘、罪犯或者生而为奴。奴隶们固然可以攒钱为自己赎身，但却很少有人有条件这样做。

从前，有一天，在美丽的西西里岛上，一个从叙利亚来的奴隶又开始表

[①]古罗马有很多谚语，其中如"父言即法（Father's rule is law）""父亲最懂（Father knows best）""父亲之力（the power of the Father）"等说法，都有力地印证了男子在古罗马的较高地位。

演他的魔术：吞吐火焰了。他拿起一只坚果壳，往里面填充了一些燃料和火烬，然后当着其他奴隶的面把坚果壳放入口中。这时，奇妙的事情发生了：在灵活的舌头和技巧性地对着火烬呼气的协助之下，小小坚果壳里竟然发出了火焰！"呼"的一声，火焰从口里喷出，把近处伸着脖子想看个究竟的人给吓了一跳。"不得了了，攸努斯（Eunus）又在喷火了！""看哪，他嘴里能喷出火焰来！""他究竟是怎么做到的呢，莫非……是天神附体，还得了神的帮助？"围观的奴隶七嘴八舌地议论，眼里充满了艳羡的神情。"朋友们，"喷火的攸努斯收住嘴里的火焰，用神秘的语气趁热打铁说，"你们就别瞎猜了。我嘛，本身就从东方带来了神秘的力量。梦里神仙启示我说，我有上天赋予的预言之神力，未来将要发生的事情会提前在我脑海出现，所以我不仅会喷火，还能给你们算命呦。你们谁有想知道的事情，尽管来问我吧！"奴隶们听了兴奋异常，奔走相告，一传十、十传百，没过多久，周围村镇上的奴隶都知道附近出了这么一位神人。

艰难起义讨生活

"你知道吗，攸努斯可神啦，咱们要不要投奔他？"一个衣衫褴褛、面黄肌瘦的奴隶一边赶着一大批牛群，一边对身边的人说。"这个……我也是听说了，上天降下启示，说是奴隶攸努斯终有一天会顶戴金冠、紫袍加身①，做所有人的皇帝。而且，他的名字'攸努斯'在咱们话里是'友好的'意思，由他做皇帝再合适不过。可是……万一失败了……"旁边一个衣不蔽体的奴隶一边驱赶着一大批羊群，一边犹豫地说。"走吧，一起走吧。咱们主人和他妻子真是糟透了，世界上再也没有比这儿更糟糕的地方了。"一个不着寸缕、满身伤痕、脚上还戴着脚镣的奴隶愤然地说，"上次我鼓起勇气，跟主人要点像样的衣服，结果他把我绑在柱子上，劈头盖脸鞭打一顿！要不是奴

---

①古代西方以紫为尊，紫衣只有达官贵人才能穿得起，正如中国古代以黄为尊，这里的"紫袍加身"跟中国古代的"黄袍加身"是一个道理。至于紫色为何名贵，详见前面《紫色明珠腓尼基》一节。

隶主的女儿还算有点良心救了我，我早就没命了！难道你想永远过这样艰难的生活吗？快走吧！"于是，几个奴隶商量，搜集了放牧时所用的斧头、镰刀、棍棒等一切能够找到的武器，在一个月黑风高的夜晚，一起投奔了攸努斯。

当他们到了攸努斯的据点一看——黑压压的全是人。粗略一数，竟有四百人之多。攸努斯再一次表演了吐火的绝技，奴隶们一看声势壮大，就都沸腾了，以闪电般的速度攻进了城里，占领了整座城池。狠心的奴隶主夫妇为自己的残忍付出了生命的代价，好心的奴隶主女儿则被起义的奴隶塞进马车，送到了临城亲戚的家里避难。在当地的剧院里，攸努斯搞了一场盛大的典礼，在众人的拥护下登上了皇帝的宝座。之后，他又东征西讨，占领了其他地方的一些城池。然而好景不长，武器落后、组织散漫、战线过长的奴隶起义大军很快被当地政府镇压了，攸努斯也怀恨死于狱中。但进步的思想从此如春雨一般萌生，正如睿智的西塞罗（Cicero）所说，"即使是奴隶，也有着天生的人性。善有善报、恶有恶报的观点，根植在他们心中。"①

主奴相护躲灾祸

"啊！谁偷了我的碗？"一个高八度的女声回荡在金碧辉煌的府邸之内，吓得府中的奴隶一个个全都瑟缩了脑袋。"说，谁偷了我的银碗？不说，就一个个拷打你们，直到问出了为止！"凶神恶煞般的奴隶主妻子双手叉腰站在一群奴隶当中，神情激愤好不恼怒。

"贤妻，别问了，银碗是我拿走的，已经送给朋友了。"奴隶主在他的妻子即将拿鞭子抽打身边奴隶之时，适时地站了出来，为府里的奴隶免了一顿皮肉之苦。

原来，这奴隶主是个妻管严。"你以后别想再从家拿钱借给你那些狐朋狗友了！"一天，妻子下了最后通牒。可是，没过多久，他的朋友又来借钱

---

①引自西方著名历史学家西塞罗（拉丁语 Diodorus Siculus）的话，英文为"Even among slaves, human nature needs no instructor in regard to just repayment, whether of gratitude or of revenge."。

了，奴隶主就热心地替朋友想办法。"我想刮刮胡子，你帮我用银碗盛点水来吧。"奴隶主对身边的奴隶说。妻子不疑有他，就放心地看着奴隶主对着银碗里的水刮胡子。可是，趁妻子不注意，奴隶主就赶紧把碗里的水泼出来，将碗递给了朋友。"这个银碗价值不菲，绝对能解你一时之需，朋友，快拿去当掉它吧！"奴隶主慷慨地说。

结果，几天之后，妻子遍寻也找不到银碗，便一口咬定是奴隶所偷。这就发生了之前的那一幕。幸亏奴隶主及时承认错误，并获得了妻子的谅解，这才为府里众多奴隶解了围，而他慷慨又慈善的美名也就渐渐在奴隶中流传开来，并在民间获得了意想不到的良好口碑。

以上是主人为奴隶解围，其实还有奴隶帮助主人的时候。古罗马有一个叫格鲁门坦（Grumentum）的小城遭受了战火。起义的奴隶们杀进城里，誓言要杀掉所有的奴隶主。在这些奴隶当中，有些就是从这个小城里走出来的，他们深知，自己原来的老主人并不坏，相反，还是一位彬彬有礼、对待奴隶依然谦和慈祥的贵妇人。但是，身边的其他奴隶并不知情，只是一味被仇恨冲昏了头脑，喊杀震天。突然，其中一个聪明的奴隶灵机一动，计上心来。他假装凶狠地把自己曾经的老主人捉拿到街上，然后装作厌恶地咒骂她、给她累加一项又一项莫须有的罪名，并且骂她罪该万死。但是，私下里他却悄悄对老主人说："别怕，这是装样子给别人看呢，我来保护你。"感念主人昔日恩情的奴隶也加入其中，在装模作样的推搡中，将她推出了城。刚一出城，奴隶们就立马变了个人似的，对老主人以礼相待，并把她护送到了安全地带，悉心保护起来。

关于奴隶护主还流传着这么一个故事。一天，一个叫乌比努斯（Urbinus）的贵族青年得到了小道消息，得知在国家公敌处决名单上自己的名字赫然在目。这可急坏了他，急忙找地方躲藏。但不幸的是，他的藏身之处没有多久就暴露了。"主人，快逃。由我来代替您受死吧！"一个忠心的奴隶说。说着，这个奴隶换上了主人的衣服和印戒，安静地等着杀手的到来。

换装的奴隶果然被当成贵族青年杀害了，而他的主人在后来终于得到了赦免。为了纪念奴隶的这一义举，贵族青年返回后树立了一座丰碑，让这忠心奴隶的事迹永远流传。

真知灼见西塞罗

古罗马的奴隶也并非全部处于水深火热当中。相比之下，大城市的奴隶待遇就比乡下好一些，有特殊技能的奴隶待遇又非一般奴隶可与之相提并论。在古罗马，受过良好教育的奴隶供不应求，他们可以担任医生、教师等职位，并担当起救死扶伤、培养下一代的重任。"怎么能在婴儿一出生就交给奴隶来教育呢？"一些有见解的教育家忧心忡忡地说[1]，但这确实是罗马时代的事实。古罗马一般以家庭教育为主，富有的家庭会请学识渊博的奴隶教师去教书；男女均可上学，不过男孩接受的教育相比之下要更好、更普遍一些。孩子们一般从 7 岁开始上学，学习基础的阅读、写作和算术；12 岁开始接触语法和文学；之后循序渐进地掌握哲学、修辞学等内容。"孩子从 3 岁就能学习啦，"一位教育家说，"不能让孩子的大脑有半点闲下来的时间。"[2]

众多的奴隶教师培养出了大批崇尚自由的罗马公民，这也不得不说是一个反讽。但尚智好学的罗马人也确实在某些方面表现出了机智的头脑与超凡的洞察力。关于旅游，罗马人塞涅卡发表高见说："旅游确实可以达到一定的启智和开化的作用，特别是游览特殊或陌生场所时，但这个并不能使一个人变得更好或更健康——一不能抑制不良欲望，二不能克服鲁莽品性，三不能洗刷灵魂罪恶，四不能提高判断能力，五不能改正缺点错误。"他进而指出："我们还不如把时间用来学习，去领悟那些智慧先贤的哲言，学习那些还在研究进行中的东西，而不是固定下来的东西。"

西塞罗是古罗马著名的哲学家、政治家和演说家，出身于奴隶主贵族家庭，受过良好的教育。他关于奴隶的哲言至今仍有现实意义，他说，即使是自由的公民，如果没有理性和真理给插上自由的翅膀，从某些方面来说也依然是奴隶。具体如下：

---

[1]引自古罗马历史学家塔西佗（Tacitus）的观点。
[2]引自哲学家克利西波斯（Chrysippus）的观点。

1. 缺乏自由的意志，贪婪、暴力、目光狭隘的人；

2. 拜倒在女人石榴裙下、被女人支来唤去的人：女人一要，他必上缴；女人一叫，他就要到；女人一怒，他就得走；女人一吓，他便发抖。这种人是奴隶阶级的最低层次，因为连奴隶还是隶属于贵族家庭的一分子，他却连奴隶都不如。

3. 只是为了获得藏品的所有权，而不惜下血本、花时间、浪费大把精力来收藏艺术品的人。

4. 为了得到金钱而不择手段的人，无论怎样卑躬屈膝，都与奴隶无异。

5. 为了满足自己在仕途、政途或军界施展抱负的野心，不惜出卖自己荣誉的人。这样做会使一个自由人变为奴隶。

哪怕是一个政途坦荡、富有多金、家庭美满的成功人士，如果他在良心上承担着负罪感，便仍然是一个奴隶。

民族大迁徙

　　公元 4 世纪，罗马奴隶制帝国逐渐没落了，在奴隶和隶农一浪又一浪的起义大潮之下苟延残喘。就在这时，一股强有力的蛮人之风横扫了帝国的东西南北，给困顿不堪的罗马帝国造成毁灭性打击的同时，也注入了新鲜的血液，史称"民族大迁徙"。

　　说起"民族大迁徙"，其实中国也有一份功劳。早在东汉时期，居住在我国北部边疆的匈奴人就蠢蠢欲动，想着伺机入主中原。汉武帝时，曾先后派遣大将卫青、霍去病等人率兵前去抗击。结果，匈奴大败，汉武帝又开始着手修缮汉长城，目的就是为了防御匈奴的再次进攻。按照传统历史学的观念，这就形成了一种多米诺骨牌效应，匈奴人的西迁产生了连锁式的反应，引发了一连串的民族迁徙，各个部族互相挤压，继而出现了向西方进发的一个趋势。

　　历史学界关于匈人和匈奴人的关系一直没有定论，但很多人都认为二者源于同族。恰逢罗马 3 世纪危机，一支匈人终于来到了欧亚之交，遇到了已经在那里定居的哥特人，摧枯拉朽之势，不可抵挡。东西哥特人居无定所，各自寻找避难的办法。东哥特人勉强靠着东罗马帝国的庇护逃过一劫，西哥特人则进入西罗马帝国的境内，趁着其内乱频仍，大肆劫掠一番，跑到伊比利亚半岛去了。随着势力的扩张，匈人也攻到了亚平宁半岛的北段。"这个上帝之鞭阿提拉（本章第一节）是上帝派下凡间惩罚我们罪行的天使吧？"罗马人怯怯地问，已经失去了往日的自豪。

　　汪达尔人也趁机攻入了罗马，劫掠一番之后，本在伊比利亚半岛安身的他们，受到后来的西哥特人的驱赶和压制，来到北非建立起短暂的汪达尔王国。大约在千年以后，一个法国人因时局动荡，就拎出已经消失的汪达尔人做反例，冠之以"汪达尔主义"（本章第二节）的污名。现代社会如果有谁想描述某一毁坏文物古迹、毁灭人类文明的恶劣行径，总会拎出"汪达尔主义"来拷问一番，这也可看作是人们心中良知的一种外化表现吧。

第一节 上帝之鞭阿提拉

民族迁徙苍穹下
铁骑堂堂撼罗马
上帝之鞭阿提拉
褒贬不一难评价

民族迁徙苍穹下

匈人就像从天上掉下来似的，其来源令人费解。没有人知道匈人部落（The Huns）从何而来，甚至连他们自己也不知道将往何处去。公元 350 年，匈人穿越了伏尔加河（Volga River）。展现在他们面前的，是从伏尔加河到克里米亚（Crimea）绵延 800 公里的荒草地，与那群山环绕、广阔无垠的寂寥平原。苍穹之下，奔跑着精壮的马儿和彪悍的牧民，还有那贫瘠的土地和对丰盈物资的渴望。于是，匈人一路向西，逐水草而居，翻过了高耸连绵的山脉，越过了陡峭险峻的高地。然而，当他们一路策马扬鞭、劫掠物资，历尽千辛万苦终于到了自己的新家园的时候，却傻了眼：这里，压根儿就没有他们的容身之所。南面和西南面流淌着天堑多瑙河（Danube River），河对岸是固若金汤的罗马帝国（Roman Empire）北面和西北面早已被其他日耳曼部族（Germanic Tribes）占领，其中东哥特人（East Goths）和西哥特人（West Goths）虎视眈眈，似有不欢迎敌人来犯的架势。既然南面、西面和北面都无法前行，难道向东？回去？匈人抬起饱经沧桑的脸望着东面自己刚刚九死一生穿过的山脉，深知已经没有了退路。如今的问题，不是要不要向前走，而是要走哪条路。

公元 374 年，匈人进攻的箭矢瞄准了在西面和北面定居的哥特人（Goths）。

哥特人虽然也是游牧部落、民风彪悍，但在破釜沉舟的匈人面前是如此不堪一击。很快，东哥特人失去了土地、归顺了匈人，而被打得落花流水的西哥特人则跑到多瑙河畔，举起双手向强大的罗马帝国求救："求求你们救救我们吧！我们愿当牛做马替你们打仗卖命，只求你们准许我们进入罗马境内！"思虑再三，罗马还是将边境向落难的西哥特人敞开，一万五千名难民获准入境。民族大迁徙至此发轫，一批又一批的周边部落向罗马境内迁移。然而等待罗马的，将是农夫与蛇的故事：一段时间后，西哥特人因不满当时待遇，向罗马皇帝发难。"冲啊，杀呀！"在匈人面前落荒而逃的西哥特人，却在外强中干的罗马帝国面前重又找回了自信。他们大获全胜，甚至在战场上杀了罗马皇帝。西哥特人迅速占领了罗马北部的全部地区，在那里自立为王了。尝到甜头的罗马周边蛮族不断西进，从边境侵蚀着罗马城区。匈人就像一只虎视眈眈的猎豹，从不安于一隅，而是继续推进，在无休止的侵扰和谈判之中等待侵占罗马的有利时机。

铁骑堂堂撼罗马

终于，机会来了。当时的罗马帝国分成两块，一块叫东罗马帝国（Eastern Roman Empire），另一块叫西罗马（Western Roman Empire）。东、西罗马帝国宫廷内部矛盾不断，再坚固的城墙也无法庇护惶乱的人心与落败的气息。"你说这个罗马帝国是怎么了，老百姓忍气吞声、唯唯诺诺，光听那些当官的，一点儿勇气都没有。可你看看那些当官的是什么好人？贪污、懦弱、恃强凌弱，毫无原则和节操可言。富人能贿赂法官，即使犯罪也不坐牢，即使坐牢也不受罪，穷人犯了事就要在监牢中枯萎潦倒直到死亡！唉，在和平的环境中，罗马人就只能在罪吏和罪犯们的支配下生活了，正义何在？自由何在呀！"一个生活在罗马的希腊人绝望地说。[1]就在此时，民族大迁徙如火

---

①根据 *Attila: The Barbarian King Who Challenged Rome* 一书转述，原文为罗马使节出访匈人部落时，偶遇一个定居在那里的希腊人，这个希腊人当时如是评价罗马社会情况。

如荼地进行着，草原上踏骑而来的蛮族，像一阵旋风似的席卷了整个西欧，触动了衰败罗马迟暮的神经。

　　"东罗马快纳贡！"匈人首领阿提拉(Attila)和他的哥哥布莱达(Breda)在罗马城门叫嚣着，非常理直气壮："说好的和平贡金呢？还有逃到多瑙河对岸去的西哥特难民怎么还没被遣返？最要命的一点儿——你们的罗马主教派人抢劫了我们匈人王室的陵墓！什么，你说那陵墓不是我们的？怎么可能！我说是就是，快快把罪大恶极、罪恶滔天的盗墓贼主教交出来，就饶你们不死！否则……哼哼！"没等东罗马来得及答复，阿提拉和布莱达已经开始行动了。两声悠长的号角吹响，声调上扬直冲天际。无数奔马如高山泉水般涌来，瞬间席卷了大地。马蹄足不沾地，似乎飞扬到了空中，坐在马上的骑手身体前俯，如同粘在了马背之上。两次长声调的号角再次响起，骑手们不假思索地伸出强壮的左臂，借助鼓囊的肌肉行云流水般从箭袋里抽取一支箭矢，然后不约而同地向后转头，用三根铁一般的手指勾住弓弦，接着又压低弓弦使它自然滑入箭的凹口处，最后便举弓、拉弦、瞄准，"嗖"的一声疾射而出，紧接着便不间断地"嗖嗖嗖"连发数箭，腾跃而飞奔的战马与健壮而专注的骑手交相辉映，勾勒出一幅充满着力与美的画卷。公元440年，他们突袭了罗马商人和军队，接着踏过多瑙河，洗劫了附近的沿河小镇。
　　"我……我能不能跟您商量个事儿？"盗墓贼主教偷偷摸摸、哆哆嗦嗦地出城来找匈人，犹犹豫豫地说："我……我怕城里的人为保平安绞死我，您高贵的匈人想进城就说呗，只要您能保我平安，我就用职权劝守卫替您打开城门！您看这……"

　　"哈哈哈哈！"阿提拉和布莱达仰天大笑，接受了贪生怕死的罗马主教的提议。他们指挥军队趁夜色埋伏在多瑙河沿岸，主教果然叫开了门，于是骑手一拥而上，迅速进入并占领了罗马这个城市，并以此为据点攻打了周边许多其他城镇。整个罗马人心惶惶，被这个新鲜的蛮族血液搅得惊魂未甫的同时也猛然发现：比起匈人和之前的西哥特人的骑兵来，自己井然有序的军团步兵战术俨然已经落后了。古罗马一直引以为傲的军事基础遭到了前所未有的撼动，一场巨大的社会变革在动乱中酝酿。

上帝之鞭阿提拉

阿提拉统一匈人部落，还是在他哥哥被谋杀之后。"阿提拉，我们支持你！"在一次狩猎行动中，阿提拉的哥哥布莱达遇害，匈人大小贵族和附近部落首领都来表忠心。"阿提拉呀，我们归顺你可不是害怕你，事实上咱们跑马的谁没有一股子蛮劲儿？而是因为呀，我们看好你！你才是那个能够为我们大家，为整个部落带来福气和财宝的人！"一个匈人贵族伸出粗厚的大手拍在阿提拉铁铸般的肩膀之上，阿提拉擎起神圣的马尔斯之剑（Sword of Mars）①，人们都扯开马奶味的大嘴，粗犷地笑了。

屋漏偏逢连夜雨，东罗马都城遭遇了大地震，巍峨的城墙差点被震塌，加上连年饥荒和瘟疫横行，帝国内乱一团。阿提拉带领残暴的匈人大军，以迅雷不及掩耳之势横扫大陆，把东罗马打得落花流水。"你要纳贡交岁币！还要给我割土地！"阿提拉敦实精壮的身躯端坐在高大的马背之上，眨着智慧的灰色小眼睛斩钉截铁地说。东罗马无奈，只得答应了他的要求。很快，阿提拉便建立起东起咸海（Aral Sea）、西至大西洋（Atlantic Ocean）、北至波罗的海（Baltic Sea）、南至多瑙河的强大帝国。

有一天，一个西罗马帝国的使者带着一枚戒指前来拜谒，使得本来就暴躁不安的匈人更加骚动了。那名使者一到即表明来意："尊贵的阿提拉帝王啊，我是罗马帝国霍诺丽亚（Honoria）公主派来的和亲使者，她爱上了您的爽朗和英武，但可怜的公主现在正在被一桩情非所愿的婚事缠身，希望您能够……早日去解救我的公主。"说着，使者奉上戒指，阿提拉灰色的小眼睛骤然增亮了：戒指？公主？解救她？天哪！一定是我什么时候修了福，这等好事怎么让我给撞上了！于是他安慰使者说："好说，解救公主是我阿提拉义不容辞的责任，记得完了之后给我半个罗马城当陪嫁啊！哈哈！哈哈哈啊哈……"然后招手唤来美女奴仆，把使者带下去好吃好喝好招待。

---

①西方中世纪古人一般都对剑有着崇拜之情，或将某一柄特别的剑视为神物，如亚瑟王传奇里面的石中剑（Sword in the Stone）。

西罗马帝国皇帝当然不肯答应这样的婚事，还将公主放逐了。阿提拉闻言大怒，集合骑兵，浩浩荡荡地向着罗马城的方向进发了。"罗马你欠我的一半领土快点拿出来！快点把我的未婚妻霍诺丽亚送过来！记得要带着她的嫁妆……美人儿，我来解救你啦！"阿提拉一边豪爽地喊道，一边挽弓策马指挥攻城车打上前去。攻城车是巨大的，上面以柳条和皮甲覆盖，下面有四根绑在一起的柱子，柱子尖端系着牢固的链子，链子底端挂着攻城锤。数架攻城锤的尖端均由铁铸成，攻城锤不断敲击着城墙，发出震耳欲聋的轰声。同时，匈人以严密的箭雨攻打着城墙上的守军，最后架设云梯一举拿下了西罗马边境的一座重镇。

此战之后，匈人又风卷残云般进攻了周边许多个城镇。阿提拉就像上帝派来惩罚世人的天使，神鞭般攻城拔寨抽打着罪恶的罗马人，所以人们敬畏地称他为"上帝之鞭"。然而，渐渐地，西罗马居然和西哥特人联手起来，一起对付阿提拉大军。联军经过一场血战，勉强击败了阿提拉，虽然没能彻底扭转局势，但至少避免了崩溃沦陷的厄运。此后，阿提拉尽管将重心从高卢（Gaul）转移到了意大利本土，并大兵压境，吓得西罗马皇帝落荒而逃，不得不派罗马教宗一行人去谈判议和，但阿提拉一方的烦心事也是不少。当时军中谣言四起，盛传东罗马也要派遣援军过来协助攻打匈人，再加上匈人大军不断染上瘟疫的困扰，阿提拉已经快要吃不消了。毕竟，中古时代的战场上，最怕的就是瘟疫感染这样的倒霉事了，在那个没有有效隔离、控制、治疗恶性传染病的年代，这样的瘟疫足以在短时间内摧毁任何一支庞大的军队。在这样的背景下，双方也就达成了和议，阿提拉保住了面子，罗马人保住了都城，各自撤兵了。

褒贬不一难评价

公元453年春，匈人部落里的每一个人都替阿提拉高兴：这位五十多岁年富力强的好首领、好战士，又要迎娶一个新婚妻子了。然而，令他们意想不到的是，阿提拉钻进洞房之后，就再也没能出来。待人们进去查看的时候，却发现这位骁勇的帝王口鼻流血，已经永远离开了人世。

"他是被毒害的!"有人斩钉截铁地说,可事实证明阿提拉并没有中毒。

"他是被匕首杀死的!"有人义愤填膺地说,可阿提拉的身上并没有伤口。

"他是被新娘掐死的!"但新娘只是无辜之人,并且阿提拉身上也没有被她杀害的痕迹。

"他是……"

人们纷纷猜测着,大家都不肯相信这一明摆着的事实:阿提拉不过是积劳成疾,酒后剧烈运动造成的胃溃疡恶化、静脉破裂而死。"不,我不相信,"人们全都发了狂似的猛然摇头,"这么伟大的帝王不可能就这么平白死了,他的死一定是阴谋,在这之前也必须会有彗星降落、天光乍现、跑马哀鸣等征兆的……"

惊诧之余,人们为自己伟大的帝王举行了一个符合游牧民族文化习俗的哀悼仪式:每人割下自己的一缕头发,并且在脸上刻下深深的疤痕。人们相信,著名的战士要以男性的血作为永恒的纪念,而不是女人的眼泪和哀号。

在一个月黑风高的深夜,匈人聚集起一小队俘虏,在茫茫不知名的土地上开始挖坑,并把阿提拉的棺椁放了进去。事毕,参与殡葬的俘虏被杀戮,地上填好的新土被马蹄一遍又一遍地踩踏,之后又在上面种了树和草,阿提拉永远秘密长眠在不被人打扰的地方。也有人说,阿提拉被葬在了一处河床之上,涌来的河水覆没了他,使他的踪迹再难找寻。

一千五百多年过去了,阿提拉虽然音容不再,但他的名字依然在人们口中代代相传。日耳曼吟游诗人辗转于各个宫廷,将历史进行文学加工后用悠长婉转的声调传扬:

> 啊,那位英雄!轻声浅吟那过去的荣耀,阿提拉的故事在空中飘摇。他的丰功伟绩啊,讲也讲不完;他的神圣与谦和啊,砍也砍不断。举起那圣物马尔斯之剑,伟大的匈人王哦,让我把你盛赞……

"上帝之鞭阿提拉是极为残暴的统治者!"基督教编年史家战战兢兢地说,"这个恶魔是上帝派下来鞭挞我们的!他涤荡着我们的罪恶,净化着我们的灵魂。从表面上看，他是压迫者和异教的象征，但从本质来讲，他是上帝的使者、基督教的福音……"

"哦，游牧战士阿提拉，我们的阿提拉，"匈牙利人（Hungarians）充满向往地说，"他出身草根，祖上目不识丁，他没有深刻的根基，也没有深远的历史。但是他成功了，他的功勋是如此卓著，正是我们匈牙利人的安慰和追忆……"

"阿提拉是匈人，匈人就是匈奴，"中国学者推推鼻梁上的黑色宽边近视镜，谨慎地说，"他们本是中国蒙古匈奴的一支，分化迁移一直到了西欧。不信，你且去翻翻司马迁写的《史记》……"①

---

　　①在《史记》中，有一些关于匈奴武器及战术的记载，恰与匈人相吻合。但由于中西方均无法确证匈人来源，所以也不能贸然将"匈人"和"匈奴"画上等号。

第二节　阴差阳错的汪达尔主义

政治联姻蛮族喜

敢与罗马争领地

文化古迹遭侵袭

污名汪达尔主义

政治联姻蛮族喜

公元 500 年，西欧和北非的大片土地被笼罩在一片喜气洋洋的气氛中。"阿马拉弗里达（Amalafrida）公主要结婚啦！"意大利的东哥特人兴高采烈的大嗓门回荡在地中海岸，把海里的鱼惊得一蹦三尺高。"啊！美丽的阿马拉弗里达公主答应嫁给我们威武雄壮的国王啦！"汪达尔人（Vandals）骑着马在富饶的北非大地上纵横，欢欣鼓舞地奔走相告。

碧空如洗，一队浩浩荡荡的送亲队伍从远处走来。一千名精壮保镖簇拥着一辆具有王室气派的马车，马车里端坐着金贵的公主。公主的穿着打扮异常华丽，耳朵上挂着嵌有名贵宝石的纯金耳环，脖子上戴着闪闪发光的纯金项链，身上穿着的喜袍繁复而大气，衣襟用两根做工精美的纯金别针巧妙地固定起来。公主满目含情、顾盼生姿，整个人都好像笼罩在高贵的流光中，又好像从紫色的梦里走出来的仙女一般，令人望之自卑、心生敬畏。在公主身后，人群黑云压境般绵延不绝。原来，除了那一千名保镖，公主居然还带着五千名全副武装的兵甲战士，他们都要跟公主一道，从意大利东哥特人建立的王国到北非汪达尔人建立的王国中去。

"哎哟，这公主什么来头啊，好大的嫁妆！"一个长着胡须的中年铁匠

160

不禁啧啧赞叹，艳羡地问起身边站着的一个浑身肌肉的汪达尔人战士。"你可别说，这人相当了不起，她是东哥特国王狄奥多里克（Theodoric）的妹妹、东哥特王国（East Goth Kingdom）的公主呢！咱国王色雷萨蒙德（Thrasamund）能娶到她是全汪达尔人的福分呢！"肌肉战士骄傲地说。"是不是福分还另说呢！听说……这公主刚死了丈夫，这次是再婚？再漂亮还不是二婚，真不知国王中了哪门子邪，非得主动派使者求婚娶她？"旁边一个人高马大的面包师啐了一口，不满地说。"大兄弟，话可不能这么说，你看见那些人没？全是嫁妆！你别以为光人多，她哥甚至连一块土地也捎带脚给了咱了！"肌肉战士严肃地说。"啊，土地！哪片土地？"大胡子铁匠两眼放光，看着这位出嫁的公主仿佛更顺眼了。"还不是西西里岛上的那个海岬，叫什么利利巴厄姆（Lilybaeum）的……咳，你也别高兴得太早，之前，这个海岬咱们跟意大利争了好几年也没打下来，但东哥特在那儿也没落着好。这样一当嫁妆，倒好像是这地本来就属于他们似的，倒是在外交上占了先儿……"肌肉战士难得的好心情，一边解释一边高兴地仰天大笑，"哇哈哈！你知道吗，这个好，这个好啊！咱汪达尔人、东哥特人强强联合，再加上阿兰人（Alans）和苏维汇人（Sueves）的大力支持，一定能防御住罗马的进攻，寻机再次攻陷它！哼，那帮罗马人，总是叫我们'蛮族'，就它高贵、就它正统、就许它统治北非，不许我们汪达尔人？哼，就让它瞧瞧咱汪达尔人的厉害！这次联姻真是喜上加喜，羡煞旁人！哈哈！"

敢与罗马争领地

事情还得从头说起。汪达尔人本是日耳曼人的一支，快乐地生活在富庶的波罗的海西岸。他们主要靠狩猎和畜牧为生，所以经常逐水草而居，越过高山、跨过大河，四处游牧。有一天，匈人神兵天降，打得汪达尔人满地找牙。[①]"这里也待不下去了，打不过，快跑吧。"汪达尔人不得已，只能向

---

①匈人的事迹详见上一节《上帝之鞭阿提拉》。这里的匈人是阿提拉的祖先。

西南方向迁徙。在迁徙过程中，他们也遇到了其他部落，渐渐地结成联盟，在罗马附近徘徊。"这地方真富，能抢点东西就好了。"汪达尔人天天这么琢磨着，从公元2世纪末就不断试图侵扰罗马。但当时的罗马就好比铜墙铁壁，富庶而又坚固，非一般人所能撼动。"报！边境有蛮族侵扰！"哨兵前来，将观察到的情况报告给罗马大帝。"知道了，打败它，让它纳贡。"罗马大帝掸掸衣袖，不以为然地说。就这样，包括汪达尔人在内的一干蛮族跑到了罗马帝国的边境，算是暂时躲过了匈人的侵扰。然而，这样的日子却不是他们心中所期盼的。"你说，本来能通过抢夺发财致富，咱们干吗要种地？"汪达尔人百无聊赖地说。

终于，公元405年，一个天赐良机摆在了汪达尔人面前。罗马帝国内部面临着大的危机，西哥特人大举入侵罗马帝国。汪达尔的首领们得知后简直高兴极了，将手下召集到一起说："兄弟们，我们发财的机会来啦！哈哈哈哈！快去抢！罗马那么富，抢了就是我们的啦！"于是，骑马的、步行的、持刀的、拿箭的，都纠集到了一起，野性迸发般席卷了一次高卢。

此时西哥特人正在强攻罗马，使得罗马急忙调兵遣将，莱茵河（Rhine River）畔的驻军几乎被全部抽调回城，兵力空虚。"杀入罗马呀——"汪达尔国王狂野地发号施令。于是，四十万男女老少都疯了似的浴血奋战，战报不断："不好，途经高卢地区现为法兰克人（Frank）占领，前方遭遇法兰克人！""法兰克人实力强大，我方损失两万大军！""阿兰骑兵已赶到增援！""我方与阿兰人联手击溃敌军！""战斗大捷！抢得大量金银财宝！""现已越过比利牛斯山（Pyrenees），到达西班牙（Spain）！""我方占领了原属罗马领土的西班牙地区！"……

"报！西班牙地区西部和南部大范围沦陷！"哨兵火速奔来，一五一十地对罗马大帝描述着战况和蛮族哄抢破坏高卢、西班牙等地区时的情景。罗马大帝低头沉默不语，马上召集元老院大臣们开了一个紧急会议。几经商讨，最后疲惫地说："汪达尔人么，既然到了西班牙，就让他们住在那儿吧。谨记：汪达尔人只有居住权，没有土地权。西班牙地区仍归罗马帝国所有。"又想了想，罗马大帝眼中现出一丝狡黠，他接着说："汪达尔人也要履行应尽的义务，必须向帝国缴纳赋税，还要服兵役。这样，罗马亦可从中获益，两相和平。"

就这样，汪达尔人在西班牙地区居住了下来，但很快，就发现日子根本没法过。"你说他们罗马人就没个当兵的？老让我们青壮年替他打仗去，那天我儿子在战场上看到敌人正是他同族的亲叔叔！你说这仗还能打吗？"一个老妇絮絮叨叨地说。"可不是，你也别嫌我说话不好听，别看你儿子在军中官位不低，可在罗马人眼中，咱们一样是'蛮族'！没有地位、没有土地，看罗马人吃香喝辣又不许去抢，还老得往上面交东西！咱们老年人本来就帮不上多大忙，那天我儿子跟我说：'老头，你怎么还不快死在战场上！'这日子啊，过不下去了。"一个老头惆怅地叹气，全然没有了当年的勇猛和勃勃雄心。"哼，老头，快跟我上战场！"叹气老头的儿子急匆匆地从外跑回，抄起家里的斧头兴冲冲地大声嚷嚷："跛脚国王盖塞里克（Gaiseric）准备渡海出征北非啦，多么伟大的壮举！没错，就是那个罗马的大粮仓北非！快走，咱也去出一份力！"两个老人一听，浑浊的眼神中立马迸发出灿烂的光芒，急忙披挂好行头，双双颤颤巍巍地出门欢送跟随跛脚国王进攻北非的大军。

文化古迹遭侵袭

经历了艰苦卓绝的斗争，公元429年，汪达尔人终于打跑了罗马人，在北非定居下来。十年后，定都港口迦太基[①]，彻底摆脱了罗马的控制。公元455年，更是趁罗马内部混乱之机打了回去，将城内所有珍贵的文物洗劫一空，然后放火焚烧掉许多古迹和廊庙。在罗马城内烧杀抢掠肆虐两个星期后，汪达尔人又回了北非，继续传宗接代。公元500年，为了巩固统治，汪达尔国王色雷萨蒙德决定向寡居的东哥特公主阿马拉弗里达提亲，于是出现了开头的那一幕。

公主要嫁给国王了，汪达尔人和东哥特人欢欣鼓舞，将其视为外交上的巨大胜利。可文明的罗马人却不这么高兴，相反，他们还很是不屑："汪达

①前文《紫色明珠腓尼基》一节也提到过迦太基，但那个时代要比这里早得多。

尔、东哥特？哼，蛮族！烧杀抢掠，无恶不作！罗马不会忘记，那四十五年前的大火，足足燃烧了两个星期！多少杰出的艺术品消失殆尽！而这，都是汪达尔人干的！他们趁我们内乱就渡海过来，净干些惨无人道的事！还有那东哥特人、阿兰人、苏维汇人，统统都是帮凶，帮凶！"[①]罗马人越说越激动，他们挥舞着拳头叫道："汪达尔、哥特，及周围一切可恶的蛮族！不管你们剑再怎么锋利，马再怎么强壮，甚至这次还用上外交联姻的手段，都白搭！多年来的伤痛我们难以忘怀，这笔总账罗马帝国迟早要跟你们清算！"

这一政治联姻的消息传到罗马上层后，也成为贵族茶余饭后的谈资。"那个汪达尔蛮族，"罗马贵族一提起汪达尔人依然恨得牙根痒痒，"谁愿意跟他通婚！打到哪都是杀死男丁，欺人妻女，通过跟战俘妻子结婚来取得财产！想当初汪达尔人侵占高卢的时候，竟然连寡居的王后和两个罗马公主也掠了去！这种手段……也只有蛮族能做得出！""就是，"一个罗马贵妇接茬儿说，"四十五年前，蛮族入侵罗马的那两个星期里，惨不忍睹！财宝全被装进蛮族腰包，拿不走的还要用刀刮下来装进去。宫殿全都变成断壁残垣，立柱倒塌，碎瓦遍地。令人意想不到的是，汪达尔人居然敢把寡居的罗马王后和她的两个公主给掳走了！真是耻辱啊，耻辱……""是啊，"罗马贵族接着说，"这么多文物古迹遭到劫掠，真是文化蒙难哪！蛮族人真坏，你看着，尽管东哥特公主也是蛮族人，但她嫁到汪达尔人那去，绝对没有好果子吃！"

一语成谶。公元 523 年，国王驾崩，宫廷内乱，东哥特公主趁机带领当年陪嫁的五千名哥特战士起义，不幸被镇压。新国王以叛国罪将公主和她残余的部下送入监狱，公主就像一朵失去根基的鲜花迅速枯萎凋零在狱中，死时默默无闻，无声无息。

"北非是我帝国的领土，此等富饶的大粮仓，岂容蛮族践踏？"东罗马皇帝狠狠地发声，"迦太基只要一天在蛮族手上，罗马便一天不得安宁！"

---

①公元455年，汪达尔人乘罗马国内混乱之机，出兵攻陷罗马，掠夺了大量财富，对城中设施多有破坏。后人所谓的"汪达尔主义（Vandalism）"主要据此得名。

于是，公元 533 年，拜占庭帝国①派兵大举西征，汪达尔人在装备精良的罗马大军面前节节败退。"亲家，救我！"汪达尔人最后想起了曾经的亲家东哥特人。然而，东哥特人也被罗马大军打得晕头转向、自顾不暇，加上之前嫁去公主的悲惨下场，自然有一百个理由不予援助。公元 534 年，在仅仅一年后，汪达尔王国陷落了，汪达尔人死的死，逃的逃，作鸟兽散，在历史的长卷中从此销声匿迹。

污名汪达尔主义

时光流转千年，转眼间到了 1794 年，法国大革命（The French Revolution）余威犹存，格赫戈瓦·德·布鲁瓦斯（Grégoire de Blois）主教面露忧郁，惋惜地盯着在革命中被毁的圣像残骸，若有所思。哀怨的眼神扫过，满目尽是苍凉的雕像碎片，曾经神圣而古老的天主教堂，就这样万劫而不复。耳畔中依稀响起那历经风雨的国王雕像在斧头下破裂的声音，伴随着"自由""平等"的山呼海啸。格赫戈瓦恍然记起，自己在周围人群狂热的号啸中奔走突围，妄图凭一己之力保全教堂内的艺术珍品和文物古迹，然后……便没有然后了。格赫戈瓦将脸深深地埋在叉开的双手之中，开始啜泣。过了一会儿，他抬起蒙眬的泪眼走向前，用颤抖的老手捧起一部书籍的残页，如获至宝般将它纳入怀中。这是一部史书，一部有关罗马帝国与汪达尔人的史书。主教平定心绪，开始阅读。书中，罗马后人对汪达尔人在公元 455 年侵入罗马烧杀掠夺的两个星期极尽描写之能事，主教感同身受，刹那间，竟不知自己身在何处。

"古迹被烧、文物被毁……历史上从没见过这般景象——天哪，这本书哪里在是讲汪达尔人对罗马的破坏，简直跟这次法国发生的事情一般无二！"格赫戈瓦颤抖着嘴唇，悲喜交加地喃喃自语。接着，他扑到凌乱不堪的写字桌前，有感而发，提笔写下了一篇长文："大规模对文化艺术品的破坏，堪

---

① 即东罗马帝国，后人为方便区分将其称为拜占庭帝国。

称'汪达尔主义'……只有汪达尔等蛮族才不拿文化当回事，随意摧毁艺术遗产，真正的自由人是会珍爱和保护它的……"

　　文章写完后，提交给了当时政府。令格赫戈瓦主教意想不到的是，大批记者闻风而动，对"汪达尔主义"一词青睐有加、竞相报道，不出几个月，这一专有名词便传遍了全欧洲的大街小巷，男女老少无人不知、无人不晓。四年后，法国权威的学术大辞典收录了它。从此以后，汪达尔人不再仅仅是众多蛮族中的一支，而成了强力毁灭文化的代名词。

　　"哎，你说，'汪达尔主义'一出，汪达尔人后裔不生气吗？毕竟，也是曾经的一个强大帝国呢。"一个法国学生经过理智的思考后，犹犹豫豫地吐露出自己的想法。"是啊，我也这么觉得。当时在罗马搞破坏的蛮族又不止它一个，哥特人、法兰克人，甚至连罗马人自己毁坏的文物古迹也不少呢！凭什么单单汪达尔人背上了这样的骂名？"另一个学生左手托腮沉思着，也是百思不得其解。"你们这个问题讨论得很透彻。"老师走过来，俯下身说，"当时汪达尔人的信仰与罗马不同，本就被视作异端①；随着历史的演进，哥特人成为现代的西班牙人，对西方文化影响很大；法兰克人成为现代的法国人，被视为欧洲文明的起源；而汪达尔人呢，经过拜占庭帝国的讨伐之后，已经彻底分散解体了，现在恐怕没有谁再自称是汪达尔人了，所以'汪达尔人后裔会生气'这一说法属于伪命题。既然已经不复存在，那么它的名声便显得不那么重要了。况且，'汪达尔主义'的产生，是在映射法国大革命时对文物的破坏。现代人再用这一说法，便是对破坏文化行为的一种控诉，已经远超历史范畴，具有社会学、文化学和人类学的普世性意义了。"同学们听了老师的讲解，似懂非懂地点点头。半晌，一个清脆的声音突然说："哦，我知道了！"老师回头，不置可否地笑了。

　　光阴似箭，岁月无情。试问谁又是谁的笑料？谁又是谁的借鉴？一方面受到了其他蛮族的驱逐，另一方面也是看着兄弟蛮族得到了诸多好处，成为

---

　　①汪达尔人信奉阿里乌斯教派（Arianism）。阿里乌斯教属基督教分支，但因教义不同，被信奉天主教（Catholicism）的罗马人视作异端。

强盗的汪达尔人任凭本性的驱使，对罗马城进行烧杀抢掠。劫掠历史名城可谓是罪恶昭彰，这最令史学家和文化人所不齿的恶行，自然获得了长篇累牍的记述和关注。阴差阳错地，法国人从汪达尔人历史中找出了相似的一致性，便冠之以"主义"之名，从此难以洗脱。不过，在那个战火纷飞的混乱年代，本属乱世，罗马帝国尊严早已扫地，内忧外患不断，且是愈演愈烈，根本无法控制。罗马城首当其冲地成为各路豪强劫掠的对象，这是自然的，且是必然的。劫掠过它的人不少，但不管怎么说，已经消失的汪达尔人，算是被历史记住了。不可解的悖论中，似乎又出现了那一抹出嫁的身影：从容、华贵，但又有谁，能从头就猜到结尾，读出公主在监牢零落的命运，与那时代大潮紧锁的孤芳倩影？最无情的，不只是潮水般起落的命运，而是——这一切都是真实的。真切走过的先人，也许是在另一片土地、另一个年代，构筑起苍穹下一方人类的叹歌。

法兰克王国

　　法兰克王国建立初期，还保留着浓郁的氏族制度遗风。比方说，当时只有留着长头发的男人才有资格当国王或首领，战败方的首领会被战胜的一方剪去头发。再比方说，战利品必须抽签分配，所有将士在战利品面前都是平等的，哪怕是国王或首领想多拿一份，也是断无可能的。这都是军事民主制时代的遗风。这也就是为什么国王克洛维要留长发（本章第一节），为什么在他身上会发生"苏瓦松花瓶事件"了。

　　恩格斯曾经给出过这样中肯的评价，说法兰克王国"是直接从征服广大外国领土中产生的"。诚然，确实不像雅典和罗马，法兰克没有经历过平民与贵族之间的长期斗争，而是领土扩张到一定地步了，原有的氏族组织已不适用，也不能迅速将大量被征服的罗马人纳入氏族团体中来，迫于严峻的形势，只得做出的改变。氏族体系瓦解了，国家机制和王权逐渐成形，军事首领成为国王。

　　现在一说起法国勃艮第，有文化的人会调皮地发出小舌音，优雅地轻念"Bourgogne"这一法语单词。勃艮第，用现代人眼光看来，是世界上顶级的 AOC 葡萄酒、奢侈和品位的代名词。勃艮第地区所产葡萄酒入口余味醇厚而悠长，与波尔多葡萄酒可谓并驾齐驱，并称为世界两大顶级葡萄酒。也许，看着那红葡萄酒泛出的赤亮的红色，你还会进一步想到，时尚界也经常用这种颜色做服装，简称"勃艮第红"。不过，你可能很难想到，如今的勃艮第，曾经还是一个叱咤一时的王国。只是勃艮第王国先天营养不良，强敌环伺，被蚕食、吞并，经历了不少风雨，最后消失了（本章第二节）。

第一节　长发国王克洛维

强立君威缓称王
皈依天主渐兴邦
雄踞高卢霸一方
墨洛温朝缔辉煌

强立君威缓称王

克洛维（Clovis）子承父业、继承父亲首领之位的时候，其实处境非常尴尬：作为日耳曼部落（Germanic tribes）分支的法兰克人，公元 3 世纪中叶作为外来者流落到了莱茵河畔的中下游定居，虽然与以文明开化著称的罗马人做邻居，而且定居的时间过了将近二百年，举手投足间却依然表现出原始和野蛮的味道。法兰克人到达莱茵河畔不久，便分成了萨利安人（Salian）和佛朗克族（Ripuarian）两个族群，而克洛维及其父亲便是代代相传下来的萨利安人的首领。克洛维之名，与其说是一个国王，不如说是一个氏族首领，在野蛮而荒诞的原始社会生存法则中延续着。他的信仰在罗马人看来很奇特，罗马的基督教徒称之为"异教"。他的部族沿袭下来的规矩也非常奇怪，比方说只有蓄着长头发的男人才配做国王，而惩罚一个人、不让他做首领的最有效办法便是削短他的头发。尽管这些在外人看来有些奇葩，但克洛维和他的手下暂时生活得都很快乐，他们不知疲倦地东征西讨，以扩张领土和争夺财富为乐。

一天，捷报再次传来：克洛维联合自己的亲戚，一起攻破了罗马人守卫的苏瓦松城（Soissons），大获全胜。他们洗劫了城里的大教堂，将里面的圣器、财宝和各色装饰品一并抢走了，收获颇丰。但是，遵照公社氏族遗留下来的习俗，战利品可不能独吞，而且要择日抽签决定分配。就在克洛维胜利班师回朝的路上，他总是有一种异样的感觉，就像……就像有什么人不远不近总跟着他一样。待他回头查看时，入目的也只有自己志得意满的军队，并没有什么不一样的地方。狐疑之下，克洛维钻进帐篷里任由侍女缓慢而精心地打理着自己棕黑的长发，高鼻深目下投射出一小片意味不明的阴影。

"报告，苏瓦松城的主教派使者前来觐见！"一个卫兵进来说道。克洛维挥手遣散侍女，坐正了身子，"宣！"他如释重负地说，心想原来后面一直跟着的是这个使者呀。

不一会儿，主教使者进来了。"最最尊敬的国王陛下呀，"他说，"请允许我代主教向您问好，并祝国王陛下安康！"然后使者张口一个"国王"、闭口一个"国王"地叫着，直喊得克洛维心花怒放。"说吧，什么事儿？"克洛维嘴角上扬，开心地问。"哦，没……也没什么大事儿，就是那个教堂里的广口大花瓶，此番被国王陛下英勇的战士给拿去了。其他圣器也就罢了，单单这个瓶子，教主惦记得紧，还望陛下……成全。""哦，说了半天，不就是归还他个瓶子嘛，好说，好说！"克洛维仰天哈哈大笑，"不过，你还得跟我到苏瓦松去，在那里，所有战利品集中分配。按理说，是要抽签的，那瓶子所有将士谁抽中了归谁。但我堂堂一国之王，威望无边，要个瓶子肯定是不成问题的。等我把它要到手，就还给你们主教。"使者听了非常高兴，千恩万谢地走了。

抽签分配战利品的日子终于到来了。克洛维将脑后的长发精心梳理得一丝不乱，披上华贵的袍服，威风凛凛地站在苏瓦松的土地上。面前金银珠宝堆积成山，在阳光的照射下熠熠生辉，众将士却手持战斧肃立于战利品周围，都静待着抽签决定，丝毫没有争抢的意思。"诸位，"克洛维骨节分明的大手一指远处的那个广口大花瓶，语气和缓却不容置喙地开口了："诸位最英勇的战士们！我——你们的国王克洛维，有一个不情之请：请大家在我抽中的战利品基础上，也把那个瓶子让给我，好让我……"克洛维话音未落，一些机灵的战士已经对国王的目的了然于心，开始奉承了，什么"最光荣的国王"啊，什么"这里的一切都是您的，随您任取"啊，什么"谁也没强大到敢跟您说个'不'字"之类的，赞成之声不绝于耳。可是，在诸多和谐之声中，一个刺耳的不安音符陡然响起——"不行！"一个虎头虎脑的兵士没命地抢着斧头作势向花瓶砸去，"说了抽签决定就是抽签决定！老祖宗立下的规矩，除了你自己抽中的那份，别的休得妄想！"

"不要啊！"兵士周围的人急忙阻拦，才使花瓶免于"哗啦啦"应声碎裂的命运。克洛维白色的面颊瞬间变色，阴晴不定，好不容易才定下心神。大骇之下，克洛维好不容易才镇定心神没有当场发作，而是用刀子一般的凌厉目光使劲儿剜着那个不要命的兵士。"哼，你死定了。君子报仇，十年不晚！"克洛维恨恨地想，然后恢复了温和的态度，隐忍地主持战利品分配，还将那个广口大花瓶还给了主教的使者。

一年过去了，又到了一年一度的检阅士兵的日子。士兵们按照法兰克人祖先留下来的传统，在3月1日这一天携带武器、精神抖擞地立于校场之上，等待着国王的检阅。他们的身上佩戴着投枪、箭和斧头等各种擦得光亮如新的兵器，军容肃穆，兵甲威武。克洛维绕场巡视，刻意走到一个虎头虎脑的兵士身边，盯着他的脸皱起了眉头。"看看你的斧子，"克洛维说，"跟你的脸一样黑！我真怀疑你到底擦过兵器没有！这么不爱护！"说着，克洛维伸手抽出这个兵士的斧子，不由分说扔到了地上，满脸嫌弃。兵士急忙弯腰去捡，却不料克洛维这时竟举起国王佩斧，毫不犹豫地劈进了他的头颅！"你还记得苏瓦松的瓶子吗？"克洛维咬着牙，阴着脸冷冷地说。众将士才恍然记起一年前战利品分配时的那一幕，不由得打了一个激灵，相对唏嘘不已。

阅兵场喋血事件传开后，再加上苏瓦松瓶子的辗转，全法兰克人一日之间突然明白了：这个名叫克洛维的国王是个狠角色。从此，克洛维威信大增，人们再也不敢小瞧这个国王，再也不敢只把他当氏族的什么首领来看待，而是时时处处小心翼翼、毕恭毕敬的，再也不敢触犯他的逆鳞。

皈依天主渐兴邦

"唉，可怜的克洛提尔德（Clotild）公主，真是天妒红颜、命运多舛，这么一个大美人儿却遭此厄运，可惜呀，可惜！""是啊，她一家子都很惨——

她的父亲还是王子呢，结果被现任国王残忍杀害了；她母亲更惨，腰系石头淹死了；姐姐被迫当上了修女，而她本人呢，也惨遭流放。真是薄情不过帝王家呀！"克洛维派去邻国勃艮第（Burgundy）进行友好访问的使臣，一踏入勃艮第的国境便被街头巷尾铺天盖地的议论声吸引了注意力，急忙找人来问。"哎，还说呢，克洛提尔德公主真是特别地美丽，可惜她父亲争夺王位失利，结果倒霉了啊！"一个勃艮第人边对克洛维的使者摆手，边啧啧地不无惋惜地说。

"啥，美丽动人？又是个身份高贵的公主？哈哈，这人儿我娶了！"克洛维听到使臣回国后对克洛提尔德公主的描述，霸气地说。他一边说着，一边阴恻恻地想："嗯，一个落难公主，我娶她就等于救了她，她应该从此感恩戴德，对我百依百顺才是。至于勃艮第那边同不同意嘛……则丝毫不用担心，敢拒绝我？哼！谅他们也没有这个胆儿。再说了，他们国王也不可能为一个戴罪在身的公主来触犯我吧……"

事情果然如克洛维所料，没过多久，勃艮第便乖乖把公主送给了他。但万万没想到的是，公主不仅人来了，也把一个新鲜的信仰——天主教带到了他的王国里。"亲爱的，你也信我这个教吧！"一场痛快的翻云覆雨之后，美丽的公主又勾着克洛维的脖子，第一千三百次在他耳边吹风："你们法兰克人现在信的不叫神，不过是一堆用石头、木头、金属雕刻的残物嘛！你瞧，他们只是起着人的名字，毫无神的灵通，既不能帮你打胜仗，又不能给你带来好运呢。而我信的这个呢，创造万物、神通广大、威力无穷，特别……""行了行了，"克洛维一摆手，想起大儿子英戈梅尔（Ingomer）在刚出生不久接受洗礼，然后死去了，死时还穿着象征被上帝赐福了的白色衣服，反驳道："当初你坚持为咱们的两个王子洗礼，我也没拦你，结果呢？大王子变成了一具小小的、冰冷的尸体。如果他当时接受的是我的信仰，就不会……""不是这样的，"公主伸出纤纤细手遮住了克洛维的嘴，水汪汪的大眼睛就像天上的星星，她坚定地凝视着克洛维，一字一顿地说："大王子受到了祝福，他已经到了天国，永享福乐。而且，咱们的小王子不是通过洗礼把病治好了吗，神迹出现了，他……""哼，"克洛维不屑地说，"神迹神迹，我这辈子最不信的就是神迹。你猜中的就是神迹，猜不中的总有各种理由进行解释和圆谎。一百件事里只要猜中一件，对它大加宣传，你就成神人了！"克洛维说完，捡起地上的袍子，披在身上走出营房。

营房外凉风习习，在繁星闪耀的苍穹之下，克洛维逐渐又恢复了以往缜密而周全的头脑。"公主说得也不无道理，但我考虑更多的实际上是政治、军事等现实因素。高卢地区大部分民众信仰天主教，如果我也信了，就会获得那里绝大部分人的支持；更为重要的是，如今教会势力异军突起，通过接受洗礼拉拢他们，也是政治上的最大助力……"他暗自思忖着。这时，公主也从营房出来了，她蹲下身子，轻轻地为克洛维抚平衣袍上的褶皱，又取出一只别针，替他把衣襟固定好。克洛维感动不已，竟将这些心里想着的话脱口而出："我军此番在莱茵河上游与别国交战，打得异常艰难，似处劣势。如果你信的那个天主能助我扭转乾坤，我便信你。""真的？"公主高兴得跳起脚来，拍掌激动地问道。多少个日夜的努力传教终于没有白费，伟大的国王终于松了金口。克洛维从沉思中猛然回过神儿来，却发现自己竟将心迹平白地向公主表达了出来。他本想反悔，但看着心爱的公主欢呼雀跃的样子又不忍心，加上君无戏言，获胜的希望又不大，也就由她去了。

然而，战场形势瞬息万变，克洛维做梦也没有想到自己真的会在全盘劣势的情况下取得最后的胜利：对方的国王在一次交战中死去了，对手瞬间崩了盘，像一盘散沙一样投了降。"难道……真是基督的神迹？怎么我一说赢了这场仗就信他，他便显灵，让我赢了呢？"克洛维心下暗暗称奇，也就打算着皈依了天主教。公主一听，非常高兴，急忙联系了一位德高望重的主教过来主持仪式，主教大喜，赶紧张罗着在街道上张灯结彩，将所有的教堂用白色的帐幕布置一新，点上昂贵的熏香，在香气氤氲中为克洛维做了洗礼。这场洗礼，在克洛维心中可能只是政治上的拉拢意味；但他也许不会预见，他的选择为整个欧洲乃至世界带来了多么大的变化：天主教的势力自此蔓延开来，直到铺天盖地。

雄踞高卢霸一方

克洛维风头正劲，又打了许多胜仗。作为外来势力，他斡旋于勃艮第王国的两个王子之间，暗中拉拢小王子，最后获赠大量领土。①哥特人的国王一看，这人怎么这么厉害，就赶紧结交他，找了个岛屿跟克洛维把酒言欢、攀谈交情，好不尽兴。"现在有好多高卢人望眼欲穿，就盼着法兰克人能过去领导他们哪！别看现在您跟哥特人国王关系表面这么好，等着打到高卢，难免会跟他发生碰撞，那时您可得……"一个聪明的大臣悄悄对克洛维说，还趁别人不注意做了一个抹脖子的姿势。克洛维心领神会，微醺的眉头更舒展了：此话正合心意。

"诸位将领，我最近为了高卢的事儿烦恼不已。那么好的一片土地，却大部分都被信奉阿里乌斯教派的人占据着，高卢人在异教中活得水深火热，正等待我们以上帝之名去解救他们呢。"克洛维记起自己在公主督促下皈依了天主教，这次刚好拿来利用。各将领深信不疑，只当着真是去解救高卢人了，打仗的斗志一下子披上了神圣的外衣，变得情绪高涨。克洛维非常满意这个效果，他接着说："出发之前，必须严明纪律。听好了：除了必要的水和干草，沿途不准拿百姓的任何东西！明白了？出击！"

士兵冲着高卢的方向狂飙而去，途中有一个年轻士兵看见当地百姓手里拿着一捆干草，不由分说将草抢了过来。"哎，咱们国王说了，不准——"旁边一个年龄稍大的士兵好心提醒他。"怕什么，"年轻士兵满不在乎地说，"之前你没听清楚吗，咱们是不准拿别的东西，但水和干草是可以拿的。""可是，你这是抢来的呀。"年龄稍大的士兵还是放心不下。这时，克洛维正好走过来，他问清原委后二话不说将年轻士兵斩于剑下，边擦剑上的血迹边严肃地说："沿途路过圣马丁，要是触怒了圣马丁，哪里还有获胜的希望？纪律我再强调一遍：绝对不允许侵扰居民，不准拿沿途居民的任何财物。"全军肃然。将这件事和苏瓦松的花瓶那件事

---

①详见下一节《消失的勃艮第王国》。

联系在一起，将士们更觉得自己的国王是个言必行、行必果的狠角色，从此再不敢大意。

"报告，路遇哥特人国王率兵抵抗！"士兵将状况报告给克洛维。克洛维略一思忖，"上！"他命令道。潮水般的士兵涌上前去，一部分士兵甩膊上阵，抢起大斧和刀剑短兵相接，战得不亦乐乎；另一部分士兵则远远站定，搬来投掷器遥相攻击，漫天石雨落下，哥特人士兵一看不敌，急忙撤了。那时候的西方人打仗往往就是这样，稍一占下风便会作鸟兽散，落荒而逃，全然没有什么血战到底的精神。之后，克洛维又攻下了许多城市、拉拢了一些同盟，势力已然滔天，继而引起了罗马皇帝的注意。

墨洛温朝缔辉煌

克洛维以祖父的名字命名，创立了墨洛温王朝（Merovingian Dynasty）。一天，他接待了一位来自东罗马帝国的使者，使者一从马上跳下来便毕恭毕敬地说："克洛维接旨，我皇颁布赦书，今特封你为执政官……"地位得到了东罗马皇帝的承认按理说是好事，而且圣马丁教堂还热火朝天地筹备着为他加冕的盛大典礼活动。不过，克洛维看起来似乎不是那么高兴。"亲爱的，你为什么不高兴啊？"公主关心地问。"没有，就是觉得这个执政官当得憋屈，还得罗马皇帝封了，经由主教之手加冕，好像我低他们一等似的。"克洛维委屈地说。

加冕那天，克洛维还是十分地高兴。人逢喜事精神爽，他长发飘扬、佩戴披肩、身穿紫袍，利落地跨上了身下的坐骑，一路给沿途百姓分发金银钱币，在主教的帮助下戴上了王冠。人们欢呼雀跃，好不热闹。

后来，克洛维把他的政府设在了巴黎。"嗯……国土又该扩大一下了！"克洛维暗自盘算着，并且把目光投到了科隆（Cologne）附近的一个国家。"尊贵的王子啊，您看，您的父王岁数都那么大了，还是个跛子，干脆呀，趁着我们伟大的克洛维国王支持您，就结果了他的性命，由您取而代之吧！"克洛维派去的使者不遗余力地在王子面前游说着，直说得王子心花怒放，派刺客一剑刺死了老父亲。"克洛维，感谢您的大力支持，现在我大权在握，来

177

看看我的金银财宝吧，看上的全归您！"王子抱着宝箱，喜不自胜地说。"谢谢您的美意！"克洛维褐色的眸子一转，用一种不常用的恭谦声调说，"这都是您应得的，我不能要。不过，请您帮我拿出宝箱里的宝贝，让我也好见识一下。""好！"王子高兴地弯下腰去捞箱底的珠宝，不曾想克洛维这时指使手下抡起双刃大斧，劈进了他的头颅。"哼，弑父的王子伤天害理，我今天只是替天行道，为民除害。"克洛维不屑地说。接着，他试图接管那个国家，不过在王位继承上还有些争议。最终，在克洛维的强硬手段之下，人们最终拥戴着他登基了。那天，人们用盾牌抬着他，所有的人不断敲击盾牌，喝彩高呼，兴奋不已。①

"国土……还需扩大！"克洛维想着，就讨伐了一个曾经作壁上观、拒不帮助他的国王。他把国王和王子抓来后，就剃掉了他们的头发。② "绿树断枝还会很快再长的！"那个国家的王子说。克洛维闻言大惊，细思极恐，急忙下令将那国的国王和王子全部处死了。

"国土……再扩大些才好！"于是，克洛维巧妙地买通了康布雷（Cambrai）地区国王的一些手下。"哇，黄金手镯！黄金饰物！克洛维国王好大方，放心，关键时刻我们会倒戈讨伐现在的国王的。"这些手下看到克洛维派的使者带来的金灿灿的首饰，只是在心里暗自估价，越想越美，浑然不知这些物品是假黄金——只是铜制品表面镀了黄金而已。待到察觉之后，克洛维已经在他们的帮助下大获全胜了。"就你们这种背叛主子的手下，留条贱命已是万幸。还想要真黄金？你们也配！"克洛维身居高位，唾沫飞溅地将"配"字咬得特别重，然后摆摆手，看也不看前国王手下，阴鸷地说："拉下去，再无理取闹就斩了！"

身经数战的克洛维已经把统治之手伸向了高卢全境，他开创的墨洛温王朝已经有了一定的势力。当然，墨洛温王朝最为辉煌的全盛时代，还是在后

① 依照日耳曼人传统，若王位继承之事存在争议，为表赞成会敲击盾牌、高声呐喊。
② 依照法兰克人传统，有资格当国王的人必须蓄着长头发，剃了头就没法当国王了。

代查理曼治下。一天，在庆功宴上，克洛维用他多年练就的鹰鹫一般的褐色眸子扫视群臣，开口却是无尽的沧桑与无奈："唉，我真可怜啊。感觉自己就像一个旅人，一旦有难，再也没有人回来帮助我了！"接着，克洛维絮叨地回忆起被自己直接或间接害死的亲属，潸然泪下。然而，稍微聪明一点儿的大臣便会捕捉到那泪花间偶尔折射出的精光，那是自己至高无上的国王又在盘算着铲除异己的点子了。众大臣不敢动容，只能低头盯着酒杯，待到咽下杯中昂贵的葡萄酒时已然食不甘味。

公元 511 年，克洛维在巴黎去世，享年 46 岁。他被安葬在和公主一起修建的教堂中。庄严肃穆的教堂里圣歌缥缈、圣香缭绕，里面埋藏了多少金戈铁马的历史传奇。在传教方面，女人的隐忍、韧性和坚定曾经扮演了重要的角色，如那位影响克洛维改变信仰的公主；而克洛维皈依天主教的历史性选择，也因其国王的身份和广大的国土散播开来。长发国王克洛维，也许他的行为不怎么磊落，但在关键时刻顺应了时代的潮流，便仍是历史铭记的一代英主。

第二节　消失的勃艮第王国

王室之争陷危难
谋臣出策保周全
收复领土订法典
蚕食吞并离析散

王室之争陷危难

公元 5 世纪，在罗马、法兰克和德意志（Germany）王国之间，还有这么一个不可忽视的存在，叫勃艮第王国（Burgundian Kingdom）。这个王国在罗纳河、索恩河和马赛一带有着大片领土，法兰克人的国王克洛维早已对这些地方垂涎三尺。而此时，勃艮第王国里的兄弟两人正为王位的继承闹得不可开交，弟弟就悄悄派使臣找克洛维来了。

"尊敬的国王陛下，我是戈迪吉塞尔派来的。他请求您的帮助，助他打败哥哥贡多巴德，夺取王位。只要您能做到，那么，随您要什么，他便给您什么。而且，以后每年勃艮第都会向您交纳贡赋。"使臣顾不得坐下歇一口气，一见克洛维便连珠炮般将戈迪吉塞尔的如意算盘悉数倒出，生怕对方不相信，又硬挤着双眼做出真诚的表情，样子十分滑稽。克洛维转动褐色的眸子略一思索，便欣然同意了。这真是"踏破铁鞋无觅处，得来全不费功夫"，克洛维本来还担心着勃艮第王国兵力过于强大，贸然进攻恐怕会吃亏，结果人家自己送上门来了，此等好事岂有不答应之理？自是满口应承，当下与使臣秘密商议好时间，打算等约定的时刻一到，就举兵进攻勃艮第，打贡多巴德个措手不及。

这时，贡多巴德还被蒙在鼓里。所以等克洛维率军来犯时，他的第一反应便是找弟弟商量对策："让咱们同心协力打败外敌吧！"见弟弟有些无动于衷，他继续苦口婆心地劝道："你看，克洛维已经打败过很多敌手，现在侵犯到咱们头上了。如果咱们不放下芥蒂、同心同德，就有可能遭遇和其他人一样的命运。现在，咱兄弟俩是时候同仇敌忾、共同为保家卫国而战了……"戈迪吉塞尔先是愣了片刻，接着脸上就笑开了花，拍着胸脯大声说："哟，哥哥说的是哪里的话？抵御外敌入侵是每个勃艮第人应尽的责任。连这点都做不到我还是人吗？这样吧，咱们全军出动，各率一支军队，寻机会合，和克洛维决一死战吧！"

见弟弟如此深明大义，贡多巴德深信不疑，直夸戈迪吉塞尔有胆识，欢喜之情溢于言表，一直称赞手足合力，所向披靡。可是，令贡多巴德万万没想到的是，当他、他弟弟和克洛维的三方军队在乌什河畔交锋的关键时刻，弟弟竟然倒戈，与克洛维的军队合二为一，熟稔得就像事先操练过无数遍，将自己逼得进无可进、退无可退！贡多巴德大败，急忙召集手下的残军败将，向附近的一个城落荒而逃。"哇哈哈哈，没想到吧？我——戈迪吉塞尔——班师凯旋，从此以后就是整个勃艮第的国王了！哥哥，你——完了！"身后响起弟弟狂妄的狞笑，贡多巴德这时才看清弟弟阴谋的真面目，悔不当初。

就这样，公元500年，戈迪吉塞尔以卑劣的手段，假意联合哥哥、实则串通法兰克国王克洛维，取得了勃艮第王国大片领土的统治权。"尊贵的陛下呀，为表谢意，请您千万不要拒绝我的馈赠，收下这一小块勃艮第的土地吧！如果不够，还可以再加……"在庆祝宴会上，戈迪吉塞尔醉眼迷离、志得意满地对克洛维说，大手一圈地图，就这么毫不在乎地将一大片国土割让了出去。克洛维身旁斜倚着克洛提尔德公主，公主本是勃艮第人，但是在王位争斗时她家人曾受到过迫害。想起贡多巴德的种种手段，她的大眼睛里充满泪水，接着决绝地擦拭掉泪珠，凑近克洛维娇滴滴地在他耳边吹风："您真厉害！嫁给您我真是三生有幸，只是……贡多巴德当初为了王位害死我父亲、逼走我姐姐，难道就这么让他逃跑了？您能追杀他、替我报仇吗？"[1]"哈哈哈！"克洛维一阵狂笑，痛快地答应了，当即命人传下口谕增调大批军队，

---

[1]有关克洛提尔德公主的身世，可参见上节《长发国王克洛维》。

务必将逃亡到城中的贡多巴德抓来就地正法。戈迪吉塞尔大喜,能够斩草除根自然是他最希望的结果。推杯换盏间,他更加得意忘形,俨然已是整个勃艮第的主人了。

谋臣出策保周全

戈迪吉塞尔割地的事传到贡多巴德耳朵里,贡多巴德真是气不打一处来,浑身难过得直哆嗦。"这个败家弟弟,恨我没早杀了他!目光短浅、一无是处!为了王位起纷争只是内部斗斗,向外敌割地可就是大事了。而他……他……他!"贡多巴德气得噎住了,一时说不上话来。侍立在他身旁的谋臣阿里迪乌斯赶紧递上一杯清水,贡多巴德润润喉,平复一下情绪,这才接着说道:"贤明勇敢的阿里迪乌斯啊,今天我是因克洛维增兵追杀我而召你进宫商量对策,但你可知,生死我根本不在乎!我是怕在我死后,王权就彻底落在了我那个糊涂弟弟手里,谁知他还能再做出多少败坏祖先基业的事儿来!今天割一块地,明天赔一点儿款,无休止地交纳各种贡赋……如此一来,勃艮第很快会国将不国啊!"说着,贡多巴德竟沉痛地掩面哽咽,半天缓不过神儿来。

阿里迪乌斯静静地侍立着,扇面般的长睫毛在脸上投下两片忧郁的阴影。半晌,他才开口安慰道:"没关系,勃艮第还有救。我想到了一个办法,这个法子不算好,却能解决问题。只是……国王您信我吗?""信。"贡多巴德听到有办法,急忙抬起眼来,毫不迟疑地答道。阿里迪乌斯点点头,又不放心地补充说:"国王,无论我做出什么样的事,您都会一如既往地信我吗?""信。"贡多巴德的回答没有丝毫犹豫。阿里迪乌斯开口,又闭口,如此往复,哑然失声。他不舍地盯着贡多巴德,似乎有千言万语要说,最后却又只凝结成了一句话:"您……真的信我?""我知道你在想些什么,"贡多巴德摆摆手,无力地说,"你在想,经历了戈迪吉塞尔这个亲弟弟的背叛之后,让我相信你一个臣子已是难上加难。更何况你想出来的办法,会考验人与人之间的信任。可是你看我,除了守着这座城,已经毫无退路了。城中的百姓跟着我挨饿,而我又不能弃他们于不顾。有什么想法你就去做吧,我相信你。""好。"阿里迪乌斯不再犹豫,将计划和盘托出:"我去找克洛维，假意投奔他。我会劝他不去伤害您的性命，并且尽量保全勃艮第王国。但是有一点：对于他经过我的建议而提出的要求，您一定要无条件地第一时间全部答应。这样一来可最大限度地麻痹敌人，您就可以伺机复国了。""也只能如此了。"贡多巴德叹口气，依了阿里迪乌斯的计策。

阿里迪乌斯辞别贡多巴德，来到克洛维的营帐。一见克洛维，他便做出真诚的样子，认真地说："尊贵的国王陛下，我是来投奔您的。素闻陛下宽宏仁厚，与卑鄙无耻的贡多巴德比起来简直是天壤之别，若能蒙您垂爱收留在侧，那么我愿做您忠诚老实的臣仆，将来也会有更多的臣子投奔于您的。"克洛维听了，高兴坏了。他当即决定将阿里迪乌斯留在身边。很快，他发现阿里迪乌斯真是个活宝，各种有趣的笑话不断，做事也十分公允，便对其更加信任。

一天，克洛维愁眉不展地坐在营帐之中。阿里迪乌斯进来看见了，关心地问："陛下何以如此担忧？"克洛维回答说："不是担忧，我只是有点烦。此城久攻不破，贡多巴德也杀不掉，没法腾出手来去收拾周边其他小国，因此甚是恼火。"阿里迪乌斯听后，觉得时机已经成熟，趁机献计说："既然强攻不成，何不智取？强攻浪费时间和兵力、毁坏庄稼、殃及百姓，最后弄不好谁都不服您，还不如智取，想办法让他臣服于您，连年纳贡得好。"克洛维一听有理，不过转念一想又犯了愁："这样是不错，可是，该怎么智取呢？""陛下您就放心吧，"阿里迪乌斯一拍胸脯，"这事儿您就交给我，由我领着几个使臣去收贡，命令他立即交纳今年的贡赋，并保证以后每年都要交。如果不答应，再收拾他不迟。"克洛维同意了。阿里迪乌斯回去见到贡多巴德，激动得泣不成声："国王，我终于不负您的委托，跟克洛维谈成了条件。暂且委屈您一下，待到东山再起之日，我们再一一让他将属于您的还回来！"贡多巴德点头，私下却握紧了拳头，咬牙等待时间成熟的一天。就这样，在谋臣阿里迪乌斯的斡旋下，贡多巴德破财免灾，名义上成了法兰克的附属，却为自己避免了一场血光之灾，为今后的再度崛起留下了根基。

收复领土订法典

经过一段时间的休养生息，贡多巴德羽翼渐丰。"哼，法兰克的克洛维不过是个蛮族，凭什么要我勃艮第的贡赋？"贡多巴德审阅着面前的兵甲战士，不满地嘟囔着。"是时候停止贡赋了，"阿里迪乌斯接口说，"克洛维正在别的国家打得不可开交，不会撤兵杀回勃艮第跟咱们硬碰硬的。"贡多巴德想了想，认为自己势力已经恢复，是时候摆脱克洛维的控制了。并且，他还决定讨伐弟弟戈迪吉塞尔，收复本属于自己的勃艮第全部领土。

贡多巴德率军行进，一路民心所向、势如破竹，最后将弟弟围困在一个城市里。这座城市城池坚固、易守难攻，贡多巴德决定将大部队驻扎在城外。一天，贡多巴德正在观察地势，突然发现城门开了一个小口，一大群形容枯槁、面黄肌瘦的人被推出了城外。他大喜过望，急速清点军队准备突围进去，却被躲在城头射箭的守军拖住了脚步，在箭雨中几个躲闪之后，再一看，城门又关闭了。贡多巴德懊恼万分，抓住从城中出来的人开始询问。没想到那些人不等自己开口，便先哭天抢地，泣不成声，一边哭一边还骂骂咧咧："天杀的戈迪吉塞尔，城里闹了饥荒，怕自己饿死就把普通百姓赶出来，不让我们吃粮食，还骂我们是'没用的人'，呜呜……"在一片喧闹中，贡多巴德总算弄清楚了是怎么回事，心里说，同样是勃艮第人，有些人做人怎么就这么狠？他刚想出言安慰，就听不远处一个高大瘦削的难民恨恨地说："哼，他不仁，休怪我不义。竟把我这么一个技术高超的工匠当废物赶了出来，戈迪吉塞尔，你会后悔的。"这个高大瘦削的难民走上前来，对贡多巴德说："实不相瞒，我是管理水道桥的。据我所知，您可以派兵从水道桥攻入城内，我们里应外合，一举擒拿戈迪吉塞尔。"贡多巴德仔细观察这个工匠，不似有诈，于是派出了一队手握利刃、铁锹和铁棍的兵士，打算在工匠的带领下潜入城内。

"就是这里了，"工匠用手指着城外一块毫不起眼的大石头，肯定地说："把它撬开，就能看见水道桥的入口。"兵士三下五除二，将石头撬开后，果然看见了入口。工匠一马当先，带着众兵士弯腰走进了水道桥。向前行进了一阵子，走到了头，眼前又是一块巨大的石头。"听我指令：一、二、三！"

众兵士合力，挤在狭小的空间，利用铁锹和铁棍将这块大石头也撬翻了。突然，一道刺目的阳光从头顶射下，原来真的已经到了城内。兵士扔掉铁锹和铁棍，拔出长剑和利刃，纷纷跃上城头。城头戈迪吉塞尔的守军还不知道发生了什么，正专心射箭呢，就被贡多巴德的兵士们从背后攻击，迅速割喉。接着，城中央一阵悠长的号角响起，众兵士奋勇跳下，以迅雷不及掩耳之势夺取了城门，放贡多巴德的大批军队杀进城里。

贡多巴德收复了沦陷在弟弟手下的领土，重新又回到了勃艮第的王位宝座。"国家安定了，是时候订些律法了。"贡多巴德想，他开始召集人着手订立法典，结果一发而不可收，一口气写了很多部。其中一系列被称为《勃艮第法典》①（Burgundian Code）的影响特别大。尽管有些规定在现在看来未免可笑，但颇具公社时代的遗风，是军事民主制度下的产物。"犯了罪就得赔偿金钱嘛，劫持女孩这是犯罪，得赔钱。赔多少呢？"贡多巴德想了又想，最后跟大臣敲定了一条这样的律法：

第十二条　劫持女孩

劫持女孩者，必须付出六倍于女孩身价的钱，并付12金币②的罚金。若被劫女孩解救送还父母时清白未被玷污，劫持者必须付出女孩抚恤金的六倍，并付12金币的罚金。

若女孩出于自愿目的主动来到男子家中，如果男子与其交合，则必须向女孩支付三倍聘礼；若女孩未经交合安然返家，则应由女方承担全部责任。

贡多巴德看了条例，表示满意。他又转念想到，还有其他犯罪呢，于是不厌其烦地针对各种犯罪的罚款标准做了特别详细的规定：

杀一只狗罚1金币；

---

① 《勃艮第法典》现存三十卷。
② 这里的金币指索里迪（solidus），古罗马金币的一种。

偷一只猪、绵羊、山羊或蜂箱罚 3 金币；

强奸妇女罚 12 金币；

妇女无缘由剪掉头发罚 12 金币；

谋杀奴隶罚 30 金币；

谋杀木匠罚 40 金币；

谋杀铁匠罚 50 金币；

谋杀银匠罚 100 金币；

谋杀金匠罚 200 金币……

这里面有一条叫"妇女无缘由剪掉头发罚 12 金币"，那么对妇女而言，正当的剪头发的理由是什么呢？"剪掉头发，为的是能够像战士一样战斗。"[1]

蚕食吞并离析散

时光流转，转瞬到了当代社会。天上碧空如洗，白云飘飘；地上延伸着无尽的河流，寂寂地伸向远方。在勃艮第运河的一艘游船上，一个时髦女郎用食指和中指捏着一只红酒酒杯的杯颈，轻摇慢摆中红酒散发出醉人的芬芳。"瞧这勾魂的香气和迷人的勃艮第红，一定是正宗的勃艮第葡萄酒了。"一个彬彬有礼的男士从远处走来，打趣地说。女郎不紧不慢地将杯中红酒小口啜尽，才又倒上一杯，含笑地问："丝绒般的口感跟不菲的身价，没错，这就是闻名世界的勃艮第葡萄酒。先生，您要来上一杯吗？"

如今，勃艮第成为法国中部的一个地区，它从古罗马时期便已盛产的葡萄酒的酒红色成了一个独特的色调，叫勃艮第红。一支支风靡法国的祝酒歌，就有当年勃艮第热热闹闹的幽默影子："波尔多（Bordeaux）的公爵只喝勃艮第，而勃艮第的公爵他却只喝水……"勃艮第，现在最多的是作为一种颜色、一片葡萄酒产区、一个法国旅游胜地存在着的，而很少有人能够联想起，

---

[1] 律法规定："Women's hair would be cut off in order to enable them to fight as warriors."

在不远的过去，它还是一个盛极一时的国家。然而，勃艮第王国自古被诸多强国包围，在它的西边是罗马，东北是法兰克，东南是德意志，在诸多大国的觊觎与包围下只得夹缝求生，不停地改朝换代，最终被一点点蚕食殆尽。经历了第一、第二、第三王国时期和上、下勃艮第王国时期，公元1477年，勃艮第成为法国的一个行省。1548年，围绕着它形成了一个勃艮第文化圈（Imperial Burgundian Circle），1982年以后，便是我们现在看到的法国的勃艮第地区。

中古时期，法兰克王国在公元 800 年的时候终于有了一位"正宗"的皇帝，但当我们把他的名字翻译成汉语的时候，经常会产生问题：德语名字"Karl der Groβe"应该翻译成查理曼，还是查理大帝，抑或是查理曼大帝？事实上，前两种翻译方式是正确的，但最后一种错误的翻译方式在某些相关文章中也会经常看到。为什么说"查理曼大帝"的译法是错的呢？因为"曼"这个字本身就是"大帝"的意思，如果译成"查理曼大帝"，从意思上讲，就相当于变成了冗余的"查理大帝大帝"。

查理曼时期的法兰克王国是统一且强大的，东征西讨，战无不胜。可是，好景不长，在其子虔诚者路易时期，查理大帝建立的帝国最终还是瓦解了。根据 843 年大名鼎鼎的《凡尔登条约》，查理曼苦心经营过的帝国一分为三，法兰西和德意志雏形初现，逐渐有了今日西方文明的基本模样。

德意志王国继承了皇帝的称谓，其国王在接受教皇加冕以后，就变成了所谓的"罗马皇帝"。王位传到腓特烈一世手里的时候，他迫切想恢复帝国往日的荣光。怎么办呢？那就让教皇给自己加冕吧。而且必须在罗马加冕，这样就可以名正言顺地以古代罗马帝国及其皇统的合法继承人身份自居了。加冕后，给自己的国家叫个什么名字好呢，叫罗马帝国？太老掉牙了，而且德意志也不能完全算是罗马帝国的呀。有了，在前面加上"神圣"二字，叫"神圣罗马帝国"，多正统、多霸气！说干就干，腓特烈一世成功做了皇帝。当然，这个所谓的"神圣罗马帝国"，就像后世人们评价的，它既非罗马，也不神圣。

做了皇帝，就要完成统一大业。腓特烈一世开始攻打意大利，可他一共打了六次，都没攻下来。伦巴第地区的自治城市自然不会屈服于外来的强权统治，教皇国更成为整个亚平宁半岛纷乱的中心，而德意志王国的统治者们，就如同腓特烈一样，如同被施了魔咒，执着于对意大利和罗马的征服。这似乎也是这两个地区直到近现代才各自形成统一的民族国家的缘由之一。

第一节 红胡子腓特烈一世（上）

诸侯选举做国王
罗马加冕始称皇
实力大增心膨胀
出师伐意复荣光

诸侯选举做国王

在遥远的欧洲地带，一座巨大的高峰从平原拔地而起，一只只聒噪的渡鸦不断地绕峰盘旋，发出幽深空灵的独特怪叫，响彻云霄。山中怪石嶙峋，奇树异草堆叠环绕，一条狭长的道路蜿蜒着通向远方。在静谧的湖泊环抱之下，有一处人迹罕至的地方。一个不起眼儿的洞口静静地在山谷中等待着，黝深的穴口似乎带有无限的魔力，不断吸引着见到它的人进去一探究竟。"洞穴深处？那是一个神秘的所在，红胡子腓特烈（Frederick Barbarossa）[①]正沉睡在他的胡子床上面，四周守护着同样沉睡的卫兵，已经好几百年了。"山里的农夫说，"当头顶的渡鸦不再翱翔，当山谷的梨花遍野开放，那时候，这位了不起的帝王将醒来，带着他强大的意志，带领人民重现德意志民族昔日的辉煌。"

1152 年，德意志先王驾崩，迫切需要推举一位新的国王。"传给先王的儿子吧，我来为他加冕。"大主教热心地说。"开什么玩笑！他儿子才六

---

① 即腓特烈一世，又译弗雷德里克·巴巴罗萨，绰号"红胡子"。二战时期著名的"巴巴罗萨作战计划"，便是依此名而来。

191

岁，能干成什么？”德意志的诸侯很不满，否认了大主教的提议。“话不能这么说，前两任国王登基可都是教会的功绩，这次……”大主教还在坚持，却被诸侯斩钉截铁地打断了：“这次我们诸侯要推举一个人，我们都觉得腓特烈·巴巴罗萨就很合适，他现年二十九，是个青年才俊；他的父亲和母亲又是来自德意志两大望族，能够给他强有力的支持。”[①]于是，在此番较量中，大主教败下阵来，诸侯获得了胜利，不满三十岁的腓特烈登基，世称腓特烈一世。诸侯为自己的明智选择而欣喜，他们说：“新王一登基，这两大家族势力的亲戚就像黏合剂似的，把墙壁的裂缝都给补上了，结合紧密得就跟墙角石一样，真是好啊！”

在德意志北部的萨克森（Saxony）地区，狮子亨利（Henry the Lion）和一个绰号大熊的公爵[②]为了争夺辖地遗产闹得不可开交。“我来给调解一下吧。”腓特烈说，他在一次会议[③]上给狮子亨利和大熊公爵每人分了一块辖地，但从心里明显偏向狮子亨利。“亨利呀，你是我最亲近的表弟。你强大了，我母亲的家族也就跟着强大了。除了萨克森那一部分地区，现在我把巴伐利亚（Bavaria）这块地区也封给你，今后东北部大片领土就是你的势力范围了，希望你不要辜负了我对你的期望。”“放心吧，表兄，”狮子亨利感激涕零地说，“咱们是亲戚，你对我又有这么大的恩情，给了我这么多封地，今后你干什么，我就追随你什么。”“不必，”腓特烈宽容地说，“你是我的封臣，应该有特权的，除了宫廷会议和到接壤地方出征必须参加外，其他活动可以自愿的……容我再想想，考虑成熟后再规定一下公爵的职责。”[④]狮子亨利听了，更是感动不已，满口的“表兄”叫着，心里早就乐开了花。

---

①腓特烈的父亲来自霍亨斯陶芬家族（House of Hohenstaufen），母亲来自韦尔夫家族（House of Welf），这两个家族当时在德意志颇有势力。
②大熊阿尔布雷希特（Albert Ⅰ the Bear）。
③这次会议指 1152 年维尔茨堡（Würzburg）的帝国会议。
④ 1156 年，腓特烈颁布“小特权书”，规定了公爵的权利和职责，它是德意志从氏族部落向邦国统治发展的重要里程碑。

罗马加冕始称皇

腓特烈坐在高高的王位上，但总觉得缺了点什么。阳光透过窗棂洒了下来，正好照到他柔顺蓬松的头发上。他的头发整体呈金黄色，间或有一两根红色的发丝，掺杂在满头金发中很是显眼，黄中带红，染上了一抹桀骜不驯的颜色，与他的大胡子纠缠到一起，烘托出威严而又凌厉的气势。"虽说我是德意志王国的国王，可英格兰（England）王国里有个国王，法兰克王国里也有个国王，国王这么多，恐怕显不出我强大德意志的特殊之处……"想着想着，腓特烈竟将想法脱口而出。一旁侍立的大臣听完，笑了，张口说："国王陛下，正想提醒您呢，当初您继位时只是通知了教皇，并没去正式加冕，所以才迟迟没有皇帝的名号……按照老一辈传下来的惯例，全天下只有两个人能当皇帝，除了东罗马皇帝就是您呢！""我正想跟东罗马和亲，把它那里的公主娶过来。"腓特烈说，"自从教皇同意我和我那犯了通奸之罪的前妻离婚后，我就一直在琢磨这件事。不过……我也能当皇帝吗，怎么当？""咱们德意志的国王，是可以经过教皇的加冕成为皇帝的。"大臣回答。"哼，教皇？要他加冕？当初登基时通知他一下就不错了。"腓特烈年少气盛，满不在乎地说。大臣摇了摇头，劝道："话可不能这么说，您是国王，具有天底下至高无上的王权；而罗马教皇呢，则有着最高的教权。历代德意志国王，只有走完教皇的加冕程序，才能正式从国王晋升到皇帝。我劝您还是找个机会，去罗马加——"

大臣话音未落，就有信使向国王递上来自罗马的一封急件。腓特烈展信阅读，一会儿眉头紧锁，一会儿面露喜色，一会儿愁眉不展，一会儿又欣喜若狂。末了，他把信件递给大臣，哈哈大笑着说："你看看。"大臣疑惑地读了起来，看完信后也很高兴："国王，机会啊，罗马教皇在信中诉苦，说意大利的米兰人都在排挤他，还想通过选举产生什么执政官，公然挑衅教皇的权力。这不是也不把咱们德意志放在眼里嘛！建议国王出兵意大利，帮教皇这一次，教皇一感激，也就欣然给您加冕了！"腓特烈欣然接受了大臣的建议。

1154 年，腓特烈国王带着狮子亨利，一起率军征讨了意大利，结果大获全胜。"表兄你就放心加冕去吧，由我在这里替你守着。"狮子亨利将胸脯拍得震天响，没想到在加冕当天还真领着骑兵镇压了一批叛乱的罗马人。

"这些罗马人之前向国王要过一大笔钱，国王没给，就过来捣乱啦。"明白前因后果的人解释说。

这边正在加冕的腓特烈气呼呼的，因为教皇非要他在大典上帮忙牵马绳、扶马镫。"众目睽睽之下，要我堂堂一国之王做教皇的马夫，有没有搞错！"腓特烈愤愤地甩手，眼看着马上就要离去了，教皇赶紧上前解释，说这是历朝历代传下来的一种礼仪，并没有侮辱人的意思。"你要别人怎么想，哪怕当了皇帝，仍然是依附于教皇的封臣吗？！"腓特烈不满地说。教皇想了想，叫人找来一本书，指着书上的文字说："你看，这个是前朝皇帝，那个是很早以前的皇帝，他们都经历过这个仪式。其实嘛，这就是个仪式，并没有其他任何含义。上面规定写得已经很清楚了，加冕仪式上必须……""够了！"腓特烈不满地说，"不就是牵个马嘛，我照做就是。"

加冕后的腓特烈成为名副其实的皇帝，他志得意满地带领大队人马翻过阿尔卑斯山（Alps Mountains），又返回了德意志。不过途中险象环生，军队在路过一座桥的时候还跟当地人打了一仗。腓特烈以皇帝之名回到德意志后，东罗马皇帝跟他渐渐疏远，迎娶东罗马公主的美梦也就泡了汤。不过，受挫的感觉很快就被繁忙的政务冲淡了。腓特烈帮助狮子亨利稳固了北部的政权，又在西部和西南部扩大了帝王家族的势力。在帝国东部，他和狮子亨利一道讨伐了不听话的公爵，在德意志国内的统治蒸蒸日上。几年后，腓特烈娶了勃艮第的一个高贵富裕的少女做妻子，家庭生活倒也和谐美满。

实力大增心膨胀

一天，人们在贝桑松举行国会，教皇使臣带来一封信，等信件被翻译出来后，狂怒立即席卷了所有的参会大臣。大臣们抓住教皇使臣的衣襟不放，非要他把话解释清楚："教皇这封信是拉丁语写的，我们读不懂；可是翻译过来的字上写得明明白白：我们皇帝的权力居然是教皇给的？要是皇帝表现好了教皇还会给他更多封地？""是啊！"教皇使臣迷惑不解，"你们皇帝的帝位如果不是教皇授予的，又是谁给的呢？"众大臣一听就更生气了，有更多的人抓住了教皇使臣，打算将他揪翻在地教训一顿："谁说德意志是教皇授予的封地啦？这是我们世世代代——""够了！"眼看一拳将要打下去，腓特烈出言制止了大臣气愤中的无礼行为。皇帝看看教皇使臣，又读读书信的译稿，开始口述回信了："我的王位是诸侯选举产生的；我的皇位是上帝恩赐给我的，与教皇这个人并无关系。在此，我必须声明一点：教皇信中'封地'二字用得毫无道理，因为我的帝国是独立于教会的。"

教皇使臣灰溜溜地跑回罗马，又被教皇训了一顿："笨蛋，你就不会解释吗？你看看我信上的这个词，写的是'恩惠'。但'恩惠'这个词不是指我们给皇帝封地方面的恩惠，而是指要多做善事，这样就可以给别人恩惠了！"[①]教皇懊恼万分，急忙又派了另外一名使臣去向腓特烈解释，然而，这个梁子已经结下了。

腓特烈皇帝对待教皇强势的态度与第一次征战意大利带来的巨大胜利，都在德意志国内掀起了热烈的狂潮。"我们的帝国发扬了罗马的光荣传统，应该叫罗马帝国！"一个瘦高的人骄傲地说。"我们已经是罗马帝国了，但这还不够，因为德意志比罗马更好，腓特烈大帝除了发扬古代的光荣传统，更代表了基督教的传统，所以应该在前面加上'神圣'两字！"另一个人从座位上站起，自豪地说。"神圣……神圣罗马帝国（Holy Roman Empire）！这个好，等我把它写进帝国中书省的书信里！"瘦高个子拍掌说道。

渐渐地，德意志出现了"神圣罗马帝国"这种说法。人们套用罗马法，也认为这样称呼妙极了。在民间，甚至在教会，都有人认为腓特烈一世应该做世界的皇帝，统治全世界。吟游诗人不断在宫廷及民间的各个角落吟唱着："啊，伟大的帝皇，世界的主人！"德意志南部修道院的教士奋笔疾书，终于写成了一部戏剧[②]，在里面对皇帝大唱赞歌，把腓特烈想象成已经征服四海、各国诸侯都要向他低头的世界统治者。"邦君""小国君主"，这些对外国

---

①这里讲的是英文用词不当造成的误解。教皇的本意是要用拉丁文 "bonum factum" 这个词，意思是"善事"；但在写信时，写成了 "beneficium"，这个词含有"利益、恩惠"的意思，所以造成了误解，以为教皇给腓特烈的恩惠就是封地。

②这部戏剧的名称是《反基督者的戏剧》。

诸侯的蔑视性称呼在德意志宫廷里大行其道，给人一种小国依附大国的错觉。

但是，面对这种日渐膨胀的野心，除了在德意志境内，其他国家并不买账。"醒醒吧，不要臆想世界霸权了！"英格兰国王说。好在腓特烈随着年龄的增长，逐渐变得理智起来，听到人们对自己的赞美，虽然心下得意不已，却也没有将这份膨胀的自信心过多外露出来。他明白，脚踏实地做好革新，对内巩固统治、对外征服意大利应该作为现阶段的主要目标。"我在之前就一直强调，帝国革新是我的职责。进行这个革新的第一步，就是恢复神圣罗马帝国在德意志以及意大利的神圣权利！"腓特烈坚定地说。接着他话锋一转，随即做起了战前动员工作："可是，意大利的暴民依然不顺服，让我们为了帝国的荣耀，再次去讨伐它吧！"

出师伐意复荣光

1158 年，腓特烈皇帝再次纠集人马，讨伐意大利。出发前，当他派使臣去请狮子亨利参战的时候，却碰了个软钉子。"你们先走啊，我辖区内还有点事儿。"狮子亨利搓着双手抱歉地说，"我肯定会率军赶上大部队的。"

尽管一开始狮子亨利没来参战，但腓特烈在出发前以皇帝之名进行了动员和号召，又拉拢了其他一些诸侯加入其中，所以这支军队的规模依然可观。跋山涉水到了意大利，就陆续有一些城市投降，对皇帝宣誓效忠，并补充进行军队伍。但当行进到米兰的时候，那里的人民不屈不挠，坚守城池。"坚决捍卫城市的自由自治！"米兰人说，然后就被腓特烈的大军团团围住，只得困守在城中。米兰人爬上城墙，在墙体的掩护下往外面的驻军身上射箭。重重箭雨之下，旗车一马当先冲出城门，战车上自由的旗帜迎风翻转，米兰将士们在旗车指引下展开了一轮又一轮的激烈反抗……

终于，有一天，米兰人抵御不住了。高耸的城门轰然倒塌，大段的城墙裂成碎石，甚至连坟墓都被铲平，之后便是腓特烈皇帝带领众多部下长驱直入。"你们那著名的旗车呢？交出来，拆毁。"腓特烈轻描淡写地说，但在米兰人听来就像一座神圣的丰碑轰然倒塌，屈辱、愤恨涌上心头，但又不得不屈服。腓特烈挥挥手，米兰整座城市被夷为了平地，其他还在负隅顽抗的意大利城市居民看了都很害怕，也都纷纷投降了。

在一个红日西斜的黄昏，腓特烈皇帝逆着残阳负手而立，看着眼前一片废墟，喃喃自语："给他们个沉痛的教训，他们就再也不敢造次了吧？"他又志得意满地想到，几代皇帝梦寐以求的夙愿已经达成，意大利的统治权已经牢牢地握在了自己手中，不禁有些得意忘形。"所有防御工事必须拆除！所有城堡必须上交！经济赔款必不可少！市政官必须由皇帝任命！天下就是我的啦！哈哈哈哈！"腓特烈不禁仰天大笑，坚毅的眼神映照着天上的白云，一头金发被夕阳染成了赤红色，与下巴上的大胡子纠结到了一起，胡子颤颤巍巍地，失去了本身的色彩，也被红色所笼罩。"看哪，红胡子！""看哪，腓特烈！""看哪，红胡子腓特烈！"米兰人远远看去，只见腓特烈皇帝像是笼罩在一片红雾之中，下巴上的大团胡须红得发紫，刺伤了每个人的眼睛。"这团胡子，是用我们米兰人的血染红的呀！"一个老人沉默半晌，悲痛欲绝地说出了这句话。周围的人听了，不禁潸然泪下，一开始是小声抽泣，最后竟变成放声大哭。

腓特烈此时还不知道人们给他起了这么个外号，而是沉浸在巨大的胜利喜悦之中。他带着王者的荣耀班师回朝，走到哪里都是一片赞美之声。尤其是到了德意志境内，人们更是将他与之前功勋卓著的查理大帝相提并论，甚至说他比查理大帝还要厉害，恢复了帝国企盼已久的荣光。腓特烈愈发飘飘然，走路都像踩在了云彩中。然而他不会想到的是，米兰民众的反抗之火会在不久之后再次点燃，这也就导致了他的第三次、第四次、第五次、第六次……接连六次一而再、再而三地征讨意大利。更多困难在前面等着他，亲人的离心、盟国的破裂、教皇态度的巨大反转，都使红胡子腓特烈在接下来的战斗中遭遇的情势难上加难。年过六旬，人近不惑，竟踏上了十字军东征（Crusade）的脚步，克服了种种自然磨难，却以一种匪夷所思的情形死在征途，留下众多猜测和传说。

第二节　红胡子腓特烈一世（下）

反皇联盟成劲敌
攻城激战硝烟起
六番攻意终言败
东侵路上余叹息

反皇联盟成劲敌

　　上次征讨意大利大获全胜之后，红胡子腓特烈载誉而归。[①]然而，好景不长，仅过了一年，意大利的局势又骚动起来。先是由自己亲手提拔的大主教被杀，后是人们以威尼斯（Venice）的民众为表率，接二连三地起来反抗，各城市还联合着结成了反皇联盟，专门对付红胡子腓特烈皇帝。1163 年，在一个秋高气爽的日子里，皇帝又重新披挂上阵，第三次杀向了意大利。"看着吧，我一定要以武力来摧毁这个联盟，任何反抗我的终将倒在我的脚下！"腓特烈霸气地说，神情自信而又张狂。然而，他这次进军并没有取得成功。一年之后，又是一个天高云淡的秋天，腓特烈重新回到自己的德意志王国备战，"我还会回来的！"他肯定地说。

　　回到德意志，红胡子腓特烈开始盘算着应该给自己拉些同盟。"表兄，"狮子亨利这时凑上来了，他说："听说英格兰长公主出落得亭亭玉立，非常惹人怜爱。弟弟我正好两年前离婚了，您看……""呵，亏你还敢来见我，

---

　　①详见上节《红胡子腓特烈一世（上）》。

我攻打意大利的时候你干吗去了？"①腓特烈一脸的鄙视。"哪一次，是第二次吗？那次不正好您给我的辖区内有事吗？再说了，处理完了我就赶紧冒着酷暑清点兵将支援您了啊，还翻过阿尔卑斯山，包围了一座城市。"狮子亨利急忙解释。也许觉得自己的语言有些苍白无力，狮子亨利换了口气，接着说："之后回到德意志，我又替您安抚了北部的民众，还跟丹麦（Danmark）国王结了盟，壮大了咱们的家族势力呀！"红胡子腓特烈听了，这才觉得气息稍微平顺了些，但依然心存不满："你呀，亨利，就知道想着自己！"狮子亨利急忙把头摇得像拨浪鼓，连声说道："不是，不是这样的。表兄，我正想给表兄建议，英格兰国王还有一个小公主，长得也是貌美如花，非常可爱。不如……跟您的皇长子结亲？""噗——"端起杯子喝水的红胡子腓特烈一下子被惊到了，满口的水吐到了狮子亨利的脸上。亨利顾不得擦，而是急忙绕过来拍打腓特烈的后背。"表弟，咳咳，我的皇长子还不满一岁，现在考虑这个未免过早，咳咳咳。"腓特烈边咳边说。不过转念一想，这倒也不失为外交的一种手段，年龄小可以先订婚。于是与英格兰国王一拍即合，达成了双重联姻。

这边，反皇联盟也没闲着，自从与红胡子腓特烈交恶之后，东罗马皇帝就不时施展外交斡旋手段，处处跟腓特烈对着干。为了扩大联盟，他也想把自己的女儿嫁到法兰克的一个年轻国王那去，从而拉拢更多的势力来跟腓特烈作对。不过，经过漫长的谈判，这个打算夭折了。可世上没有不透风的墙，事情传到了红胡子腓特烈耳朵里，他暴跳如雷："一群不知天高地厚的家伙，一会儿不收拾就造了反了！"于是，他又开始筹备征讨意大利。

攻城激战硝烟起

1166 年，又是一个秋天，红胡子腓特烈率领泱泱大军，以迅雷不及掩耳之势向意大利挺进。军队一路上战果辉煌，次年春天就杀到罗马城下。罗

---

①这里指第二次攻打意大利时狮子亨利一开始没参加，过了一年才率兵赶上。详见上节。

马城久攻不破，眼看着季节从宜人的春天变成了炎热的夏天，腓特烈知道，情况越艰苦，越必须全力以赴地迎战。

"攻城槌，上！"腓特烈发出号令，一个巨大的四轮车载着攻城槌从军中开出，隆隆驶向紧闭的城门。在车和槌之间揳着坚固的木桩，固定着槌不会从车上掉下来。车上蒙着一张浸过水的牛皮，火箭嗖嗖地从城墙射下，却点燃不了湿牛皮分毫。推车士兵身着锁子甲，一手推着车子越过壕沟，另一只手则举着一面盾牌挡在头顶上，以此抵挡住从城墙上射下来的箭雨。终于，攻城槌到达了城门下！士兵猛一推车，攻城槌借着巨大的惯性向前冲去。

"咚！哐！咚！哐！"碰撞声不绝于耳。

"攻城弩、抛石机，准备！"腓特烈熟练地指挥着，目光坚毅地盯着前方，成排的弩炮对准了城墙。"发射！"腓特烈一声令下，铺天盖地的弩箭和石块向城墙砸去，有的砸到了罗马守军身上，顿时喊杀声、哭号声不绝于耳。

"攻城塔，上！"腓特烈发出最后的指令，一队强壮的士兵将蒙着兽皮、装有轮子的攻城塔推到一处守卫受了重伤的城墙边，然后翻身登上二层的攻城塔，擎矛持剑，砍瓜切菜样将敌人消灭，如履平地般抢占到城楼之上。顿时，城墙之上一片哀号、遍地死伤。突然，只听山崩地裂一声巨响，攻城槌击在城门上凿出一个缺口，又一使力，顷刻间城门大开，红胡子腓特烈率领大军如洪水般滔滔涌入，不一会儿便占领了整座城镇。

"哈哈哈，真是一次难忘的胜利！"腓特烈捻着大胡子朗声笑着，脸上全然掩不住胜利的喜悦。他在怀里搂着自己娇嫩的妻子，轻声慢语："乖，等我任命了这里的新教皇，就让他册封你为皇后。"

红胡子腓特烈是这么说的，而且他也真做到了。他控制了教堂，钦点亲近自己的教士做了教皇，而自己的妻子也在新教皇的加冕之下成为皇后。那一天，普天同庆，热闹非凡。军中喜气洋洋，连驻扎在罗马城外的军队都得到了美酒佳肴的犒赏。

晚宴后，腓特烈离开嘈杂闷热的宴会厅，走上高台，俯瞰脚下的大地，享受着暴雨来临之前的烈风，觉得人生巅峰莫过于此。"亲爱的，小心点，别着凉。"皇后走了过来，关心地为腓特烈披上了长袍。物极必反，一语成谶。没过多久，叱咤风云的红胡子腓特烈真的着凉了——或者说，他以为自己着凉了。

窗外，大雨滂沱；屋内，人形消瘦。红胡子腓特烈得了病，难受得很厉害，浑身忽冷忽热，上吐下泻，虚脱到晕厥的边缘。"报！驻守城外的德意志士兵死亡五十，死因经诊断均为疟疾！"一个士兵敲开房门，给虚弱的腓特烈带来了雪上加霜的消息。之后，这种消息便接连不断传来：

"报！死亡人数上升到一百！"

"报！死亡人数上升到两百！"

"报！死亡人数上升到五百！"

"报！死亡人数上升到一千！"

……

"报！死亡人数上升到两千！"

"什么？两千！"红胡子腓特烈一下子从半昏迷中惊醒，感觉自己的病也好了，只是胸口疼痛不已："两千，天哪！我做错了什么事情让上天降下这等惨烈的惩罚啊。"腓特烈无心耽搁，急忙打起精神清点残兵病将，带领他们灰溜溜地回到了德意志本土。

六番攻意终言败

这边，红胡子腓特烈带着一身病痛走了；那边，意大利人欢欣鼓舞，认为这是天降吉兆，纷纷倒戈加入反皇联盟——由十六个城市组成了联盟，抢夺权力、收回地盘、建立要塞，并且联盟规模还在不断扩大。兵败如山倒，腓特烈基本失去了之前辛苦得来的在意大利的影响力。雪上加霜的是，他实力强劲的对头东罗马皇帝趁火打劫，趁机加强了在意大利北部的势力。腓特烈明白，意大利的局面已经不受自己控制了，之前处心积虑安插下的教皇已被打倒，没法再通过教廷的助力左右局势了。但是，意大利依然是红胡子腓特烈内心深处最大的一块心病。在萧瑟的寒风中，病已痊愈的皇帝握紧拳头，默默发誓："意大利早晚属于我。要做到这一步，容我先在德意志养精蓄锐，待时机成熟后再与意大利决一死战！"

自从做了英格兰国王的准女婿，狮子亨利这几年更是春风得意，处处耀武扬威。亨利一力促成了自己女儿跟丹麦王子的婚事，等于是把丹麦的势力也紧紧地拉向了自己的身边。他在巴伐利亚和萨克森封地的日子顺风顺水，牢牢地控制了那里的贸易通道，聚敛了大量财富，过上了优越的生活。"我要建一座城堡，至于布局呀，结构啊，就按照腓特烈皇帝的行宫来吧。不，比他的还要大、还要豪华……"狮子亨利比画着，眼中傲然的神色显露无遗。"这里……空荡荡的，就建一座纪念碑吧，要狮子的，来象征我英明的统治，哈哈哈！"在城堡的广场上，狮子亨利意气风发地站立片刻，提出了这样的要求。两年后，亨利成功抱得美人归，娶了英格兰长公主；四年后，他率领着一批随从出国了，走到哪里都受到了当地国王热情的接待，接待标准甚至比接待有些国王的标准还高。狮子亨利不禁有些飘飘然，待人接物都变得粗暴起来。

"太过分了！"德意志境内其他备受狮子亨利暴力欺压的诸侯敢怒不敢言，只能在私底下议论纷纷："那头狮子，他以为他是谁？什么'帝国最强大的领地'，什么'盖过国王的地位'，我呸！皇帝还在世呢，当初他可是由皇帝一手提拔起来的，有钱有权了就不知道自己姓什么了。"

腓特烈倒也没对狮子亨利的行为太过干涉。毕竟他们是亲戚，而且他也需要亨利的支持与帮助。可是，令他失望的是，亨利在不久的将来彻底辜负了他，这是后话。

在这段相对安宁的时期，红胡子腓特烈也没闲着。他派使者到北意大利周旋，成功说服威尼斯和其他几个城市退出了反皇联盟，使这个联盟处于分崩离析的边缘。

"是时候了！"腓特烈一马当先，第五次讨伐意大利。1174年，他亲率大军前去征伐，由于太过自信，并没有带上狮子亨利及德意志的其他诸侯，结果一开打就面临惨败的危险。不得已，腓特烈只得去搬救兵，找到了狮子亨利。

"你又没发征召令，依据封地法，我狮子亨利没有替你出征的义务。"亨利听完腓特烈讲明来意，立即斩钉截铁地拒绝了他。"我真是瞎了眼，本以为最亲近的人是你，你的权力、你今天的地位，都是我帮你争取来的。你却在关键时刻让我难堪，真……真是气死我了！"腓特烈跺脚诅咒着。见亨利无动于衷，向来强硬的他又难得一见地软了下来，推心置腹地说："于法，你确实没有义务；但看在道义的面上，你一定要帮我啊……我的好弟弟，哥这次真的落难了，就帮哥哥这一次吧，好吗？"他说得十分动情，竟要弯身向狮子亨利跪下来。没曾想亨利居然看也不看，一甩手就离去了，留下腓特烈站也不是，跪也不是，愣在当场。

请救兵不成，红胡子腓特烈只得独身重返战场，结果被米兰的步兵打得落花流水，自己晕厥在战场之上，差点丢了性命。回到德意志，腓特烈开始了对狮子亨利的制裁。亨利还以为能跟皇帝抗衡呢，可是他早已不得民心，封地内反抗的声音风起云涌；其他诸侯一见报仇的机会来了，全都对他落井下石，最后狮子亨利被判流放到妻子的老家——英格兰。

惩治了狮子亨利，红胡子腓特烈收回了很多权力，在德意志国内的统治达到空前绝后的高度。但最高兴的还不是腓特烈，而是众多诸侯，狮子亨利背后的大家族倒台了，诸侯或多或少都分到了一杯羹。

处理了一些国内事务后，1184 年，腓特烈经过整顿，第六次踏上讨伐意大利的征程。结果，他又失败了，而且是惨败。但很快他便决定为了信仰、为了恢复主的圣墓，参加一场浩大的运动——第三次十字军东征（The Third Crusade）。[①]

东侵路上余叹息

行军之前，皇帝不忘再给狮子亨利一次机会。于是，在一次宫廷会议上，腓特烈向亨利提出了一个建议。他说："表弟，我给你三个选择：第一，你自己出钱，跟随我参加这次战争；第二，我可以把其余的地产归还你，但是你要自愿放弃一部分财产；第三，如果你不识相的话，就再去英格兰流放三年吧。"亨利做了第三个选择，又被流放英格兰了。

1189 年春夏之交，六十七岁的红胡子腓特烈带领军队踏上了征程。临

---

①在二百年左右的时间里，十字军进行了多次东征，这些东征是带有侵略性质的，红胡子腓特烈参加的是第三次。

行前，腓特烈精神抖擞、气宇轩昂地做着战争动员："如上帝所愿①，天堂的门就要向我们打开了。为了荣耀，朝着耶路撒冷进发吧！"

然而一路并不太平。半年后的冬天似乎特别难熬，军队在冰天雪地中度过了寒冬。开春之后，大部队漂洋过海，在茫茫大海中，年近古稀的腓特烈克服了种种不适，终于坐船驶到了目的地。上岸之后，军队向小亚细亚进发。路上，不停有敌军过来骚扰，仗打得十分辛苦。军队一路和敌人拼杀，加上水土不服，多有疾病侵袭，远征军折损了不少兵将。距离出发时间一年之后，大部队历尽千辛万苦，又翻越了破碎低矮的丘陵地带，到达了亚美尼亚（Armenia）。

眼前横亘着一条长长的河流，湍急的水流打着旋儿流向远方。要想最终到达圣地耶路撒冷，远征部队必须蹚水过河。他们找了一处不算太深的河床，可那里只容一人通过。于是，由腓特烈皇帝带队，全副武装的军队开始过河了。他们一个接一个地跳入水中，拖着全身的武器甲胄涉水而行。轮到腓特烈渡河的时候，人们都为他捏了一把汗。

六十八岁的红胡子腓特烈丝毫没有老态龙钟的模样，他戴正了头顶的巨型战斗头盔，整了整身上的银色锁子甲，紧了紧脚上沉重的铁靴，就迈着刚强的脚步，一步一步坚实地涉水而过。骚动的河水溅起了水花，不断撩拨着腓特烈渐已花白的须发。六月温暖的夏日在天空慷慨地洒下大把阳光，却照不散从四面八方刮来的凛冽罡风。在不断吹刮的寒风中和冰冷刺骨的河水里，红胡子腓特烈走了过去，安然地站到了河的对岸。军队里发出了掌声和欢呼声，腓特烈举手示意，接着蹲下身子，用双手掬起一捧水。他将水送入被风吹得干裂的口唇中，顿时觉得格外香甜。但是，当他企图站起身来的时候，突然眼前发黑，双腿酸软，大脑像被抽空一般钝钝作痛。当他站起一半身子的时候，沉重的盔甲使他重心不稳，向河水方向倒去。士兵们见状大惊，急忙伸出一双双的手打算把皇帝托住，可光滑的铠甲划过了他们的掌心，重重地落在水里。水流湍急，倒下的腓特烈再也没能站起来。当人们七手八脚下

---

①英文原版为"As He wish"。

河去捞的时候，红胡子腓特烈早已不知被水冲向何处。

"唉，红胡子腓特烈走了。"人们沉重地叹息着，就连腓特烈的老对手也不禁扼腕长叹。红胡子死去了，就这样死去了。他以执着的信念六次征讨意大利，又在花甲之年披挂上阵，熬过了冬天、征服了大海、翻越了丘陵、蹚过了大河，最后却躲不过命运。但很快，事情就变成另外一种说法。也许是在人们心中，一个伟大的人物必须有个戏剧性的结尾，于是，关于红胡子腓特烈长眠于山谷，并会有一天醒来的话语就传开了。

"你知道吗？我今天在山的那边看到一个小男孩儿，"一个山里的农夫说，"他愁眉苦脸地看了一会儿山里的渡鸦，然后就钻进了一个山洞。"

"我也看到了，大概是昨天吧，那小男孩儿从山谷出来的，一直盯着天空看啊看，后来又回去了。咱们见到的小男孩儿应该是同一个人。"另一个农夫说。

就这样，事情越传越神。于是，出现了上篇中开头的那一幕……

盎格鲁－撒克逊时期的英格兰，可谓缤纷繁华。古代骑士与圆桌武士深深地刻在了现代人的梦幻传奇之中。英勇、儒雅、体贴、忠贞的骑士们，将以往士兵粗鲁的形象一扫而光。取而代之的，是对文明的诉求和对美好生活的向往。中国有"红袖添香"的说法，英格兰则有少女向心仪的骑士赠送红袖的传说。虽说红袖寄情，可惜兰斯洛特和百合少女（本章第一、二节）落花有意，流水无情，花朵般美丽的少女用生命的绝唱，演绎了一段生离死别的悲壮故事，奏响了心灵深处的最强音符。当然，骑士的文艺形象有时是对历史事实的美化或渲染。

　　我们平时学习的英语，便是由盎格鲁－撒克逊语演变而来的。其实，中古时代早期的欧洲人普遍不会读写，唯有僧侣掌握文化和书写，拉丁语是官方语言，只有敕令法典中才能用得到。在这个时代的英格兰，全境内的俗人几乎全是文盲，操着各式各样的奇怪口音，大字不识一个。而且，几乎所有的书都是用艰深晦涩的拉丁文写成的，人们能够看懂的没有几本。阿尔弗雷德大帝（本章第三节）是七国时代一方的霸主，英勇对抗丹麦人的入侵，威震一方，但他最可贵的，是对文化的尊重。在他的努力下，英格兰地方语言被普及，文化被复兴，社会的风气和氛围也转变了。

　　阿尔弗雷德大帝惜时如金，他科学规划管理时间，还亲自进行翻译。就这样，阿尔弗雷德与查理大帝一道，推动了欧洲历史上的第一次文艺复兴，简而言之就是教人们认字。此后，在12世纪发生了第二次文艺复兴，即世俗法律和文化的复兴。至于人们常说的以莎士比亚、达·芬奇、但丁为代表人物的文艺复兴运动，大致是指第三次文艺复兴——这时，人们思考的是人性问题，是如何去摆脱宗教思想的束缚和倡导人本主义了。

第一节　兰斯洛特与百合少女（上）

纯良少女初长成
偶遇骑士春心萌
红袖信物急急赠
手抚银盾痴痴等

纯良少女初长成

碧蓝如洗的晴空下，一个白衣金发的少女坐在森林里的百合花中，纤细的后颈轻轻倚在一棵老橡木的树干上。少女有十六七岁的样子，面容姣好，舒展的眉眼下是秀挺的鼻子和小巧的嘴巴，刻画出无限的美好。她捻起一株洁白的小花放在鼻下轻嗅，又轻轻地将它埋回土里。整片森林无比寂静，只有不远处护城河潺潺的流水声和啄木鸟敲击树干发出的声音。树木之间的空隙里，露出一对圆圆的、羞涩的大眼睛，原来是一只可爱的小鹿。小鹿将头优雅地高高地昂在空中，无忧无虑地在附近戏耍。一只羽冠明亮的野鸡从灌木丛中跳起，奔向了这片百合花。一只野兔和几只松鼠从少女身旁飞快地跑过，转眼消失了踪迹。

半晌，少女拍拍身上的泥土，起身缓缓向森林外走去。"该回家了。"少女自语着。她粉红的面颊带着清新的笑容，沿着熟悉的道路不一会儿就来到护城河旁。护城河里的水静静流淌，长年不息地从姑娘的故乡艾斯特拉（Escalot）奔向亚瑟王（King Arthur）的国都卡默洛特（Camelot）。微风袭来，吹皱了平滑如镜的河面，推着河里的睡莲向前挪动。姑娘抚落头上的百合花瓣，脚步轻快地踏上了护城河上架设的吊桥，向着对岸的古堡走去。

　　巨大的四方形古堡矗立在娇小的少女面前，古堡青灰的砖石与少女灵动的白裙相呼应，形成了一幅和谐的画卷。"伊莲（Elaine），回来啦？"吱呀一阵声响，古堡的门打开了，一个女仆迎上前来对少女嘘寒问暖，亲昵地叫着她的名字，并将一件浅粉色的袍子披在了她的身上。接着，伊莲与女仆并肩而行，驾轻就熟地回到了古堡中的塔楼里，一路洒下阵阵欢笑。

　　这座古堡有四个圆形塔楼，分布在堡中的四个边角处，伊莲的卧房就在其中面向森林和护城河的那一间。少女在塔楼的卧室并不大，屋里陈设虽然简单，却处处透露出温馨的气息。小屋的墙边摆着一张柔软的卧床，床头有一张木桌，桌上立着一只精致的广口花瓶，瓶中插着三枝含苞待放的百合花。屋里还有一架织布机，摆在靠窗的位置。伊莲缓步走到织布机旁，稳稳地坐了下来。她拿起梭子和棉线，开始熟练地织起布来。织布机临窗，抬眼就能看到外面的情景，看到护城河和热闹的街道中来往的人群，但伊莲从不探身向外去看，只是心无旁骛地织着布，内心充满宁静和满足。

　　这一天，伊莲又在织布机前有条不紊地织着布，午后的暖阳从窗户洒了进来，悄悄地抚摸着少女柔和的面颊。正当伊莲起身，打算从抽屉里再取一团纺线过来的时候，她的女仆从城堡的另一头跑了进来，气喘吁吁地说："小姐，不好了，二少爷在大厅里跟一个陌生骑士打起来了！"

　　伊莲闻言大惊，急忙放下手中的活计，急匆匆地往城堡大厅奔去。"不要打了，大哥的眼睛就是在比武时弄伤的，二哥你不要重蹈覆辙呀！"伊莲边跑边带着哭腔喊。可是一进大厅，便传来父亲连声的叫好。"好，这招儿好！""换招儿——注意后背！"父亲站在打斗圈儿外，兴致勃勃地指导着。伊莲满心奇怪地看看父亲，又望向两个比武的人，只见以往战无不胜的二哥已被打得披头散发、狼狈不堪，在对手的攻击中疲于躲闪，完全没有了以往威武的形象。当伊莲将目光投向二哥的对手时，突然心中一阵悸动，就像被一只无形的大手揪住了一般，往日纯真如白纸的生活自此洒满了五彩的光辉。

偶遇骑士春心萌

　　那是怎样一个骑士啊，陌生而高大的身躯散发着危险的气息，却无时无

刻不吸引着人靠近。这名骑士有着褐色而健康的皮肤，宽阔的额头上有一道
沧桑的剑疤，刚毅的脸上布满了作战时留下的疤痕。他以纯熟的技巧挥舞着
手里的长剑，剑锋如闪电般左刺右戳，却总能在刺伤对手的边缘及时收势，
翻转手腕抖出另一招剑花。乍一看，那骑士像在傲慢地逗弄着伊莲的二哥；
但稍微懂一点儿剑法的人都知道，他是在耐心地指点伊莲的二哥，不断发现
对方的破绽，又不断地将其一一攻破，并且给足了对方弥补的机会。在实战
中练习剑术是最好的，但必须找一个收发自如的高手来教，否则就会有受伤
的可能性。而眼前这个陌生的骑士，就是最好的人选。

　　"喂！伊莲，你干什么呢？快回来！"

　　父亲的一声棒喝拉回了伊莲魂不守舍的心绪。伊莲这才发现，自己已经
不知不觉地站到打斗圈儿里了，随时有被误伤的可能性。"抱歉，姑娘。非
常抱歉刚才吓到了您。"陌生骑士悦耳的声音响起，在伊莲听来如同天籁。

　　"主人，晚餐已备好。"仆人走过来提醒大家。"好，我们边吃边聊吧！"
伊莲的父亲爽朗地说，"这位骑士，你的剑法十分了得，我看恐怕跟王国第
一勇士兰斯洛特（Lancelot）不相上下。你是谁？你从哪里来？你要到哪里去？
年轻人，讲讲你的故事吧！"

　　"很抱歉，我现在还不能告诉您我的名字。"陌生骑士说。此时人们已
经来到餐厅，在各自就餐的座位上坐定了。"但请您务必相信我不是坏人。
今天之所以冒昧地叨扰您的城堡，是因为我正走到半途，打算去参加亚瑟王
举办的比武大会。"陌生骑士不卑不亢、彬彬有礼地回答。

　　"比武大会！"伊莲的二哥一听就来了精神，"是那个每年都举办一
次、迄今为止已经举办了八次的比武大会吗？咱们一起去好不好？我也想
去呢。听说，获胜者的奖品是一颗又大又圆的钻石，钻石是亚瑟王在一次
偶然的机会，从一个国王尸骸的皇冠上摘下来的呢！那八颗中等大小的已
经在前八次比武时被伟大的兰斯洛特斩获，还剩这最后一颗最大的，也是
这次的奖励了。如果我把它赢过来，就放到妹妹的头上，只有世界上最漂
亮的钻石才配得上我妹妹纯真的心灵呢！而且我要是能打赢，说不定也能
成为圆桌骑士（Round Table）的一员，这是多么荣耀的事情啊。人们都说，
圆桌骑士用的圆桌是王后格温娜维尔（Guinevere）的嫁妆，是国王的父

亲①赠给王后的父亲，王后的父亲又当嫁妆给的亚瑟王，够古老，对不对？圆桌很大，能坐 150 人呢！大法师梅林（Merlin）招募了 145 个骑士，跟亚瑟王在圆桌上平起平坐，可还差几个人呢。要是我真能当上其中一员……"一到自己感兴趣的话题，二哥就滔滔不绝。

"礼貌！注意礼貌！"伊莲的父亲敲着桌子严厉地说，"教育你多少次了，想要做一名骑士，首先要注重礼貌的修养、声名的树立和奉献的精神。你瞧你，光顾着讲自己爱说的事情，冷落了客人，这是骑士应有的待客之道吗？"二哥听了，惭愧不已。

"无妨，由于我的到来给在座各位带来了困扰，真是抱歉。"陌生骑士优雅地说，"如果阁下愿意的话，请您允许我说说我的生平和主要经历。"骑士边说边用眼角的余光镇定地扫视了一圈儿饭桌旁就餐的众人。当目光扫向伊莲的时候，伊莲粉嫩的脸蛋儿唰地一下由面颊红到了耳根。为了遮蔽自己这羞人的情动，伊莲赶紧低下了头，却也错过了观察陌生骑士那不露痕迹微微皱起的眉头。

"从哪里开始呢……就说说我一马当先冲在前面，最终战胜巨人和罗马吧。"陌生骑士收回了自己的目光，黯然抚平看到少女纯情目光后心下萌生的一丝懊恼，开始讲述自己的传奇经历，"……就这样，一剑劈下，敌人裂成了两半。"陌生骑士以手为剑做了个动作，结束了自己的讲解。餐桌旁的众人立即七嘴八舌地讨论起刚才说到的情节，但伊莲依然如痴如醉，沉浸在陌生骑士磁性浑厚的嗓音之中，至于他刚才说了什么情节，少女连一个字都没有心思去听。

红袖信物急急赠

当天夜晚，伊莲做了个梦，一个关于陌生骑士的梦。梦中的情景伊莲醒

---

①指上任国王，即亚瑟王的父亲尤瑟（Uther）。但关于亚瑟王的身世一直有争议，因为亚瑟是由赫克托爵士（Sir Hector）抚养大的，有人说赫克托其实就是亚瑟的生父；还有一种传奇的说法认为，说亚瑟是梅林法师抱给湖中仙女养大的，因此具有神力，能够拔出石中剑。

来就忘了，但当她睁开纯真无邪的蔚蓝色大眼睛时，一种温暖的感觉包裹了她，就好像四肢百骸都处在暖暖的温泉之中。"不行，我现在必须去找他。"伊莲说着，一边下床洗漱，一边还回味着那个梦和梦里那个虚无缥缈而又真实有力的拥抱。

伊莲在古堡中到处打听，急切地寻找着陌生骑士，终于在马厩附近找到了他。陌生骑士拍拍古堡中那匹谁都难以驯服的烈马，烈马立即低下头来，看来它已经被这个技艺高超的骑士驯服了。"早上好，姑娘，您来得正好。我正要跟您的二哥结伴而行，去卡默洛特的比武场参加这次的比武大会。"陌生骑士看到伊莲来了，温和地说。接着，他拿出自己随身携带的银盾，向少女递去："我这次是匿名参加比武，为了避免被人认出，已经向您的父亲借了马匹、向您的大哥借了盾牌。至于我的这面盾牌，就麻烦您帮忙收着，等比武结束之后，再来叨扰取走。"

陌生骑士将盾牌递来，伊莲没有第一时间去接，而是像定住一样僵立在当场，盯着骑士穿着素银色战靴的双脚直发呆。突然，她"扑通"一声向陌生骑士跪了下来。

"姑娘，您这是何故？"陌生骑士急忙上前搀扶，猜测着姑娘一定是有什么难言之隐。"英勇的骑士啊，我有一个要求，一个小小的要求，请你务必要答应我。"伊莲眼中水波流转，像是随时要哭出来的样子，看得骑士连连点头，心痛不已："姑娘请讲，您说吧，您说什么我都保证会答应您。"

"真的？"伊莲破涕为笑，蝴蝶一般向闺房飞去，不一会儿便拿出一只红色的袖套①，袖套上还缀满了大大小小的珍珠。"这是我的信物，我要你在比武时戴上它。"伊莲天真烂漫地说。

"这……"陌生骑士犯了难。

"你答应的！我听说骑士都是很讲信用的，一言既出，驷马难追！"伊莲见骑士有些犹豫，心里也有点儿不高兴了，她噘起了粉嘟嘟的嘴唇，"我的信物可是从没有给过任何人的，你是第一个！再说了，戴上信物，别人就

---

①一说是袖子。

更认不出你了。"

"戴上信物，别人就认不出我了？"陌生骑士反复回味着这句话，笑了。他从容地接过少女手中的红色珍珠袖套，把它系在了头盔顶上。"再见，亲爱的姑娘，我们还会再相见的。替我保管好盾牌哦。"陌生骑士将鸢形的盾牌尖端朝下立在土里，礼貌地挥了挥手，跟伊莲的二哥绝尘而去。

手抚银盾痴痴等

伊莲怔怔地站在刚才陌生骑士待过的地方，许久才缓过神儿来，她开始认真观察骑士留下的那面盾牌。盾牌有半个人那么大，甚至能将娇小的伊莲笼罩在内。它是鸢形的，上圆下尖还有一定弧度，就像是风筝一样。盾牌由坚硬的铜铁制成，通体镀上了一层厚厚的素银，在晨曦下折闪出温和的光芒。在盾牌表面，用暗金色和靛蓝色描刻着三只栩栩如生的雄狮，一只大张着口的狮子身上瘢痕累累，有些地方已经凹陷甚至褪色。"这一定是那位骑士在战斗中留下的痕迹吧。"伊莲纤细的玉指轻轻划过狮头的一处尖锐的凹痕，心里就像被电击穿一般，立刻浮现出骑士经历过的那些金戈铁马、峥嵘岁月。"他，一定经历过很多。"伊莲关切地想着，左手不知不觉握在了盾牌后面的把手上。少女打算把盾牌拿到自己的塔楼里看管，可是盾牌竟纹丝不动。她把两只手都放在把手上，双手用力，可盾牌还是一动不动；无奈，伊莲只得叫来仆人，两个人边拉边拽，在地上刻出了一道深深的痕迹，才好不容易将盾牌拖进了塔楼。

二人合力将盾牌倚在了塔楼里闺房的织布机旁，伊莲谢过仆人，又开始坐下发呆了。

"那个英俊的骑士一定受过不少苦，这银盾才会如此伤痕累累。"伊莲细腻地想着，心中被一种光辉的爱怜所包围。她的指尖划过一个凹痕，顿时，眼前仿佛长矛刺来，骑士左手熟练地拿盾牌格挡，右手却不停歇，长剑翻转，早已将对手挑在马下，挣扎的长矛却在盾牌上留下了这个尖细的凹痕；她的柔指抚上一片斑点，瞬间弓箭射来，但骑士毫不畏惧，将盾牌护在头顶，成功突围，箭雨却在盾牌上留下了这些褪色的斑点；她的手掌覆盖在一个巨大的凹坑里，霎时城墙上的大石块砸下来，骑士急忙把盾牌格挡在左胸之前，躲过一劫，石块却在盾牌上砸下了这个难以修复的凹坑……

少女轻抚着盾牌上面的斑斑驳驳，脑海中不停地幻想着骑士的打斗场景，世界变得明亮而晕眩。"他拿了我的信物，今后由我来爱他。"少女甜蜜地想着，美好的一天就这样过去了。

第二天，伊莲醒来，第一件事又是坐在盾牌前面幻想，"我该给这个银盾缝一个锦盒，上面镶上漂亮的珍珠，等骑士回来看到了一定会高兴的。"伊莲高兴地想，开始在织布机前满怀爱意地织布。

几天后，锦盒做好了，针脚精细，巧夺天工。"骑士什么时候才会回来呀？我该怎么打发时间呢？"少女双手托腮，痴痴地想。她走到织布机旁，百无聊赖地织着布，当她发现织错了好几处，便生气地放下梭子，跑到城堡外的森林里去玩。但往日的情怀早已荡然无存，伊莲只觉得浑身焦躁不安，看到的一切全都没有了生机。在回家途中过桥的时候，伊莲平生第一次注意到了周边的繁华和来来往往的人群，她开始关注比武的进程，打听骑士的下落。

第二节　兰斯洛特与百合少女（下）

焦急奔走寻影踪
体贴照顾爱意浓
衷肠断诉余哀恸
痴心错付终成空

焦急奔走寻影踪

"亚瑟王好威严，他那高高耸立的王座上趴着凶猛的生物，乍一看还以为是真的，吓死我了，后来才发现是工匠雕在上边的。"一个人说着，跟伊莲擦肩而过。

"可惜呀，今年在比武场上没有看见王国第一骑士兰斯洛特，他以往可是年年都来的呢，然后把赢得的钻石献给王后。"一个手握红色盾牌①的人摇着头，在距离伊莲较近的地方停下脚步，转头跟同伴说。

"听说兰斯洛特跟王后有一腿，现在说不定趁着亚瑟王不在，留在后宫跟王后快活呢！"红盾骑士的同伴蹲下身整理了一下铁制护膝，接着说："再说了，咱们不是看到了那个盔顶系着红色袖套的无名骑士的精彩比武了吗？不比往年精彩一万倍？别看他也拿着一面红色盾牌，但如果让他跟兰斯洛特对决，还不知是谁胜谁负呢！"

对话里"系着红色袖套"几个字就像一道巨大的闪电，劈中了几步外的伊莲。当伊莲从呆愣中缓过神儿来，鼓起勇气想去找刚才说话的人问问清楚

---

①传说初级骑士使用的盾牌是红色的。

的时候，那两个人早已不见了踪影。

天色已晚，伊莲魂不守舍地回到了塔楼，辗转反侧。好不容易睡着之后，又噩梦不断。她先是梦到了自己在一团迷雾中前行，无边无际的迷雾看不到头，耳边伴随着哗哗的水声；又梦到了自己的灵魂脱离了躯壳，在半空中怜悯地看着自己毫无生气的美丽肉身，旁边站着陌生骑士，骑士怀里却搂着一个衣着华贵、五十出头的贵妇人；还梦见自己到了比武场，尚未出招儿便觉得左胸生痛，紧接着就被剧烈地摇晃："醒醒，醒醒！"

伊莲被仆人摇晃着醒来，嗓子生疼、泪流满面。她紧捂着左胸，依然觉得那里隐隐作痛；她跑到窗前，天光已经大亮，伊莲看到远处的吊桥放下又抬起，心也随着吊桥而起落。每当吊桥放下时，伊莲心中都会升腾起巨大的希望；每当她看到骑士上桥时，就觉得心中猛地一紧；但当她发现骑士嬉笑着跑远了，头盔上并没有系着红色袖套的时候，整个人又如同被抽空了一般。焦急的心境就这样反反复复，真是一种甜蜜的折磨。

终于，有一天，城堡门口的号角①吹响了。伊莲知道来客人了，急忙起身下楼迎接。"说不定是陌生骑士回来了！"伊莲忍不住欢呼雀跃起来。但当她看到来人虽然仪表堂堂，但并不是自己苦等的骑士的时候，心中充满了失望。

"姑娘，请等一等。请问，您见过一位盔顶系着红色袖套的骑士经过这里吗？"来人问。

"什么？你是谁？你也在找他吗？"伊莲失望的眼神顿时迸发出神采，看得来人惊艳不已，一阵晕眩。"是的，"来人说，"那位头盔上戴着红色袖套的骑士赢得了比武，但身受重伤。他没有接受奖品便策马远去了，追都追不上。奉亚瑟王之托，我要找到他，并把奖品颁给他。哦，对了，忘了做自我介绍，我叫高文（Gawain），是亚瑟王手下的圆桌骑士之一。姑娘，您见过他吗？"

原来，自己苦苦等待的骑士果然打赢了比武。伊莲笑了，笑得很开心。

---

①中世纪城堡大多以号角作为门铃。

那笑容，真美，如百合花绽放，让高文移不开眼睛。"冒昧地问一句，姑娘，请让我做您的骑士，倾慕您、保护您，好吗？"高文突然抓住了少女的手，急切地问道。

"不行，我已经有心上人了。"伊莲迅速甩脱高文的大手，警惕地拉开了二人的距离。见高文意欲穷追不舍，她只好说："不信？我带你去看看他的盾。事实上，这个盾就是属于你口中那位'盔顶系着红色袖套的骑士'的。"

体贴照顾爱意浓

少女带高文看了盾牌，高文见盾大惊："这盾牌是兰斯洛特的呀！怎么会在这儿？""兰斯洛特，他不是王国第一骑士吗？不对，这个盾是陌生骑士留给我的，陌生骑士盔顶系的红色袖套还是我交给他的，你弄错了吧！"伊莲疑惑地说。"不会有错，"高文肯定地说，"我跟兰斯洛特并肩战斗多年，这张盾我见过不下千次，太眼熟了。哦，原来是兰斯洛特隐姓埋名去参加的比武……他为什么要隐瞒姓名呢？难道是为了证明自己的实力，怕对手一知道他的名头就怕了，不跟他打了或者发挥不出全力了吗？嗯，一定是这样的。兰斯洛特一定是为了能在比武场上真打实斗一番才隐姓埋名的。"高文喃喃自语着，最后把钻石交给了少女："姑娘，高文不知道您早有心仪骑士，多有冒犯，还请海涵。既然您和兰斯洛特相熟，这钻石不妨由您留着亲手交给他，这样他一定会更高兴的。"说完，高文就离开了城堡，回去向亚瑟王复命了。

少女在得知陌生骑士就是王国第一骑士兰斯洛特之后，又惊又喜。惊的是，这么优秀的骑士竟然会接受并佩戴自己的信物；喜的是，自己果然有眼光，居然看上的是王国里最优秀的骑士。伊莲紧握着钻石，觉得手心阵阵发烫，于是她决定出门寻找兰斯洛特，亲手将钻石交给他。

可是，刚一走出城堡，伊莲就犯了难：人海茫茫，到哪里去寻找心上人兰斯洛特呢？她看见远处走来了一群人，就想在那群人中找到一个和颜悦色的骑士来问问，但当人们嬉笑着走远了，伊莲还是不好意思开口。终于，她鼓起勇气，来到一个落单的人面前。那人身材高大、形单影只，怀里抱着一顶头盔，在路上跌跌撞撞地走着。"请问——"伊莲刚要开口，却觉得那人身上的骑士服十分眼熟——"哦，想起来了，这不是大哥的骑士服吗！你是……兰斯洛特？"少女不可置信地问，凑近了观察那人的面容，果然在低垂的头颅下看到了自己日思夜梦的面庞，只不过那面庞灰头土脸的，和离开时的意气风发已是天壤之别。"兰斯洛特！果然是你！"少女高兴地叫道，声音活像一只百灵鸟。突然，她想想又觉得不对劲儿，犹豫地问："你怎么……变成了这个样子？"没等少女把一连串问题问完，兰斯洛特就向前倒了下去，少女急忙用肩膀撑住骑士正在向下倾倒的身子。兰斯洛特怀里紧抱的头盔滚落在地，露出了盔顶系着的那段红色袖套，袖套已经破碎不堪，上面缀着的珍珠七零八落，只剩下一根线上穿着的两颗小珠在地上颤抖着。少女看见骑士重伤在身还坚持佩戴着自己的信物，小小的躯体里迸发出巨大的能量，搀着兰斯洛特一步一步地回到了城堡。

在少女的精心照料之下，兰斯洛特渐渐苏醒。"高文骑士来找过你，说你在比武时受了重伤。"伊莲一边给兰斯洛特喂药，一边说。"是的，"兰斯洛特有气无力地说，"那是比武大赛的最后一场，我发出关键性的一招儿，已经取得了胜利。看台上的人们十分激动，突然高声大喊起来，还有人向我的方向跪下行礼。场面一热闹，我骑的马就受惊了，企图把我甩翻在地。我赶紧对付胯下的马，不曾想对手杀了过来，举起长矛刺向我的左胸。我刚刚躲过一劫，却被那匹发了疯的马带离了比武现场，一直到了森林里。然后，虚弱的我从马背上摔了下来，强撑着走了一段距离，然后就又见到了您。多亏遇到了您，姑娘，我才捡回了这条命。"兰斯洛特诚恳地说。伊莲听了，觉得脸上阵阵发烧，急忙端着他喝干净的药碗退下了。

少女伊莲无微不至地呵护着受伤的兰斯洛特，使他感觉到犹如春天般的温暖。终于，兰斯洛特的伤已基本痊愈，他接过少女递来的钻石和银盾，就要走了。

衷肠断诉余哀恸

"你……"伊莲看着兰斯洛特挺拔的背影，欲言又止。"什么事？"兰斯洛特问。"没……没什么。"少女不好意思地低下头。半晌，伊莲又抬起了头，因为她知道，如果这个时候不说，那么可能就永远没有机会了。她张了张嘴，发出了一个"啊"声，才结结巴巴地说："你……你能……能带我一起走吗？"

"到哪里？"兰斯洛特不解地问，虽然感觉有些烦躁，但仍然没有失了礼貌。"到卡默洛特，你要去的地方，我爱你，要和你永远在一起。"少女羞涩地小声说着，一片绯红的云朵悄悄爬上了她百合般洁白的脸颊。

"对不起，姑娘，这恐怕办不到。"兰斯洛特礼貌地拒绝了少女的请求，浑厚的声线中包含着说不出的残忍。他补充说："我是有着自己倾慕的贵妇的。我爱她，同时她也爱我。一个骑士的一颗心不能分成两半，我必须对她忠诚。""哦，她是谁？是谁这么幸运，能得到你的心？是王后吗？"伊莲想起自己在苦苦打听骑士归来的消息时，曾经在桥上听到过的谈话，绝望地问。兰斯洛特不置可否，他向少女深鞠一躬，步履优雅地跨上马，拍拍马头说："姑娘，感谢您的悉心照料，我要走了。您说您爱我，其实只是青春的一时冲动，很快就会过去的。我的岁数是您的两倍不止，不值得您爱的。等您择到良偶、幸福出嫁的那一天，我会送您一座城堡、大片良田和很多金钱作为嫁妆。那钱多得会让您和您的丈夫一辈子也花不完。好了，我要走了，感谢您——我的救命恩人。"

"我不要钱，只要你的爱情！"伊莲在骑士的背后大声喊着，清澈的声音如同深林里的泉水。兰斯洛特策马而去，并没有回头，伊莲绝望地瘫倒在地，把脸深深地埋在双手之中，开始小声啜泣，不一会儿，就变成绝望地大哭。

伊莲病倒了，病得很严重。"难道爱一个人有错吗？"高烧的伊莲依然喃喃自语，"他不爱我，当初又何必接受我的信物？"伊莲难过极了，想哭又被高烧耗干了眼泪，只得抓着枕头的一角默默泣血："自从第一眼看见他，我觉得过去十多年的日子都被点亮了，就是不知道他喜不喜欢我，忐忑不已。那个早晨，我可是把心都给他了啊！他接受了我的信物，还居然把他的盾牌给了我，我是多么高兴啊！从那天起，我便日日盼望着，盼望着他早日归来，娶我进门。我并不知道他是谁，不知道他是穷还是富，不知道他是平民还是贵族，不知道他回来之后会是伤痕累累还是荣耀满身，我只是深深地明白：我爱他，而且我这辈子只爱他一个人……为什么？为什么？为什么上帝对我如此不公？我究竟做错了什么？如果只是偶遇而不能在一起，我情愿永远没有遇到过！然而已经晚了，已经晚了啊……"父亲和哥哥站在门外，听了伊莲痛断肠的诉说，心痛不已。

"父亲，女儿不孝，已经离天国不远了。"少女形容枯槁，眼窝儿深陷，全然没有了往日的神采。"求您、求您再替女儿做最后一件事吧，帮女儿完成最后的心愿。"伊莲哀求着。父亲急忙答应。"谢谢父亲成全。女儿刚写了一封信，想亲自乘船送到卡默洛特城，送给兰斯洛特骑士。我不怪他，真的。我只怪命运对我不公，让我爱上了一个人，他却从来没有爱过我。"伊莲说着，嘴角露出了圣洁的微笑。

父亲不放心，叫伊莲的大哥跟她一起去。"不了，父亲，大哥的眼伤还没治好，我自己去就行了，放心吧。"伊莲善良地说。于是，在一个黄昏，少女登上了父亲找来的小船，她把固定船的铁链解开，微风吹来，几朵百合花迎风飘落，少女用左手拈起了其中的一朵，低下头微笑着嗅了嗅。她把自己写好的书信紧捏在右手里，俯下身子躺在了船中。她又想起自己在等待骑士归来时做的那个梦，现实竟与梦中的情形如此相似。水波徐来，轻轻推动小船，向卡默洛特城缓缓移去。

痴心错付终成空

小船在河水中曲折前行，穿过了广阔的田野，来到了繁华的卡默洛特城。小船无声地飘过了城中的尖塔，又经过了露天的阳台；抛下了两岸熙攘的人群，又越过了两旁耸立的高楼。小船静静地驶进了码头，人们终于发现了她。

"看哪，船上那个美丽的少女！"一个人不禁惊叹，只见"沉睡"在船里的伊莲平躺着，身上穿着一件一尘不染的白衣，左手握着一朵枯萎的百合花，右手攥着一封信。"嘘，看她睡着的面容多么沉静，小声点儿，不要吵醒她。"另一个人好心地提醒着，却再也没能看见少女醒来。

事情一传十、十传百地在人群中飞传，骑士、公爵，平民、乞丐，城里的每一个人都在念叨着这个无名的少女。消息很快传到了亚瑟王耳朵里，整个宫廷都知道了。亚瑟王皱着眉头读完了从少女手中取下来的信，把兰斯洛特叫到身旁，安慰说："伊莲是为你而来，真是一个美得让人心碎的姑娘。爱上一个人不是她的错，不爱一个人也不是你的错。一生一世一双人多么美好，但又有多少人能有这样的福气呢？不是在正确的时间遇到了错误的人，就是在错误的时间遇到了那个让你动心的人。如果有幸最终遇到了另一半，也往往是历尽千辛万苦、被爱情伤得支离破碎，心中的骄傲和信念恐怕早已荡然无存。我是幸运的，在一次即将出征时①抬头看到了站在阳台上的格温娜维尔，她梳着两条粗黑的辫子②，气质高雅。我一下子爱上了这个异国的公主，发誓要娶她当我的王后。之后，便是派你做我的接亲使者，迎娶了格温娜维尔为后。我获得了幸福，可这世上又有几人能遇到恰当的爱的时机呢？所以，你也不必为少女的死而太过自责。你毕竟还没有结过婚，今后会遇到自己倾心的姑娘的。这个少女也怪可怜的，我要将她厚葬，把她埋在王家陵墓中，给她王后般的隆重葬礼。"

兰斯洛特急忙谢过亚瑟王的厚意，心中却有另一个声音叫嚣着："知道吗，亚瑟王，当年派我做你的接亲使者就是个错误！在接格温娜维尔来王国的途中，我跟她聊了很多风土人情、奇观轶事，她湛蓝的大眼睛就那样盯着我看，浑身散发出高雅迷人的气息。我们相爱了，爱得是那样轰轰烈烈、死去活来，以至于希望那条接亲的路永远不要走到尽头。然而，该来的还是来了，你的王国就在眼前，你和她的结婚典礼马上就要进行。'带我走吧，兰斯洛特，我们私奔！'格温娜维尔大胆地说。'不，我决不能辜负亚瑟王对我的信任！'我说，却辜负了一颗高贵的公主的心。你和她结婚后，我们开始疯狂地私通，足迹遍及王宫的每一处。你亚瑟王实在太过完美，全然不顾身边人的闲言碎语，依然是那么信任我。其实，对不起，我也辜负了你，而今又辜负了这个天真的少女。"这些话语已到嘴边，滚了几滚，他还是咽了下去。"感谢您准备对伊莲进行厚葬，"兰斯洛特稳定了心神说，"国王的恩情我铭记于心，我兰斯洛特定会在战场上奋勇杀敌，效忠于您。"

①这次出征是亚瑟王应邻国国王之邀，到邻国国土帮助他们打败敌人。
②也有版本记载，王后有一头金黄色的漂亮长发。

在少女遗体下葬的那一天，全城都轰动了。百合花从天而降，覆盖在少女的棺椁之上，是那么纯洁，那么令人心碎。人们竞相涌到大街上观看，每个人脸上却是肃穆和哀恸，没有发出一丝喧闹的声响。

尘埃落定，一切如常。不过兰斯洛特终因和王后的奸情败露而跟亚瑟王闹翻，毁了几乎所有的圆桌骑士。亚瑟王也在和兰斯洛特战斗的过程中遭到了侄子[①]的背叛，最终在奄奄一息之际被大法师梅林送往阿瓦隆（Avalon）圣地，等待复生。最后，兰斯洛特心灰意冷，来到修道院做了一名修士，青灯黄卷，了此余生。

---

①指亚瑟王的侄子亚格拉文（Agravain）。

第三节　阿尔弗雷德大帝

落寞英雄万事哀

逆境奋起战丹麦

惜时如金学文字

求贤若渴募英才

落寞英雄万事哀

在英格兰遥远的泥沼地里有一间小屋，这间简陋的屋子用泥土混合着灌木、麦秆和榛树条搭成，屋顶杂乱地覆盖着厚厚的茅草。屋里炉火正旺，热烈的火苗跳起欢快的舞蹈，火炉上整齐地烘烤着一排面包，金黄的颜色不一会儿就爬上了面包底部。炙热的火炉旁边，坐着一位三十来岁的男子，那名男子有着一头金黄色的卷曲长发，油腻的发丝纠缠到一起，懒懒地垂在肩膀处；他还蓄着胡须，凌乱的胡须一看就是多天没打理了。男子的衣服是一件黄褐色的长袖棉袍，袍子底部因为坐姿滑到了膝盖上面；他脚上穿着棕黑色的鞋子，鞋上系着红色的绑腿，一直绑到了膝盖下面。男子手中拿着一根拨火棍，正漫不经心地在脚下的泥沼地上划拉着，画出的图案乍一看毫无章法，但明眼人一看，就知道那是英格兰的地图。男子在离自己最近的地方写上"萨默塞特（Somerset）"几个字，远处又写上"丹麦人（Danes）"几个字，然后在二者之间潦草地画了一张弓。男子画着，想着，时而微笑，时而摇头，时而叹气，有时又会掉几滴眼泪。他简直入了迷，全然不顾身边的火炉发出噼啪作响的抗议声，还有底部已经烘烤至焦黑的面包。面包的表面升腾起丝丝白烟，在既没有烟囱也没有窗户的小屋里乱转，终于，一股烧焦的气味混着寒冬①的凛冽气息从屋顶茅草的破洞中争先恐后地钻出，紧接着便是一簇簇黑烟冒起，又被呼啸的北风席卷得无影无踪。

"喂，你在干吗？天哪！"一个大嗓门儿村妇夹带着寒风从草屋门口扑来，劈手夺下男子握着的拨火棍，把面包一一翻转，仔细检视后又把面包都倒进了垃圾桶，不无惋惜地说："都煳了，不能吃了。"接着，她像想起了什么似的，双手叉腰面对男子就骂开了："小伙子，看你做的好事儿！面包烤煳了不会翻一下吗？烤好了给你吃倒是吃得挺快！"骂完，她还是不解气，又絮絮叨叨地数落开了："你好歹也是个成年人了，却连小孩子都不如。天天游手好闲，就知道吃。再这么下去，连个老婆都讨不到！真不明白我丈夫怎么会收留你个窝囊废，连你叫什么、从哪来的都不告诉我，就让我对你好吃好喝好招待。我那窝囊丈夫打猎去了，我天天忙里忙外操持家务，见你老是闲着，说给你找点事儿干吧，结果面包还给我烤煳了！你知道这前不着村后不着店的地儿做个面包有多难吗？你赔得起我吗？真是气死我了，你这个蠢——"

大嗓门儿村妇扬手想给男子一巴掌，可是手没落下就被人攥住了，一回头，是丈夫回来了。"啊，他欺负我！他浪费粮食！他烤——"村妇有理地大声控诉着，却不见丈夫的脸一阵红一阵白，最后竟拉着她给男子跪下了。"国王陛下，鄙人之妻乃乡野村妇，不知礼数，还请恕罪。"村妇的丈夫满怀歉意地说。村妇跪下后一开始还在挣扎，可一听到丈夫的话就傻了。她用力地掏了掏耳朵，不可置信地问："啥，国王？"

"是啊，"丈夫回答妻子说，"你不老问我这个年轻人是谁吗？他就是我们的国王阿尔弗雷德(Alfred)啊。之前怕你紧张，也怕隔墙有耳走漏了风声，所以就一直没敢告诉你。"

"啥，国王？"农妇有点傻眼了，她结结巴巴地问："国……国王怎……怎么会来这……这里？"

"请快起来吧，我会解释的。"阿尔弗雷德站起身子向前走了两步，接

_____

①事情发生在公元 878 年 1 月，是英格兰的冬季。

着弯下腰托住二人的手，将农妇和她丈夫从地上扶起。"不知者不怪，你们对我忠心耿耿，我很感激。事情是这样的：从小，在我有记忆的时候，咱们英格兰的撒克逊人（Saxon）就已经在跟丹麦人打仗了。自我当上国王之后，也与丹麦人多次交手，有得有失。这次丹麦海盗背信弃义撕破和约，把我打了个措手不及。无奈之下，我想到过自杀，但那是懦夫的行为，我不能自杀；我也想到过去一个繁华的地方避难，比方说罗马，但我不能自己享乐，而置我的人民于不顾。所以我来了，来到萨默塞特这个我从小就熟悉的地方，来跟你们在一起。请相信，躲避是暂时的，我早已选好一座小岛作为基地，我们要在游击战中奋起，夺回本应属于我们的国土家园！"阿尔弗雷德说着，宝蓝色的眼眸中迸出了璀璨的光芒，他顺手抄起旁边的一根木棍指点江山，丝毫没有意识到这根棍子就是刚才烤面包时被丢弃的拨火棍。

逆境奋起战丹麦

阿尔弗雷德奋起了。他集合了忠心耿耿追随自己的人马，在那座小岛上建起了自己的根据地。"我们不会造大船，没错，但我们能造小船，我会教你们把船造得更大；我们没有水手，没关系，我会亲自训练水手，并且做你们的战时指挥官！"阿尔弗雷德站在一块甲板上激昂地说，下面掌声雷动。

"报告国王，敌人战旗已被我方俘获！"一天，正当阿尔弗雷德在战舰上指挥战斗之时，一个英勇的战士兴冲冲地跑来，边走边展开一面大旗。顿时，周围响起了一片欢呼和叫好之声。只见那面旗帜上画着一只展翅翱翔的渡鸦，欢快地舒展着巨大的羽翼，活灵活现。"这不是丹麦人每次打赢之后都会展开的那面旗吗？哈哈哈，没想到今天被我们英格兰人俘获了！"一个战士欢喜得不能自已，不禁叫出了声。

俘获敌方战旗后，英格兰兵将士气大增，他们一鼓作气，又打了许多胜仗。最后，在战局僵持不下的时候，阿尔弗雷德决定以身犯险，深入敌方营地内部一探究竟。

"国王，不要去呀，要是被发现了怎么办？"一个谋臣忧心忡忡地说。

"是啊，别去，您这一去岂不是羊入虎口？丹麦人在海上都没能碰您分毫，这次一去要是抓住了您，我们可怎么办啊？"另一个大臣已经带了哭腔。可是阿尔弗雷德去意已决，八头牛都拉不回来。

在一个月黑风高的晚上，阿尔弗雷德乔装打扮成吟游诗人，手握竖琴就出发了。他只带了一个随从，二人风餐露宿，终于穿过了密林，前面就离敌方营地不远了。"等等，"阿尔弗雷德谨慎地对随从说，"咱们先别进去，先到附近庄园里试试，看那些庄园主能不能把咱们认出来。要是认不出来的话，再去不迟。"于是，二人拜访了周围所有的庄园，每到一处都弹琴唱歌，还得到了不少的打赏。不过，谁也没有认出来这个看似落魄的吟游诗人其实就是威名赫赫的国王阿尔弗雷德。"好了！"阿尔弗雷德满意地将竖琴和赏金放进随从背着的大口袋里，坚定地说，"谁也没认出来，我们可以去丹麦人的营地了。记住，你要掩护我，待我将敌人数目、粮草数量和防御工事等情况都探查清楚后，再走不迟。"

说完，二人继续向前进发。没走几步，就被一个人高马大的丹麦守卫拦了下来。"站住！干什么的？不准往前走了，再走我就——"没等守卫的官兵说完，阿尔弗雷德就从随从的背包里拿出几枚银币，塞在守卫手里："俺们都是吟游诗人，行行好，让俺们进去给大老爷们乐一乐，自己也好挣口饭吃。"那守卫一看见银币，心里乐开了花儿，连忙闪身让阿尔弗雷德及随从过去，并飞速将银币放入口袋。阿尔弗雷德一行都走好远了，这个守卫还捂着口袋，不时偷偷用手抠一下口袋里的银币，回味着满意的滋味，浑然不知自己的行为将会给战友们带来多大灾难。

"各位官兵父老，我给大家讲个笑话。从前，有一个寡妇……"阿尔弗雷德一进营地，就各种俏皮话不断，把不少士兵的注意力都吸引来了。"在那个时候，人们娶亲都用抢的。大街上看上了哪家姑娘，直接就抱过来……"阿尔弗雷德手脚并用，把随从当作"姑娘"不断比画着，显得狼狈而又滑稽，引得士兵们哈哈大笑。但在暗中，他可是不断地在心中默默计数，把敌军将士的数量甚至模样都刻印在了脑海里。

"怎样观察粮草和防御呢？有了！我边演边走。"阿尔弗雷德默默地想着，嘴角露出了笑。他大声说："各位官兵父老，小弟不才，要给大家变个戏法儿。""好！"士兵们异口同声地喊，有的还把脑袋凑了过来。"这可不行，"阿尔弗雷德假装生气地说，"大家都得闭上眼睛，我要去一个神奇的地方找一件你们谁也没有见过的东西，等我回来你们才能睁眼。"说完，阿尔弗雷德想了想，补充说："我不在的这段时间，大家可以听我助手唱歌，他唱歌很好听的。"

士兵们都非常喜欢阿尔弗雷德的表演，临走时又以美酒相送，兴奋不已。"喂，那叫什么来的小伙子，吟游诗人我们见过不少，也偶尔有人来我们营地表演，讲说其他地方的风土人情，但像你这么精彩的我还是第一次见，希望你以后常来啊！"一个丹麦壮汉拍着阿尔弗雷德的肩膀满意地说。

就这样，阿尔弗雷德假扮吟游诗人的间谍之行圆满成功，掌握了第一手情报。回去后，他率军攻入敌军阵地，把敌人打了个措手不及。由于地形和敌况阿尔弗雷德都非常熟悉，所以他不费吹灰之力便彻底打败了前来侵略的丹麦人，收复和统一了英格兰的大部分地区。

惜时如金学文字

"看看我刚接手的王国像个什么样子，泰晤士河（Thames River）南岸全是文盲，连一个能翻译拉丁文（Latin）的人都没有！"阿尔弗雷德愤然地说，他旁边侍立的随从惭愧地低下了头，大气都不敢出一个。"唉！"阿尔弗雷德叹了口气，接着说："英语我倒是会说也会写，可这也不够哇，因为现存书籍几乎都是用拉丁文写的啊，必须在英格兰民众间做些识文断字的大事情，竭力普及文字才行……这样，我要颁布诏令，让全国的百姓必须学写字，先学英语，之后再学比较难的拉丁文书面语，务必让每个人都会读书识字……首先从王宫内部开始抓起，我的王子必须先学读写，再学打猎……"

阿尔弗雷德的扫盲行动没进行几天，宫廷里面就叫苦不迭。几个在征讨丹麦人的战役中立下汗马功劳的老臣没学一会儿，就向国王诉苦来了："陛下，臣真的不行啊！当年打丹麦人倒是容易，可现在学习英文真是难哪！您就饶了我们这把老骨头吧……"阿尔弗雷德先是皱眉，接着善解人意地点点头，对身旁侍从吩咐下去："传我的话，全英格兰的年轻人必须学会读写拉丁文和英语，对老年人可以适当放宽要求，会看英语就行。"老臣听了，千恩万谢地回去了。

学习文字的事情算是缓慢落实了，可丹麦人留给阿尔弗雷德的是一个满目疮痍的烂摊子：城市需要重建、堡垒需要重修、律法需要重订、海军需要重整……而这些事，阿尔弗雷德都少不了要亲自过问。"你们干事儿真磨叽！审议个重修堡垒的法案要这么久？"内阁审议一件草案历时持久，车轱辘般的会议开个没完没了，连心细如丝的阿尔弗雷德都不免烦躁。不过最终，人们还是同意了他的提议。

"有这么多事情要做，进度还这么慢，时间都不够用了。天气晴朗的时候还好说，看着太阳就能推算出现在几点，但是天一阴，就完全没有了时间的概念。"阿尔弗雷德心想，"不行，我要找一个计时的方式，合理安排自己的时间。"

于是，阿尔弗雷德拿出了一支蜡烛。他等到一个阳光灿烂的晴好天气，把蜡烛点燃了。"四个小时，"当蜡烛刚好燃尽的时候，阿尔弗雷德默算着，"一支蜡烛要燃烧四个小时，那么六支蜡烛就刚好烧一天。我再把每支蜡烛上刻上十二等分的刻度，那么正好每燃烧一个刻度就代表着二十分钟。"就这样，阿尔弗雷德把自己每天的时间分成二十分钟一个小段，在每个小段时间里都有不同的活动安排，时间利用效率一下子提高了不少。看着旺盛燃烧的蜡烛，想着自己的创举多么明智，阿尔弗雷德得意极了。

然而，好景不长，阿尔弗雷德便发现了问题：四面刮来的风总会使得蜡烛摇摆不定，导致上面每个刻度的燃烧时间并不均匀。"这可怎么办呢，难道我想出的计时办法失败了吗？"阿尔弗雷德愁眉苦脸地想。思考过后，他想出了一个万全之策：用牛角薄片做成一个看起来像灯笼的罩子，把蜡烛围起来。这样蜡烛就在罩子里均匀地燃烧着，再也没有了风的干扰。

"真不错，我要把一半的时间和财富都用来搞国内的文字普及和文化建设。"阿尔弗雷德高兴地对身边的人说，接着不无遗憾地回忆起小时候的事情来："记得我小时候，总是玩'驱打丹麦人'的游戏，父王送我的第一件礼物，便是找铁匠制作的一件铠甲和一柄长矛。不过比起打猎和练武，文化学习总是不受重视的。我爱看书，可是宫中从早到晚来访的人群熙熙攘攘，让我看不下去书；我想学写字，人们都劝我放弃，说：'你学那个干吗？你父王会写字是因为他小时候立志要当牧师的，必须学点拉丁文，你又不当牧师。放眼全英格兰，除了牧师以外，根本没有谁去费劲学写字嘛！'一大群玩伴总来找我，不是拉我去看蜂箱和蜜蜂，就是让我去跟着捕猎野狗和蜜蜂……"阿尔弗雷德陷入深深的回忆，为自己小时候没能抓紧时间学习写字而惋惜不已，同时也深深地意识到，应该招募更多能读会写的牧师，壮大自己王国的文化精英队伍。

求贤若渴募英才

一天，威尔士（Welsh）的牧师阿塞（Asser）来访，一见到阿尔弗雷德就向他大倒苦水。阿塞口若悬河，条分缕析，直说得阿尔弗雷德一愣一愣地，闹了半天才弄懂原来这个牧师是翻山越岭长途跋涉二百英里[①]，来请自己评理的。"公正的国王，"阿塞义正词严地说，"这个威尔士王子虽然宣誓效忠于您，但他将我亲戚从教廷赶跑，并非君子所为。还望陛下出面帮忙主持公道。"

阿尔弗雷德听得入了迷，接连抛出了几个问题："你是牧师？""是。""你读过书？""读过。""你学过写字？""学过。"阿塞肯定地回答，心里却迷惑这个国王不问案情，却问这个做什么。接下来国王的问话更是让他匪夷所思，不过也硬着头皮回答了。"你会读拉丁文吗？""会。""会写吗？""会。""英语呢？""会读也会写。""很好，我会帮你，不过有个条件：你必须留下。"阿尔弗雷德高兴地说。

阿塞瞬间脸就绿了，觉得自己似乎掉进了这个看似温良的君王的某种圈套里。"这……感谢陛下对我们施以援手，但我想念自己的家乡，还是不……""你留下。"阿尔弗雷德威严地说。"不。"阿塞倔强地回答。"留下吧。"阿尔弗雷德坚持说。"不行。"阿塞斩钉截铁地说。"唉！"阿尔弗雷德长叹一声，再三打量这个口齿清晰、思路明快、言谈间处处流露出学

---

① 二百英里对那时的人来讲是一段很长的路程，相当于三百二十多千米。

识渊博的牧师，越看越爱。"留下吧，我不强求你永远留在这里，只是以后每年都在英格兰居住满六个月就好，教教我们你所掌握的知识。"阿尔弗雷德不容置喙地说。

"这个……我得回去找朋友商量一下才可以决定啊。"面对咄咄逼人、求贤若渴的国王，阿塞也觉得不好意思再直接拒绝，迟疑地说。"可以，但你现在先不要走，在英格兰暂住半年再回去吧。"阿尔弗雷德依然在耐心地争取着，阿塞只得半推半就地同意了。

阿塞在宫廷里住了下来，并不时给国王朗诵一些拉丁文的书。一天，当阿塞正在朗读一部拉丁文献时，阿尔弗雷德突然说："这个句子好，你有纸吗？我想把它记下来。"阿塞急忙从屋里拿了一张羊皮纸，把句子工工整整地誊写在上面。"这三个句子也不错，阿塞，帮我把它们也记下来吧。"阿塞不敢怠慢，挥动笔杆唰唰急写，心里为国王的认真态度所感动。

阿尔弗雷德拿着羊皮纸，一面欣赏着上面的句子，一面喃喃自语："这些拉丁文句子这么好，但英格兰百姓大多只会读英语，欣赏不到真是太可惜了。我何不将它翻译成英语，让人人都可以读到呢？"说着，他竟亲自动手将纸上的每个拉丁文对照的英语单词一一翻译出来，又按照语法加以整合，成了漂亮的英语句子。"我要给百姓用英语翻译很多信件和书籍，让他们用自己看得懂的语言来读书。然后再用英语记载许多史事，就叫'阿尔弗雷德编年史'吧。"阿尔弗雷德说。阿塞听了，心里对这个了不起的国王越发崇拜了。

翻译的东西多了，阿尔弗雷德国王便渐渐总结出自己的一套方式和技巧。"这个翻译嘛，旨在教化民众。如果原文中有哪句话令人费解，译者不妨自行添加大段篇幅进行解释；要是进行解释也说不通的话，索性就不要翻译那句了，译者可以将原文适度改写成自己的话。"阿尔弗雷德对阿塞说，阿塞连连点头，觉得国王说得很有道理，就把这些话记在了羊皮卷上。阿尔弗雷德顿了顿，接着说："那个……我翻译的书要出了啊，在它的前言我想写上：如果哪位读者知道的比我多，挑出的毛病不是我的错，因为我已经竭尽全力做到最好了。"阿塞听了忍俊不禁，不过也如实将国王的口述记载了下来。

半年期满，阿塞特别想回威尔士去，但阿尔弗雷德总是舍不得放他走。

终于，在圣诞节前夜，阿尔弗雷德与他依依惜别，并送了他大量的礼物。"记得半年后回来啊！"国王真诚地说。阿塞眼眶一红，差点儿没掉下泪来。

没想到，阿塞在路上病了，病得很严重。当他养好身子再次起身前往英格兰时，已经过了与阿尔弗雷德的半年之约。"你怎么才来？想死我了！快教教我这个字怎么读？"国王一见阿塞，就热情地向他问东问西，毫无责怪之意。阿塞很是感动，也彻底接受了之前国王提出的"每年都在英格兰居住满六个月"的提议。"太好了，"阿尔弗雷德笑着说，"等你下次回去时，我一定送你大批礼物，并派大批卫队陪同，再不让你因照顾不周而得病，也不会让你跑了就不回来。"

就这样，阿尔弗雷德用仁爱与耐心赢得了一批又一批知识分子的拥戴。在他的不懈努力下，英格兰民众的文化水平越来越高，终于与法兰克王国的查理曼一道，于不知不觉中推动了欧洲历史上第一次文艺复兴运动（the Renaissance）[1]。阿尔弗雷德逝世之后，人们为他追加"大帝"之名，以缅怀他在抗击丹麦人和英格兰建设中所做的贡献。

---

[1] 根据历史学家的划分方法，文艺复兴运动历史上一共进行过三次，比较著名的是第三次，即从意大利兴起的文艺复兴运动。但第一次文艺复兴运动具有划时代的意义，因为它推动了文字的普及。

拜占庭帝国，又称作东罗马帝国，是古典时代罗马帝国的延续。在历史当中，从未有过拜占庭这样的称谓，这是一个历史学的称谓，是将其与过去的罗马相互区别的一个标记。发展到中古时代，西罗马帝国灭亡了，东罗马帝国存续下来，但逐渐地希腊化了，成为一个东正教文化圈的中心。拜占庭的国都君士坦丁堡（本章第一节），以君士坦丁大帝的名字命名，现代名称为土耳其的伊斯坦布尔，是国际化的交通要塞，堪称一座横贯中西、联系古典文明及现代文明的金桥。在中世纪，君士坦丁堡长期以来都是欧洲的超级都市，人口数十万之巨，是地中海东岸商业贸易的中心、东西方贸易的主要节点，是帝国的明珠，历经千年风雨，饱经世事沧桑。

中国与拜占庭的联系，主要是靠波斯人在丝绸之路上的贸易来进行的。丝绸之路，三条横跨草地、沙漠、大海的贸易之路，曾经给起点的中国和终点附近的拜占庭带来了多少财富和荣耀。中国出产的丝绸特别受到了拜占庭宫廷的青睐，宫里的人们眼馋得也想养蚕制衣。于是，拜占庭皇帝派出的使者偷来了蚕种，却因技术不达标，无论如何也养不出会吐好丝的蚕，所以他们还得仰仗中国人。

查士丁（本章第二节）和查士丁尼（本章第三节），舅父与外甥的关系，或者说，是养父与义子的血脉传承。他们先后当上了皇帝，性格也各有特色。查士丁从村里的猪倌做起，一步步登上了帝国的皇座。而查士丁尼呢，更不是个简单人物，他从小追随舅父，后来继承了帝位，搞了一系列改革，尤其是他对法律的修订，堪称帝国的律法奠基与典范，影响深远。不过讽刺的是，一心想复兴古罗马文化的查士丁尼，却做出了许多有悖于古罗马精神的事情，旧瓶装新酒，在古典法律的框架下注入了新时代的价值内核。时代进步了，过去的已然过去了，即便再如何仿效复制，也只是对往昔的怀念，是一种情怀，但并非实质。查士丁尼为拜占庭的希腊化奠定了基础，也为其后近千年的历史发展确定了基调。

第一节　帝国新都君士坦丁堡

梦中受启建国都
商业繁荣居民富
偷师中国学养蚕
丝绸之路贸易促

梦中受启建国都

公元 324 年，那是一个漆黑的夜晚，刚刚统一了罗马帝国（Roman Empire）的君士坦丁大帝（Constantinus the Great）做了一个梦。在梦中，一个年迈体弱的老婆婆颤颤巍巍地站在马路中央，不停地向他招手。君士坦丁心里纳闷儿，感到这事有些奇怪，但又说不上来哪里不对劲儿。突然，他意识到自己并不认识这个老婆婆。那么，是谁把她放进皇宫里来的？这个素不相识的老婆婆出现在这里有何意图？莫非……是来刺杀自己的？"侍卫！侍卫快来护驾！"君士坦丁惊出一身冷汗，急忙大声喊道。可是，任凭他如何呼喊，这个世界就像静止了似的，没有一点儿反应，甚至……没有一丝声音。"糟糕！被控制了。"君士坦丁心说不妙，拔腿就想往相反的方向跑，可无论他怎么使劲儿，身体就像被定住一般，挪动不了分毫。他只好眼睁睁地看着不停招手的老婆婆，看着看着，眼前竟出现了变化：老婆婆原本干枯柴瘦的手竟变得丰满起来，脸上的皱纹也逐渐消失不见。君士坦丁不敢置信地揉了揉自己的眼睛，待到要把手放下来的时候突然发现自己的身体能动了。他又缓缓地抬起手来，将双手张开悬放在胸前，低头看看左手，又瞧瞧右手——一切都是如此真实。待到抬起头来的时候，他简直不敢相信自己的眼睛：原本干瘦体衰的老婆婆已经消失不见，在老婆婆刚才站立的地方，一位美丽的少女亭亭玉立。

那少女，真美，好像刚刚出水的荷花一样清丽。君士坦丁受着天性的指引，双腿不自觉朝着少女的方向走去。君士坦丁越走越近，少女的轮廓也就越来越清晰。最后，当他和少女只有一步之遥时，少女朱唇轻启，说出了一句君士坦丁永远无法忘记的话："我是拜占庭（Byzantium）的守护神，欢迎来这里建都。"

君士坦丁猛然惊醒，才发现自己正夜宿在拜占庭的一间普通房屋里。他睁开双眼茫然地望着房顶，心里久久不能平静。半空中，少女和老婆婆的身影似乎重合在一起，又逐渐消失不见。接下来的一整天，君士坦丁都觉得头脑晕眩，魂不守舍。

很多天过去了，君士坦丁却依然对那个梦耿耿于怀。所以，当大臣过来汇报将要被选作罗马帝国新都的特洛伊古城的城墙修筑情况时，君士坦丁的心里感到烦躁不已。这个报告极为冗长，终于，他忍不住打断大臣的汇报，开口说："停，别在特洛伊建都了，因为我梦中受到了启示，新的都城要建在拜占庭才好。""拜占庭？好地方啊，我怎么没有想到！"大臣先是一愣，接着便连声赞叹不已。

消息传来，在拜占庭建都这个想法得到了大臣的热烈讨论和一致赞同："陛下这个想法好啊，罗马旧城早就不适合当国都了，您一直打算在帝国的东方选个城市建都，但苦于没有合适之地。后来选中特洛伊，也是不得已而为之。而现在，陛下得到梦中神灵启示，要建都拜占庭。臣等以为，拜占庭是历史悠久的港口城市，又连接着欧亚大陆，实乃建都的不二之选……"

经过讨论，君臣一致决定，将新都定在拜占庭。"我们要遵循古罗马旧制，让古罗马的光荣传统在拜占庭新都得以复兴！"君士坦丁无限向往地说。于是，按照古罗马传统，君士坦丁带领仪仗队，手持长矛亲自画出了这座城市的边界。又仿照罗马旧制，打算将这座城市分成七个城区。"陛下，古罗马向来被称作'七丘之城'，可是，拜占庭并没有这第七个山丘呀！"一个不长眼的臣子忧愁地说。"废物！这里不是有个金角湾（Golden Horn）吗？就把那'第七丘'建到金角湾好了。总之，不管怎么说，一定要恢复罗马旧制！"君士坦丁指着地图说。之后，君士坦丁又在拜占庭建设了法庭、宫殿、元老院、剧场、竞技场、公共澡堂等设施，还组建了巡夜大队和消防组织等一系列城市服务和管理体系，这些都是按照古罗马的样子比葫芦画瓢照搬的。六年后，一个城市终于现出雏形，君士坦丁手扶精致的大理石骄傲地向臣民宣告："我宣布，这座城市就是'新罗马'，今天，我以自己的名字将这座城市庄严命名为'君士坦丁堡（Constantinople）'！"

商业繁荣居民富

很多年过去了，君士坦丁堡早已多次改朝换代。而其不变的，还是一如既往的繁华，并大有蓬勃发展之势。马和骡子在宽阔的马路上急速驰骋，在各大驿站之间快速穿梭，为宫廷长官、民间百姓传递着各类信件。马路两旁店铺林立，来往的人群络绎不绝。他们虽然表情各异，但几乎每个人脸上都洋溢着安详、和睦、满足的神情。街道上不时地传来带有异域风情的吆喝声。

"哎，新鲜的水果便宜卖了啊，便宜卖！葡萄、橄榄、无花果，苹果、梨子、大红桃，全部来自爱琴海和地中海边儿，包您买了满意，吃了还想吃！"远处传来了卖力吆喝的声音。

"卖面包、卖面包，新出炉的烤面包，埃及小麦做的好面包啊！"混合着面包的香味，低沉的吆喝声飘向空中。

一个挑着菜担的老头儿，一边将里面的菜在台子上铺开，一边扯起中气十足的嗓子吆喝不止："卖菜、卖菜，洋葱、萝卜、卷心菜，莴苣、南瓜、大茄子，瞧一瞧，看一看，新鲜蔬菜便宜卖！"

……

来来往往的人群中不时有人在摊位驻足，挑选货品，然后付给卖家一些精美的钱币。这些钱币有的是金色的，有的表面呈银黑色，还有的泛着青铜的光泽。在这些钱币上面，一般两旁对称地刻着几个字，中央的大片位置则被一些人物头像占据，有的刻的是位高权重的某位帝王，还有的刻的是一位端庄高贵的女性。

"大爷，您买卖做得不错呀！这钱币上刻着一个女人，您知道她是谁吗？"旁边摊位卖丝绸和毛麻织品的小伙子凑过来，操着异域口音清朗地问。

"呵呵，是啊，小伙子，买卖确实不错。不过这个钱币上刻的呀，不是人，是位女神，就是咱们君士坦丁堡的保护女神——安苏萨（Anthusa）。按理说，全城的人都该认识这位女神的呀，莫非……你是从外地来做生意的？"老大爷刚刚把菜摆好，转过头对小伙子乐呵呵地说。

"是啊，大爷，"小伙子不好意思地挠挠脑袋，略带羞涩地说，"其实我从小就跟随父亲来这里了，就是这个口音，一时半会儿还改不过来。"

老大爷点点头，又收了一个买菜人的钱币，回过头来继续问道："听口音……你像是波斯人？"

"没错，我是波斯人！"小伙子一谈到自己的来历，滔滔不绝，双眼发亮，"我的父亲和爷爷都到过遥远的东方，一个叫'赛里斯（Seres）①'的美丽国家。那地方可好啦，有许多神奇的……来客人买东西了，我改天再跟您聊啊。"小伙子说着，矫健地跳回了自己的摊位。他小心翼翼地捧起一块丝绸，开始滔滔不绝地向客人介绍起来。

"您看看这块丝绸，是多么亮泽；再摸摸它，又是多么光滑。对吧？这是我父亲不远万里从赛里斯带回来的，您就买一块吧！"小伙子热心地推销着。

"嗯，是不错，比我平时见到的丝绸要细腻多了，赛里斯人养的赛儿（ser）果然是极好的。"徘徊在货摊边的人啧啧赞叹着，不过隐约也有一丝犹豫。

"咳，您就别犹豫啦，您看这丝，多好哇！通透顺滑，还是从东方来的呢！"小伙子骄傲地说。在他随后的描述中，渐渐展开了一个故事……

偷师中国学养蚕

有一天，在拜占庭富丽堂皇的宫廷里，环佩叮当的皇后正在梳妆台前穿

---

①即中国。从罗马帝国早期开始，一些西方人就将中国称作"赛里斯"，因为此名跟罗马语言中代表"蚕"之意的"赛儿"叫法谐音。

衣打扮。她在侍女的服侍之下，把一件薄如蝉翼的紫衣披在身上，一边系带一边感叹："哎，遥远的东方人真是会享受，造出这么好的丝绸，比亚麻和羊毛可强多了，可就不知道这丝是怎么来的。"

"皇后，听说这丝是长在树上的哩。"一个侍女殷勤地回答，然后用自己所听到过的话眉飞色舞地描述了起来，"相传，在富饶的中国①那里，有一片很大很大的大森林，森林里的树可高啦，有天那么高。但在这些树杈上从来都不长树叶，光结丝，好多好多灰色的丝就凌乱地挂在树上。等到成熟了，就会有人来采丝，然后把采到的丝放进水里，用梳子使劲儿梳……等到梳整齐了，妇女们就把散丝整理好收了去，最后用纺机织成丝绸……"

皇后听了，十分神往。她愣了片刻，才缓缓说道："我去建议一下皇上，看他能不能弄点儿这种树回来。"接着，皇后便提着裙子走出去了。

"哈哈，你真是笑死我了。"正在饮宴的皇帝听了皇后的描述，大笑不止。"丝长在树上？那是很久以前的玩笑话了。②事实上，丝是蚕吐的，蚕吃桑叶为生，小时候是蚕蛹，再小了就是蚕籽……"

受到了嘲笑，皇后的眉头拧成了两条好看的绳子。虽然心有不甘，但她还是努力听着，把皇帝关于蚕丝出产的描述默默记在心里。

正在这时，有一个侍卫前来报告："出使中国的两名教士回来了，偷回了蚕！"

"哈哈，好！以后我们拜占庭也能产丝了，就再也不用看波斯人的脸色买丝了。"皇帝很高兴。他拍拍皇后的肩膀，神秘地说："你来得真是时候，一起看看吧。"

两名教士风尘仆仆地走了进来，行礼之后，开始大吹特吹自己是如何惊险地躲过了边境突厥人（Turki）的搜查和路上波斯人的骚扰，从中国带

①此处本应写"赛里斯"，因为那时的拜占庭人都这么称呼中国。但为了阅读方便，做了简化处理。下面将"赛儿"叫成"蚕"亦如此。
②此处根据的是公元 1 世纪时罗马学者的描述。

回了会吐丝的蚕。[1]皇后听了一会儿，不耐烦地打断了他们："你说的那个蚕呢，它现在在哪儿？"

"皇后别急，请看——"一个教士说着，打开自己随身携带的手杖。抖了两下，便有很多黑色的小圆粒掉到了地上。

"啊，恶心！"皇后用双手捂着鼻子，往皇帝身后瑟缩了一下。

"皇后您别看它貌不惊人，这可是蚕卵，以后孵化成蚕，成熟后，就会吐丝了啊！您穿的油光水滑的宝衣，就是用它吐的丝制成的。此番受皇帝之托，我等秘密潜入中国，带回蚕卵，真是历尽千辛万苦呢！跑了好几趟，之前总是不成功呢！"教士絮絮叨叨地说，接着就讲开了他一开始是如何带蚕出境，后来发现那些蚕总是因为水土不服养不活，于是便改带蚕卵。连带中国的风土人情，听得人们都入了迷。

"好，那么就开始养蚕吧！"皇帝一下令，全国都行动起来。然而，拜占庭养的蚕吐出的丝，是无论如何也不能和从中国进口的丝媲美的。把那些丝织成绸缎之后，手感非常粗糙，而且颜色十分暗淡。人们百思不得其解。现在看来，应该是因为当时的拜占庭人没有掌握要在化蛾前将蚕杀死这一关键技术所致。

丝绸之路贸易促

在很久很久以前，中国便通过丝绸之路与希腊、罗马有了贸易上的往来。说起丝绸之路，主要有三条：在北边，人们沿着草原踏出了欧亚草原之路，做些皮毛之类的贸易；在中部，人们顺着沙漠走出了亚洲绿洲之路，这也是最为主要的一条道路；在南边，则蓬勃发展起海上丝绸之路，大量瓷器由此从中国流向西方市场，而君士坦丁堡则是这三条丝绸之路的重要据点。

夕阳西下，一队骆驼正在大漠中缓缓移动着，耸立的驼峰在橙色日

---

[1]据西方学者说，因为中国蚕种秘不外传，所以教士回拜占庭时遭受了百般阻拦。但据中国学者研究来看，带蚕种回拜占庭之所以不易，是因为蚕对西方水土不服的缘故。

光的照射下侧立出丘陵般的剪影。驼铃声声，黄沙漫漫，有几名高鼻深目的波斯人正在绑紧骆驼背上的包裹，然后掏出水袋拧开，喝了两口继续前进。

"前方就是突厥人的地盘了，"一个身材颀长的波斯人望向远处天地相接的翠绿之处，有些忧虑地说，"但愿他们不会把我们好不容易从中国拉来的货物抢了去。"

"那又有什么办法呢？毕竟也有很多突厥人在君士坦丁堡做生意嘛，注意着点儿就是了。"另一个波斯人用手抚着长长的胡须，深沉地说。

这些波斯人远道而来，在丝绸之路上长途跋涉。他们将君士坦丁堡的"新鲜"玩意儿，如珊瑚、琉璃、玛瑙、水晶、郁金香等货物卖到中国，又从中国拉来了许多丝绸和瓷器来卖。"嘿，你知道吗？据说君士坦丁堡的那个不值钱的玻璃，在中国也能卖大钱、换黄金呢！等这次买卖做完了，我再贩点儿玻璃去卖……"高个子波斯人说着，眼中放射出精明的光芒。

"哎，你看前边走的是谁？奇怪了，怎么既不像我们波斯人，又不像咱们经常见到的突厥人？头上还戴着一顶束发金冠，好奇怪哦。"长胡须波斯人眼尖，用手指着前方问道。

"天快黑了我看不清啊，走近点儿看吧。"高个子波斯人说着，夹紧了胯下的骆驼，以加快向前移动的脚步。

可是，他们追了半天也没追上，只好作罢。两个波斯人在绿洲附近搭棚住下，坐在柔软的垫子上开始聊天。

"哎，你说咱们没追上的那个人，会不会是中国人？"高个子波斯人问。

"这个……难说。按理说中国人不会离开故土走这么远，但这么做的人也不是没有……据我了解，几百年前，中国的甘英被都护班超派到大秦①，结果到了波斯湾没渡成海，就回去了。所以刚才咱们看到的人嘛……哦，天色已晚，还是明早再说吧。做个发财的好梦！"长胡须波斯人边说边打开

---

①即罗马。

铺盖，不一会儿便沉沉睡去了。

在梦中，波斯人又来到了地大物博的中国，载着许多顺滑亮丽的丝绸，再次向着君士坦丁堡进发。中西方贸易就这样蓬蓬勃勃地开展起来，一越千年……

第二节　从猪倌到皇帝的查士丁

未留血脉帝驾崩

紫袍加身查士丁

朝政之事交外甥

忆昔峥嵘泪纵横

未留血脉帝驾崩

公元 518 年，拜占庭的皇帝去世，一下子如同冷冰水溅进了热油锅，皇宫内外顿时骚乱起来。

"怎么办，怎么办？皇帝驾崩，还没来得及留下后嗣继承血脉呢！"一个中年大臣抚着胡须，忧心忡忡地说。

"要是皇后还在世就好了。按照罗马的选帝制度，这种情况下，也只有皇后才有权指定新的皇位继承人。可惜呀，红颜薄命，皇后已提前两年离皇帝而去了！难办，难办哪！"一个年迈的大臣摇着头，在旁边不停地唉声叹气。

就在众大臣一筹莫展之际，有一个双眸闪着睿智光芒的大臣提议："简单，不是有元老院嘛，让他们担此重任就是。要说前例也不是没有，四十多年前[1]，蛮族将领废黜了咱们罗马皇帝，一下子乱了套，最后还不是元老院出面选出来的继承人？所以别争了，快去竞技场吧，说不定已经有人等在那里了呢！"

---

[1] 指公元 476 年。

　　大臣们听了，纷纷点头表示赞同。在他们整装待发之际，已经有卫兵去通知元老院的元老和城里的民众了。所以当大臣们到达竞技场时，差点儿被那里的气氛压得喘不过气来。

　　只见偌大的竞技场全然不见了平日的喧嚣和嘈杂，也没了赛马、角斗等激动人心的项目。取而代之的，是一排排静止肃立的禁军和簇拥在周围表情紧张的民众。那些禁军从头到脚甲胄齐全，戳在地上的长矛尖在太阳的照耀下发出七彩寒光。他们都目不转睛地看向包厢，包厢里同样站着几个浑身甲胄的人，沉重甲胄之下是坚毅的面容。在包厢里站立的几个人中，为首的是禁军军团头领凯莱尔（Celer），他是当朝执事长官，负责主持这次选举；紧跟在他后面的，是皇帝的贴身侍卫长官查士丁（Justin），查士丁虽然拥兵数目不如凯莱尔，但握有绝对的实权。这两人虽不做声，但表情凝重，互不理睬，心中各有主张，周边的空气似乎都凝结起来，腥风血雨的场景似乎就在眼前。在竞技场上环绕的群众虽然姿态各异、老少不一，但他们全都屏息静气地翘首等待，等待着新皇选举结果消息传出的那一刻。大臣们明白，这些民众都在蓄势待发，随时准备着向新皇献上热烈的欢呼。因为按照惯例，一旦元老院和军队宣布新皇即位的消息，竞技场立马会变成欢乐的海洋。到那时，民众会受到新皇的首次接见，同时民众会发出热烈的欢呼。

紫袍加身查士丁

　　在军队和民众的参与下，元老院开始开会决定新皇人选。可是，这个会议开得也太长了点儿。"查士丁，你提出的那个人根本就不行！谁不知道你的出身，一个放猪娃带领一帮穷兄弟来城里闯天下，愣是挤进了禁军还获得了元老身份！就你这目不识丁的一介武夫，能提出什么有用的人选？还是听我的吧，选我提出的人做皇帝！"禁军军团头领凯莱尔高傲地指责着，竞技场群众中间发出了啧啧赞同之声。

　　"凯莱尔，你就是老欺负俺不会说话！俺也说不出什么道道儿，只是你提出的那个人选绝对不行！要么换人，要么你就跟俺决斗！"皇帝贴身侍卫长官查士丁往地上啐了一口，就要拔出剑来一拼高下。凯莱尔不甘示弱，也要拔剑出来砍向查士丁。元老院的其他元老见了，急忙打圆场劝和，才避免了一场剑拔弩张的血斗。

"有话好好说，有话好好说。"一位德高望重的元老赔着笑脸，沟壑纵横的皱纹都快挤成了一团。

"好好说？好，俺问你，是谁参加了对伊苏里亚人的战争？是谁在波斯战争中为国家抛头颅洒热血？又是谁在镇压维塔里安起义的战斗中立下了汗马功劳？是俺，是俺，都是俺！而那个凯莱尔，他是个什么东西？只会油嘴滑舌在皇帝面前卖卖好儿，要是把国家交给他提出的那个人就完了，你们凭什么要听他的？"查士丁在众人的劝架之下使不出劲儿来决斗，竟然急了，一着急，超水平发挥，把之前外甥查士丁尼（Justinian）教过他的话全都文绉绉地搬了出来，居然还都用对了。

查士丁的话音刚落，人们就沉默了。半晌，才有元老走了出来，对查士丁毕恭毕敬地说："您说得对，您是国家的大功臣，现在又遇到了皇帝驾崩的多事之秋，我看这皇位非您莫属。我提名您当皇帝，还请莫要推辞。"

"不，不行！俺……"查士丁听了元老的话，急忙推托。但就在这时，军队里的士兵发出了惊天动地的欢呼声。他们十分拥护查士丁当皇帝，就把元老的提议传了出去。

"查士丁要当皇帝了！"

"查士丁要当皇帝了？"

"虽说查士丁并不是什么理想的人选吧，但至少他足够勇敢而且资历很深，我看还成。"

就这样，一传十、十传百，在竞技场上翘首以待的民众听见了，也觉得是这么回事儿。人们逐渐安静下来，元老院、军队和民众终于达成了一致意见。接着，人们不由分说地用盾牌抬着查士丁，簇拥着他走进了竞技场的皇帝包厢，七手八脚地将红色的靴子套在了他的脚上。这时，一个侍卫捧着新皇穿的紫袍进来了，人们迫不及待地将华贵的紫袍罩在了查士丁的身上，又小心翼翼地帮他把带子绑好。这一切做完之后，君士坦丁堡的宗主教郑重地走来，虔诚地将皇冠戴到了查士丁的头上。外面，热烈的欢呼声不绝于耳，查士丁走出包厢，向人们挥手致意，又发表了激情澎湃、言语虽不讲究却很真挚的演说。六十六岁的查士丁当上了拜占庭皇帝，一个新的王朝就在竞技场欢乐的海洋中诞生了。

朝政之事交外甥

查士丁当上皇帝之后，整天为政事苦恼不已。本来自己就是一介武夫，叱咤沙场没问题，但是对于治理朝政实在不上道儿。一天，他看到外甥查士丁尼又来皇宫履行他的侍从官职责，心里突然有了主意。于是，查士丁皇帝赶紧将外甥招呼到身边，摆下酒水进行会谈。

"查士丁尼啊，舅父俺对你怎么样？"皇帝探身，关切地问。"当然好了，舅父对我好到没得挑，在我还小的时候，您就将我立为嗣子，还将您的姓氏赐予我，然后送我来君士坦丁堡接受最正统的教育。在您被拥立为皇帝以后，您又封我为您的侍从官，使我可以自由进出宫廷，这可是谁也得不到的特权哪！舅父对我的好无人能及，不过……您怎么突然问起这个？"查士丁尼充满感激地说，同时又不禁发出了自己的疑惑。

"知道感恩就好，这个交给你了啊！"皇帝大大咧咧地瘫在座椅上，随手就把一堆看似沉甸甸的东西向查士丁尼掷了过来。查士丁尼接住一看大惊，原来这些东西都是大臣们给皇帝的奏章。"舅舅，您……"查士丁尼开口刚要询问，就被皇帝接了话茬儿："哎，你舅舅俺大字不识几个，奏折看了就烦，颠来倒去看不懂也没什么意思，交给你处理了啊。舅舅对你这么好，相信你，一定行！哈哈哈——"皇帝不知什么时候走到了查士丁尼身边，用结着厚茧的手掌重重地拍了拍他的肩膀。"好了，俺困了，睡了啊！你去忙吧。"皇帝打着呵欠，以迅雷不及掩耳之势溜到寝宫去了。

"啊？那好吧。"查士丁尼脑袋上挂着一堆的问号，半天才喃喃地回答。他想找舅父问个明白，又不方便追到寝宫，只得小心翼翼地捧着奏章，一头雾水地退下了。

这一下，皇帝可尝到了甜头，动不动就将各种繁重的公务交给外甥查士丁尼，自己只管吃喝玩乐、训练军队，偶尔拿着拜占庭皇帝巨大的印玺往奏折上盖个章。好在查士丁尼也足够争气，将政务打理得井井有条。

忆昔峥嵘泪纵横

公元 527 年，时逢查士丁皇帝的生日盛宴，各方人士均前来道贺。

"你们一个个文绉绉的，但是俺可没接受过什么正统教育。"皇帝两杯酒下肚，看着眼前熙熙攘攘为他祝寿的人群一高兴，连话也多了起来："俺查士丁来自一个小地方，原本是伊利里亚[①]的一个小小的农民。小的时候啊，俺就是个养猪的。俺娘说'拔猪草去'，俺就手脚并用连滚带爬地上山挖草。直到有一天，俺听到了城里征兵的消息，就对俺的两个兄弟说，'这样放猪什么时候是个头儿？一天到晚围着猪跑，穷得叮当响，一点儿出路都没有，还不如进城当兵去。'俺的两个兄弟也这么觉得，于是俺们就每人打了个小包裹，来君士坦丁堡闯天下啦。"

查士丁皇帝说到高兴处，一仰脖将杯里的酒一饮而尽，咂咂嘴接着说："一到君士坦丁堡，俺们都傻眼啦——穷日子过惯了，哪见过这等大场面？街上卖什么的都有，发光的石头啊、奇怪的水果啊，还有一些俺们都叫不上名字的玩意儿。俺们穷，什么东西都没钱买，但好在放过猪，有个把子力气。一试，没想到居然被利奥一世（Leo I）[②]看上了，选进了宫廷禁军，宫廷啊，哈哈哈！"

一个大臣上前敬酒，查士丁停下话头儿，高兴地与他共饮美酒。后来，一群大臣都来了，连自己中意的外甥也在其中，推杯换盏，又几杯酒水下肚，查士丁显得更高兴了，连声说："哈哈，好好好，想当初俺养猪的时候，可不知道自己能有今天。当上皇帝？做梦也不敢想！后来俺参军了就打仗啊，一场一场地打，不要命地打。直到打成了皇帝贴身侍卫长官、打下了整片江山。今天，俺查士丁要什么都有了，本该很高兴。可是……"

说着说着，查士丁皇帝竟然哭了。

[①]查士丁出生于达尔达尼亚（Dardania）省的贝德利亚娜（Bederiana）村，距离斯科普里（Scupi）不远。
[②]利奥一世（401—474），当时的拜占庭皇帝。

"可是，俺的两个出生入死的好兄弟，已经先俺一步而去了。他们看不到俺今天的荣耀，也无法分享俺的快乐……"浑浊的泪水顺着查士丁的眼角流了下来，淌过沟壑纵横的老脸，落在他醉酒微醺的唇角，略带苦味，为向来做事大大咧咧的皇帝勾勒出一丝悠远的惆怅。

"不过，俺外甥还是很争气呀！"皇帝自觉失态，心说自己堂堂一介武夫怎能随意掉泪呢，所以很快地调整了心情，拍着外甥查士丁尼的肩膀说："你是俺姐姐的儿子，俺当了元老就把小小的你从家乡带了出来，把你立为嗣子。现在你都长这么高了，还经常帮俺看奏折，真是俺家的骄傲！呵呵……俺要为你加冕，立你为'共治皇帝'，让你继承俺的皇位！"

这位猪倌出身的皇帝说到做到，没多久，就举行了仪式，让查士丁尼顺理成章地成为东罗马——拜占庭帝国的皇帝。但查士丁这时已经病得很重了，不久就撒手人寰，但他永远不会知道，自己让外甥接替皇位是做了一个多么伟大的决定。因为在不久的将来，查士丁尼会在皇后的支持下做出一番伟业，成为王朝名副其实的奠基者。

第三节　尊法重情的查士丁尼

为爱改法心甘愿
追随舅父握皇权
尼卡暴动竞技场
修缮教堂关学园

为爱改法心甘愿

查士丁尼受到了舅父皇帝的重用，在拜占庭宫廷的地位扶摇直上，很快就成为帝国最重要的大臣之一，显赫身份无人能及。在一个霞光满天的傍晚，他照例忙完了政务，拿着写有重大决策的奏折找舅父盖了章，就打算乘坐马车去附近的君士坦丁堡大剧院看看演出散散心。

"下面有请当红明星母女为我们带来精彩的演出！"随着报幕员激动的嗓音，演出的大幕缓缓拉开。

光辉灿烂的舞台上，一个风韵犹存的中年女子步伐坚定地走了上来，并向舞台后面优雅地招手，好像在邀请着什么人。观众们屏息静气地等待着，好一会儿，一个身姿曼妙的少女迈着轻盈的舞步跳了出来，观众席立即爆发出热烈的掌声！"好……好啊！还是女儿正点，哈哈哈！"观众不停地鼓着掌，美貌的少女就在经久不息的掌声中翩翩跳起舞来。

查士丁尼就这么看着，在剧场位置最好、最隐蔽的包厢中睥睨着一切。他看了一会儿舞蹈，越来越觉得少女舞姿华丽却缺少内涵，看得索然无味。"还不如不来，再批会儿奏折呢。"查士丁尼懊恼地想着。

演出快中场休息了，查士丁尼决定离开。就在这时，一个默默走上前台给舞女递毛巾的娇小身影，却突然攫住了他的眼球。这个身影属于一个单薄而坚毅的女孩子，瀑布般的黑色头发顺着她纤弱的椭圆形脸蛋儿垂下，认真、庄重而关切的神情闪现在她大大的黑色眸子中，是那么镇静人心。女孩向前伸手给舞女递上了毛巾，查士丁尼就这么目不转睛地看着，直到她们有说有笑进入后台时才反应过来。

查士丁尼回味着娇小女孩的身姿，心中久久不能平静。无疑，这个女孩是普通的，普通到让人无法在光辉灿烂的舞台上注意到她；这个女孩也是渺小的，渺小到演出时只能躲在幕后等待中场休息。但正是这个普通而渺小的黑发女孩，打动了查士丁尼的心弦。因为在她身上，还带有世俗之外的某种东西，或是坚韧，或是真诚，抑或是善良……查士丁尼脑子晕晕地，已经无法分清自己为什么爱上了她，只觉得就是爱上了，那种在最好的年华遇到了最合适的人的微妙感觉如潮水般包围了他。

在不知不觉中，查士丁尼三步并作两步地来到后台，但觉得突然这么冒昧出现似有不妥，只得躲在一旁观望。终于，他在一个角落里发现了黑发女孩，女孩正弯腰细心地帮助中年女士和美貌少女整理妆容，在艳光四射的演员身旁是那么不显眼。

"母亲、姐姐，"黑发女孩开口说，声音庄严而清澈，"刚才的演出实在太棒了，要是动物饲养员的继父下班来看了，一定会骄傲的。"

"骄傲个什么，你母亲我就是个芭蕾演员，跳了一辈子的芭蕾，出身低、名誉不好，连累你们姐妹俩跟着遭罪，尤其是妹妹，连一个心仪的男人都找不到。"中年女士歉疚地说。

"母亲，您不必歉疚。这次是女儿不好，跟情人吵架了，不得已回来的。"黑发女孩面若止水，不紧不慢地说。

"这就是你的不对了，妹妹，你那情人可是个大官儿，你都为他生了一个孩子了，还断绝关系做什么？你说你看不惯他的所作所为，但是做我们这行的，还顾忌那么多干什么？依姐姐一句话，找他去呀、找他去呀！"美貌少女追着黑发女孩单薄的身子在屋里打转，一转身看到了不远处的查士丁尼。

"呦，您这是找哪位？您穿着绫罗绸缎，一看就非富即贵。我说得对不对？好了，演出又开始了，我和母亲要再次登台了，妹妹你先陪陪客人哈。"美貌少女娇笑了一声，就跳着轻盈的舞步走远了，剩下查士丁尼和黑发女孩四目相对。

黑发女孩看见眼前站着的人中等身高、不胖不瘦，有着挺立的鼻子、坚毅的下巴，下巴的胡须刮得很光滑，露出圆圆的脸蛋。这个陌生人，大约比自己大了那么十来岁，有着一头卷曲的头发，似乎脾气有些暴躁，但暴躁中又对自己蕴含着无限的温情。当女孩看到查士丁尼嘴角自然流露而出的一抹微笑时，她突然心动了。

查士丁尼与黑发女孩相恋了。他们跨越了阶级，淡化了经历，超出了一般人秉承的门第观念。他们爱得是那样纯粹，那样美好，又是那样不管不顾。"尊贵的查士丁尼要和一个舞女出身的女孩结婚啦！"君士坦丁堡的人们都这样传言。"可是，法律不允许跨越等级结婚的呀。"有人尖锐地指出了问题所在。这个问题也一直困扰着查士丁尼，直到有一天，他大笔一挥，心甘情愿地修改了婚姻法。"男女关系在婚姻中应该是相对平等的，"查士丁尼说，"我在婚姻嫁娶、财产继承等方面对律法做了修改，请舅父过目。"皇帝大印一盖[①]，批准了。查士丁尼迎娶了黑发女孩，哦，不，其实是长得像女孩的妙龄少妇。她就是日后的狄奥多拉（Theodora）皇后，她的存在对拜占庭乃至整个西方世界都产生了举足轻重的影响。

追随舅父握皇权

公元 527 年，查士丁皇帝得了病，病情越来越重，他就把外甥查士丁尼叫到榻前，加冕封为"共治皇帝"。舅父去世后，查士丁尼顺理成章地继位了，成为拜占庭皇帝，而他的妻子狄奥多拉则一跃成为皇后。

手握皇权之后，查士丁尼开始和周边国家积极开展各种外交活动。一天，从外国来了一位使节，说要觐见皇帝。于是，查士丁尼就派人到边境去迎接

---

①查士丁将重要政务交给能够识文断字的外甥查士丁尼打理，自己则偶尔负责盖章。这在上一节《从猪倌到皇帝的查士丁》中提到过。

外国使节，并且一路护送到君士坦丁堡的皇宫里。

　　一到皇宫，外国使节感觉到自己的眼睛、耳朵、鼻子和嘴巴加到一块都不够用了，在宫廷内的每一步，他都被眼前宏大的景象深深地震撼着：悠扬的风琴响起，教堂唱诗班和着音乐吟喃起神秘的歌声；大理石铺就的长廊一望无际地向前延伸，两旁的圆柱由名贵的斑岩打磨雕刻而成；一条条道路层叠环绕，迷宫般令人眼花缭乱；身着白色制服的宫廷卫队肃立两旁，整齐的队列给人造成了无形的庄重及压力感……

　　无论走到哪里，外国使节都被这种无边的辉煌盛景与摄人心魄的氛围感染着，心下震颤不已。他在太监①的指引下，进入一间金玉满堂的华丽大屋，看到满屋镶嵌的色彩缤纷的图案和繁复耀眼的金丝织物，心下赞叹不已。当他被豪华的玻璃反射的光芒射到眼睛里时，突然忘了应该先迈左脚还是右脚，双腿也瞬间似乎要瘫软下去。旁边的太监宽厚地一笑，好像这种事见得太多都见怪不怪了，从容地伸出手来扶住了摇摇晃晃的使节，搀扶着他穿过大屋，来到另一段无穷无尽的长廊深处。这时，贵族、主教、将军以及元老们也都从四面八方会集起来，簇拥着外国使节一起向前走去。

　　"外国使节前来觐见——"

　　传令官发出一声口齿清晰、尾音洪亮的号令，一个太监熟练地搀扶着被宏大场面震撼得七荤八素的使节走进殿来。

　　这个宫殿好大啊，在宫殿的正前方安置着一个巨大的宝座。宝座用沉甸甸的纯银制成，并在表面雕刻有各种繁复的纹理，精心镀上了金银饰物。在宝座旁边的延展部分，金色的狮子盘踞其上睥睨众生，并有金色的鸟儿展翅欲翔，刻画得栩栩如生。外国使节偷偷瞟了一眼端坐在宝座上一动也不动的皇帝，只见皇帝身穿富贵华丽的紫袍，在一声不响的缄默中似乎蕴含着无限威严，直压迫得人无法呼吸。使节急忙屈身下拜，在他俯身的时候，金狮和金鸟发出了振聋发聩的巨大声响，狮吼隆隆，鸟啼啾啾，一阵絮状的白色烟雾发着急迫的呐喊从宝座两旁喷涌而出，不一会儿便弥漫了整个殿内，仙境

---

　　①与中国古代的宫廷类似，拜占庭、波斯等西方国家的宫廷里也有太监。

般包裹着殿下的众人，把个外国使节都看傻了。

一会儿，迷之梦幻的烟雾散尽，可傻眼的使节还保持着叩拜的姿势。待他稍微缓过神儿来抬头看时，皇帝的宝座已经升高，而端坐在宝座上的皇帝则换了一身与刚才所穿不一样的丝袍俯视着他，威严、壮观，正如一位神祇在俯视着世间的芸芸众生。

外国使节已经记不起当时发生了什么，自己又跟皇帝说了些什么，只觉得迷迷糊糊地就被皇帝赐宴了，然后稀里糊涂地被带到了一间宝库参观珍宝，又去了竞技场观看比赛。这一切下来之后，使节对拜占庭帝国的强大与富有佩服得五体投地，心中刻下的烙印永远记忆犹新。直到回国前，使节才回想起来自己来到这里的使命是什么：窥伺拜占庭帝国要津的军事防御，分析进攻拜占庭并取得胜利的可能性。可是，查士丁尼的人对自己寸步不离，虽然彬彬有礼、精心护送，但似乎又带有监视的意味在里面。"唉，算了。拜占庭帝国这么富有，这么强大，我们是铁定打不赢的。"使节心里想着，浑然不知自己这样已经为拜占庭默默地化解了潜在的危险和威胁，也达到了查士丁尼皇帝炫耀资本的真实目的。从此，拜占庭帝国一代又一代的君主将这一传统延承了下来，奢华夸张的背后，隐藏着震慑敌国的目的，靠着烙在外国使节脑海中的巨无霸印象，一次又一次成功地打消了潜在敌对势力对帝国领土和财富的觊觎。

尼卡暴动竞技场

皇帝也有烦心事儿。这不，有一天，查士丁尼正在竞技场的包厢里跟皇后狄奥多拉高兴地看着赛马，烦心事儿跟着就来了。

"大事不好了，皇上，看台里的蓝队和绿队打起来了！"一个大臣慌慌张张地跑进包厢，上气不接下气地向查士丁尼汇报。

查士丁尼时期，竞技场分两大阵营：蓝队和绿队。这两个阵营里的人一般都出自君士坦丁堡有头有脸的富贵人家，他们每天也没什么别的事情可做，就是到竞技场观看比赛，有时还会押注，但总会相互敌对、相互掐架。查士丁尼支持蓝队，而他的妻子狄奥多拉则支持绿队。蓝队、绿队互相看不顺眼，总是为赛事争论不休，争吵不出结果就经常动手用武力解决，皇帝和皇后也乐得从中调解，坐收渔翁之利。对于查士丁尼而言，蓝队和绿队打架的事都见怪不怪了，所以这次大臣的汇报并没有引起他的足够注意。

"急什么，他们不是经常打吗？行了行了，你下去吧。"查士丁尼云淡风轻地摆了摆手，对大臣说的话并没有上心。

"可……可是……这次不一样啊皇上！"大臣并没有走，而是快急哭了，"情势不妙，臣还是先护送着您离开吧！"

"有什么不一样的，还不就那点破事儿嘛！谁赢了，谁又输了……本王全知道，你下去吧。"查士丁尼再次摆手，同时不耐烦地说。

"你呀，什么都好，就是脾气暴躁听不进劝。"皇后狄奥多拉以柔克刚，化解了大臣的尴尬，"皇上您看，看台上的人确实有点不对劲儿，依臣妾看，他们怎么联合起来了呢？"

"什么？联合！"查士丁尼这次有些上心了，他顺着皇后手指指引的方向往下看去，这一看不要紧，可把鼻子气歪了！只见蓝队和绿队的人抱成了一团，身上全换上了古怪的服装，高一声低一声地抱怨着税收太多、派系太杂、查士丁尼和狄奥多拉出身不好没资格当皇帝和皇后……

"那个姓查的，不过是个暴发户！哼，他有什么了不起的？还不是士兵的嗣子，借舅父上位！"一个大嗓门儿的粗壮汉嚷嚷着，立即得到了周围人群的起哄。

"对！坐皇位，查士丁尼他不配！尼卡（Nika）、尼卡、尼卡！"一个德高望重的人响应说，然后嘴里嚷嚷着带有"胜利"意思的"尼卡"[①]，从竞技场内冲出，走上了街头。

"尼卡——尼卡——尼卡！"蓝队的人嚷喊着。

"尼卡——尼卡——尼卡！"绿队的人叫嚣着。

"尼卡——尼卡——尼卡！"人们由两大阵营里的七个大人物带头，身穿奇装异服在街上不停地游行。人群越聚越多，队伍越来越大，人们群情激愤，

---

①在希腊语中，尼卡是胜利的意思。

开始谋划着要抓住查士丁尼，或者放一把大火焚烧了圣索菲亚大教堂（Hagia Sofia）和皇帝的宫殿。

查士丁尼这下可着了急："怎么办？怎么办？怎么办！"他急得团团转，撕扯着自己的衣袍。这时，他与狄奥多拉已经走散了，身边只剩下刚才那个报信的大臣。

"皇上，依臣愚见，您不如暂时脱下皇袍，换上一身不太显眼的衣服，然后到码头坐船逃命去吧。"忠心耿耿的大臣建议道。

无奈，查士丁尼只得依计乔装打扮，一路跌跌撞撞地跑到了码头，准备乘船离开君士坦丁堡。就在他即将出发的时候，狄奥多拉从远处衣发凌乱地跑来。"总算找到你了……你这是要去哪儿？"狄奥多拉先是一阵惊喜，后又锁紧眉头。

"我不走。要走你走，我不走。死了我也不怕——皇帝的紫袍，才是最好的葬衣。"狄奥多拉听说皇帝要逃跑，执拗地说。

"皇帝的紫袍是最好的葬衣……"查士丁尼不断咀嚼和回味着这句话，心里像是有一段紧绷的弦猛然断裂开了，心下顿时一片澄明与敞亮。"哈哈哈，说得好！好一个'紫袍是最好的葬衣'！本王总是奇怪，当初为什么会在第一眼就看上了你，然后不顾一切地娶了你。现在朕明白了，朕的皇后确实有过人的优秀品质啊……"查士丁尼骄傲地说着，伸出手臂与狄奥多拉相拥，在波光粼粼的水边形成了一幅决绝凄美的画面。

预料的惨景最终没有到来，好在皇帝的大将贝利萨留及时回朝，镇压了这次尼卡暴动。事后，查士丁尼和狄奥多拉极为震怒，下决心严惩肇事者。怒火之下，皇帝将七个带头暴动的人判处绞刑，但当执行绞刑的时候，行刑的绳子居然断裂了，幸运的暴民暂时捡了一条命，逃进了当地的修道院。君士坦丁堡的市民认为这是天降吉兆，尊称那几个侥幸活命的人为"英雄"。

"饶了这些英雄一命吧。"有人向查士丁尼请愿。

"不行。"没等皇帝回答，狄奥多拉就斩钉截铁地拒绝了这个请求。

于是，那七个人还是被抓来执行了绞刑。据说，这次尼卡暴动牵连受刑的人竟达四万之多。

修缮教堂关学园

"祸兮,福之所倚;福兮,祸之所伏。"万事万物莫不如是,就连千年之前的查士丁尼也不例外。这不,在尼卡暴动里他倒了霉,但他也终于找到了一个有力的借口,能让元老院同意重新修缮他早就想翻修的圣索菲亚大教堂了。

"在尼卡暴动里,圣索菲亚大教堂多处被砸坏焚毁。因此,我们现在要集全国之力,共建崭新的圣索菲亚大教堂。"查士丁尼得意地说,他刻意强调了这个是"圣索菲亚大教堂"——他所信仰的基督教的圣地。

皇帝发话了,全国人民说干就干。各地的能工巧匠全都来到了君士坦丁堡,共商重建教堂大计。五年后——仅仅用了五年的时间,整个圣索菲亚大教堂从内到外就焕然一新,闪耀的玻璃、发光的宝石、高大的圣像,无不彰显着帝国雄厚的财力与大一统的政治力量。

"一个国家、一部法典、一个教会,是我追求的目标。"查士丁尼骄傲地说。说完,他又针对当下社会的种种奇怪现象数落开了:"你看那雅典学园(School of Athens),真不成体统。对外宣称要培养什么'古典人才',其实那里培养出的学生就是一群异端。"

查士丁尼喝了一口侍女递过来的水,接着说:"听说那些雅典学园里的学生拉帮结伙,根本不认真读书,反而以加入某一封闭的团体为荣。每年冬天,新生还没入学,刚乘船来到港口就被逼着发誓要加入并效忠某一团体,不发誓就受尽各种人身侮辱。等到上了学,还没学会读书,就必须要宴请师门所有弟兄,否则便会被揪到公共浴室痛揍一顿。上学期间,还不能随便旁听属于其他团体的老师的课程,否则便被视为背叛了自己的团体……人们白天经常看见雅典学园的学生手执刀剑,在大庭广众之下打架斗殴;而在夜晚,那些学生则会跳舞、娱乐,去公共浴池捣乱,甚至做些苟且之事,举止荒唐万分,实在难以入目……有一次,一个受到团体排挤的老师被拉到广场,学生们在光天化日之下就往老师脸上涂抹泥浆;还有一次,一个可怜的埃及老师被从睡梦中叫醒,拉到了市中心的喷泉旁边,学生们威胁让他'赶快滚回埃及',否则就要让他'尝尝溺水的滋味'……真是无法无天了。我这不是在反对学习，我这是对不良学风痛心疾首啊！"说完，查士丁尼双手作捧心状，看上去就像心痛不已。

"那么？"一旁的大臣试探地问。

"那么就把'雅典学园'给关了吧，我们自己开'皇家学园'。"查士丁尼不容置喙地说，眼里闪动着虔诚的光芒。

于是，在查士丁尼的大力推动下，以教授古典时代哲学和修辞的雅典学园关闭了，再也没有学园的老师对中央政府决策说三道四。很快，更多的教堂在拜占庭建起来了，人们的精神层次又进入了另一个时代。尽管君士坦丁堡建都之初处处仿照古罗马，甚至连"七丘之城"的第七个山丘都要硬凑一个①，但事实上，却与罗马旧制渐行渐远了。

查士丁尼满意地看着帝国的权力向着自己手里聚拢，又开始全力继续推动他"一部法典"的宏伟计划。"我们必须明白法律是什么。法律是对所有的掌控，是明断者的裁决，是对有意或无意犯罪的约束，是帝国通用的协定。正义和法律是同义的。法律是正义的制裁，是对美德的倡导，是对丑恶现象的约束。我们要做的，就是整理昔日共和国、帝国时代的法律旧典，制定出一部帝国通用的律法，就叫它——《查士丁尼法典》②。并且传本王的禁令：任何人都不许对这部钦定的法典做出任何注释和评论。"

就这样，查士丁尼皇帝在拜占庭树立了绝对的权威。查士丁尼是非常尊重法律的，要说他在年轻的时候为了迎娶妻子修改过法律，也是他尊重法律、爱护妻子的表现。尽管查士丁尼脾气暴躁，还有点刚愎自用，但他对狄奥多拉皇后的坚贞品德佩服不已，对皇后言听计从。从狄奥多拉早于他逝世以后，查士丁尼开始消沉，后期也难有作为。几年后，当查士丁尼率兵打仗路过皇后的墓冢，他特意伫立在皇后的墓碑前任冷风吹拂，心情久久不能平静。"我是多么想随你而去呀！"查士丁尼面向蓝天绝望地喊道，面颊上不自觉地滑下了两行苦涩的眼泪。思及过去种种，他不禁老泪纵横。历史流转，谁为谁

---

①详见本章第一节《帝国新都君士坦丁堡》。
②英文名 *Corpus Juris Civilis*，又称《民法大全》或《国法大全》，是查士丁尼下令组织编撰的一部汇编式法典，可将其视作罗马法的集大成者。

做了嫁衣？谁又把谁带进棺材？经历过的、经历着的和即将经历的，终究会
化为一种遥远的思念，唯有爱意和真情永恒。

拉丁东方与东地中海世界

　　提到拉丁东方与东地中海世界，就不得不提那一次又一次的十字军东征。这些东征是侵略性质的，矛头直指圣城耶路撒冷。乌尔班二世时期，西方基督教世界基本确定了其外延和范围，内部亦摆脱了维京海盗和游牧民族入侵的干扰，封建社会的秩序逐步建立起来。加上全球气候转暖，农业生产环境改善，欧洲步入了迅速发展和扩张的新时期，内部土地拓荒，外部领土拓展。而东地中海世界，此时则陷入了一片混乱之中，马其顿王朝解体了，拜占庭帝国势衰，阿巴斯王朝瓦解，塞尔柱突厥人波斯化之后取而代之，入主近东，向小亚不断渗透，但这个塞尔柱帝国大一统的局面维持的时间很短，很快就分崩离析，各个城市和地方的埃米尔拥兵自立，法蒂玛埃及虎视眈眈，亚美尼亚人则在挣扎着谋求独立建国。可以说，东地中海世界正进入一轮新的动荡之中，霸主缺位，这也就为外来力量的介入留下了可乘之机。

　　在这样的背景下，在错综复杂的因素的作用下，打着援助拜占庭兄弟、恢复主的圣墓旗号的一群武装朝圣者，逐步会聚于东方，最终形成了一次规模庞大的远征。第一次十字军东侵是残酷的，对沿途城镇，尤其是安条克和耶路撒冷城进行了不分种族和信仰的大肆屠杀，其暴行震烁古今。然而，此后的伊斯兰世界逐步恢复了昔日的团结和统一，从赞吉到努尔丁，再到萨拉丁（本章第一、二节），东方世界终于团结起来，一致对外，对拉丁东方的法兰克人形成了压制。与众不同的是，萨拉丁的气度和胸怀是罕见的，无论是在团结伊斯兰世界，还是在对十字军的作战当中，他都表现出超越时代的宽容和气量。尤其是在耶路撒冷城的处置上，他体现出了中古君主最大的仁慈与宽容，留下了仁君的美名。

第一节　旷世仁君萨拉丁（上）

时逢乱世恨滔天

团结民众好苏丹

宽容仁德平叛乱

感化刺客保平安

时逢乱世恨滔天

公元 1099 年，耶路撒冷城。

尸横遍野，花木残落，破败的宫殿在夕阳的照耀下愈发冷清而凄凉。不时有一两个胸前绣着十字徽章的人拿着剑在一片寂静的尸体中翻翻拣拣，见到发光的东西就用剑尖挑起，凑到鼻子下面来看，判定价值后便决定是揣在怀里还是丢弃；若是发现躺在地上的人谁还有游丝般的气息，便毫不犹豫地在他胸口补上一剑，丝毫不在乎对方是白发的耄耋老人，还是身怀六甲的妇女。昔日巍峨的宫殿不复当年人来人往、笑语欢歌的盛景，鲜活的人群转眼成为剑下亡魂，失去了诉说和哀伤的能力。令人疑惑这座圣城到底遭遇了什么，才会落得如此不堪。

同年，三天前。

伴随着震耳欲聋的轰击声，城墙连着塔楼垮塌了，一瞬间碎成了齑粉，被蜂拥而入的人马踏在脚下。这群人以全副武装的青壮年为主，间或还有老弱妇孺，眼中全都闪烁着猩红噬人的寒光。他们狂热到了极致，嘶喊着，甚至连胯下的坐骑都受到了刺激和影响，一进城门便狂奔不止，来不及闪躲的城中百姓顷刻被马匹撞倒在地，践踏得血肉模糊。这群人马就像从暗夜来的罗刹，凶神恶煞般扑向了耶路撒冷城里，又风卷残云般占领了整座城市。"哈哈哈哈，这一刻，我们等得太久了！"一个人狞笑着，手握着大剑，目光扫向大剑的寒刃，在剑刃上，黏稠的鲜血从上面流淌下来。

"不得了了，城被攻破了，要屠城啊！"一个头上包裹着白色布巾，手上还抱着婴孩的中年男子在马路上没命地跑着，每到一户人家便急迫地敲响这家的木门："快进圣殿躲躲吧，屋里不安全！"他这样好心地说着，试图挽救更多人的生命。可是，还没等他敲响更多的住户大门，就被横冲直撞的马匹掀翻在地。他拥着孩子，强壮的身体借势滚向了道路一侧，宽大的白袍子上沾满了泥浆。可是，当他刚刚平稳身躯，用手肘拄地准备坐起身来的时候，就被另一匹战马残忍地踏在了肚子上，孩子也被震了出去，向前滚远了。战马依然在他身上碾踏着，他的眼睛难以置信地睁大，嘴巴大大地张开，露出了里面镶嵌的金牙。"哈哈，又发一笔小财。"骑在战马上面的人残酷地说着，不由分说用剑尖探向中年男子的嘴里，大剑一挥割出金牙，然后将上面的血肉剔除，装进了自己的怀里。中年男子的目光已经涣散，却用尽力气将双手向前伸出，似乎是拥抱着空气中并不存在的孩子，不一会儿便咽了气。

更多的人马从中年男子和婴孩身上踏过，却从不曾停下看他们一眼。前来侵略的人们都像疯了似的，红着双眼往山丘上的宫殿跑去，一路烧杀劫掠，杀人无数。进了大殿，巍峨壮观的景象丝毫没有阻止他们砸抢的脚步，侵略者先是把所有的大件物品能砸的砸了，再把供桌上的中小件珍宝装进自己的口袋。"走，那群异教徒躲在蓄水池里了，咱们去处理了他们！"不知是谁沙哑着嗓子大吼一声，这如狼似虎般的叫喊立刻得到了所有侵略者的呼应。他们策马提剑往宫殿后面绕去，一路见人便杀，见财便抢。走到蓄水池后，又毫不犹豫地将躲在那里瑟瑟发抖的人屠杀殆尽。就这样，城内的大屠杀一直进行了三天三夜，直到本篇开始的那一幕。

"我们恨啊！"穆斯林（Muslim）悲愤地哭天抢地，"法兰克人①将我们居住在耶路撒冷城的兄弟姐妹全部残忍杀害了！"同时，他们在心里默默

---

①事实上，第三次十字军东侵参与者有法兰西人、德意志人、英格兰人等，但当时的穆斯林通称其为"法兰克人"。

地起誓：这笔账，一定要算！假以时日重整旗鼓，一定杀侵略者个片甲不留！

但重整旗鼓的日子是艰难而漫长的，尤其当时的穆斯林还在各自为政、相对松散的情况下。阿拔斯王朝（Abbasid Dynasty）的辉煌早已不复存在，接替它的塞尔柱帝国（Great Seljuk Empire）也已分崩离析、首尾不顾了。地中海东岸的大部分地区都没有一个统一的首领，而是一片地域、一座小城，甚至一个城堡就是一个独立的王国，宗派林立，彼此对峙。况且这时，带领他们走向辉煌的萨拉丁（Saladin）还没有出生。

团结民众好苏丹

公元 1138 年，在底格里斯河（Tigris River）畔，一个英气爽朗的男婴出生了。他的父母都很高兴，给他起了一个长长的名字，叫"萨拉赫·阿尔丁·尤瑟夫·伊本·阿尤布（Salah al-Din Yusef ibn Ayyub）"。后来，外族人觉得这个名字太长了，不容易拼读，于是称他为萨拉丁。

从小，萨拉丁就聪慧过人，熟读经书。"咱家这个孩子不错，正好我会些军事本领，就教给他吧。"他的独眼叔叔谢尔库赫（Shirkuh）抚了抚浓密的胡须，正了正蒙着一只眼睛的黑布，高兴地说。于是，从十四岁起，萨拉丁就开始向叔叔学习骑马射箭、战略战术等各项本领。"这矛要握紧，看，放在胳膊下面。"独眼叔叔亲身做着示范，短小精壮的身躯不断在空中闪转腾挪。"不能乱晃！"叔叔一声大吼，及时矫正了萨拉丁的握矛姿势。就这样，萨拉丁度过了忙碌而有意义的少年时代，渐渐长大了。

十二年后，二十六岁的萨拉丁和独眼叔叔受到叙利亚苏丹[①]努尔丁（Nūr al-Din）的器重，成为军队统领，合力抗击前来入侵的法兰克人。"法兰克人入侵埃及（Egypt）啦，走，我们一起去消灭了他们！"叔叔提剑上马，意气风发地说。很快，大战告捷，萨拉丁在金字塔旁抓获了地方统领，独眼叔叔一剑将其斩于马下。"好样的，我们拥立您为埃及苏丹！（Sultan of

---

①苏丹是一些伊斯兰教（Islam）国家对最高统治者的称号。

Egypt）"人们簇拥上来，对着萨拉丁的叔叔心悦诚服地说。

就这样，独眼叔叔谢尔库赫当上了埃及苏丹，可他却染上了暴饮暴食的毛病。"叔叔，少吃一点儿吧。"萨拉丁关切地提醒，但独眼叔叔无动于衷，最终在一次盛宴之后离世而去。"这可怎么办，国不能一日无君，人不能群龙无首，要不让他的侄子接替苏丹之位吧？"一个埃及人说。此言一呼百应，众人欢呼着将萨拉丁拥立到埃及苏丹的宝座之上。

没过多久，一个噩耗传来：叙利亚苏丹去世，去世之前还犯下了一个严重的错误，那就是将叙利亚王国的苏丹之位留给了毫无治国之力的幼年儿子。"尊敬的苏丹，臣在想，叙利亚继位幼子年少无能，您是否可以考虑进军叙利亚，夺其大权、一统天下呢？"一个心直口快的大臣向萨拉丁建议说。"荒谬！努尔丁对我有赏识之恩，怎能恩将仇报？你我还需忠于年幼苏丹，辅佐身旁为好。"萨拉丁义正词严地说。想了一想，他又补充说："苏丹年幼，而今叙利亚皇亲国戚虎视眈眈，日子过得肯定不会太平。因此，我打算到叙利亚做摄政王。速去清点七百卫兵，护我到大马士革（Damascus）①，争取摄政王之位，辅佐年幼的苏丹。"大臣点头称是，急忙退下准备。

萨拉丁来到叙利亚的消息传到了巴格达（Baghdad），那里的哈里发（Caliph）②激动不已："太好了！埃及苏丹回来了，真是令人感动啊。"于是，他迫不及待地宣布："萨拉丁是叙利亚和埃及的苏丹！我们巴格达人民拥护他！"就这样，萨拉丁又被推上叙利亚苏丹的宝座，现在是叙利亚和埃及的苏丹了，等于是基本统一了西亚和北非。他就像一条刚韧有余的线，将之前松散的地中海沿岸的大部分地区联系在一起，很多穆斯林团结在了他的周围。但是，努尔丁旧日麾下的一些皇亲国戚还很不服气，霸占在各自地盘拥兵自重，不肯承认萨拉丁在叙利亚的苏丹地位。他们就像一把把尖锐的匕首，随时可能冒出头来将理清的线绳割得一塌糊涂。"诸位兄弟姐妹，求同存异吧！"萨拉丁温和而有力地说，"让我们摒弃前嫌，联合起来，合力抗击西方法兰

---

①大马士革是叙利亚首都。
②哈里发是中世纪时一些阿拉伯国家和奥斯曼帝国国家元首的称号，现代社会已经不再使用。

克人的不断侵袭，共同缔造团结友爱的新篇章！"

宽容仁德平叛乱

　　尽管萨拉丁当上了叙利亚和埃及的苏丹，但是反对他的声音还是在前朝遗老中此起彼伏。"我是努尔丁的侄子都没能继承苏丹之位，他算什么人？不行，必须跟萨拉丁打一仗，夺回权力，今后吃香的喝辣的都不愁了。"一个人高马大的青年男子说着，捶胸顿足。"就是，该打！不过……"一个胡须花白的老头一边清点着金银珠宝，一边略带犹豫地说，"打赢了当然最好，花天酒地的好日子就在眼前。但你有没有想过，如果输了呢？看看这些年来打的这些仗，不管是谁跟谁打，每次打输了的人都会性命不保啊！""所以，此战必须取胜，一定要将萨拉丁置于死地。"青年男子发狠地说道。"好，有这劲头儿就对了，你出手时一定要快、狠、准，将他打得落花流水！"花白胡子老头将桌上的金银珠宝统统纳入怀中，眯起眼睛不怀好意地笑了。

　　青年男子穿着华贵的铠甲上了战场，左摇右摆地晃动着镶嵌着宝石的名剑，稀里糊涂地划伤了几个人，最后被萨拉丁擒拿住。"杀了他！杀了他！竟敢反抗我们苏丹，格杀勿论！"萨拉丁身旁的人们用手指着青年男子咆哮着，一股巨大的暴力浪潮席卷而来，青年男子突然后悔了，但已经没有回头路可走。他认命地闭上眼睛，身上连最细微的毛发都颤抖地竖立着，知道自己的性命即将断送。

　　可是，青年男子等了许久，也没感到刀刃划过脖子，反而是人群慢慢平静了下来。他偷偷睁开眼睛，立即被眼前人物的强大气场所震慑了：那是一个身材颀长的男人，瘦削的面庞上挂着发自内心的和蔼微笑，令人如沐春风，尊崇不已。就像……那人是从天上来的一样。"我们的苏丹——萨拉丁！"人群中不知是谁喊出这么一句，人们俯下身去。

　　"你醒悟了吗？"萨拉丁探身询问青年男子。"我……我错了。"青年男子感到巨大的压力，不知不觉将心里话脱口而出。没想到，话音刚落，萨拉丁就亲自为他松绑。人群哗然。"依照长久以来的惯例，我们对待俘虏从来都是格杀勿论的呀！"有人终于忍不住了，大声喊道。萨拉丁摇摇头，一字一句地说道："传我的令下去，任何人不得虐待和屠杀俘虏。相反，我还要释放他们。因为我相信，'不许与悔悟了的叛乱者为敌'。""萨拉丁，从来没有您这么仁德的人，感谢您的不杀之恩！我今生今世不会忘记！"青年男子涕泪交流，感激不已。人们虽然心中不解，却也被萨拉丁的气度所折服。"有这么一位宽容的君主，我们还犹豫什么呢？都去为他效劳吧！"有更多的人投奔了萨拉丁，并且死心塌地追随于他。

花白胡子老头听说青年男子败了，还给萨拉丁带来了更大的声誉，气得牙根儿直痒痒。他秘密地找到了当时最厉害的刺客组织阿萨辛（Assassin）①，其头目又被称为山中老人，打算请刺客出山，除掉萨拉丁这个心腹之患，从而夺取苏丹的权力。

感化刺客保平安

"这些宝物是我给您的见面礼，区区薄礼，还请笑纳。"花白胡子老头脸上堆满了笑，一闭眼一横心将自己的珠宝推给了阿萨辛头目。"哈哈哈，明的不行就玩阴的，还带来了这么多金银珠宝。这些财宝一定是你搜刮民脂民膏得来的不义之财吧？"阿萨辛的头领爽朗地大笑，鹰鹫一般的眼神集中而细致地观察着老头的一举一动。老头脸上红一阵，白一阵，在刺客头目尖锐的注视下显得无所适从。

"哈哈哈，我们刺客组织，不在乎你的钱从哪里来，只管拿人钱财替人消灾。说吧，你要杀谁？"阿萨辛头目拊掌大笑，似乎看穿了花白胡子老头的那点心思。"哪里哪里，我没什么事儿，这、这个，只是久仰大名、久仰大名。"老头抹了一把额头上的汗，却连手都不知道要往哪儿搁了。

"没事？来人，送客！"阿萨辛头目朗声说道。

这一下，老头急了，他磨磨蹭蹭地赖着不走，又嘟嘟囔囔地说："有……

---

①阿萨辛（Assassin）原本是一个人名，渐渐演变成现代英语的"assassin"，有"暗杀者、行刺者、刺客"之意。

其实我有事，这件事很重要，只能成功，不许失败。就不知……您手下的办事能力如何，是否牢靠，能不能忠贞不贰地听您的话，万一失败可别把我供出来……您瞧，我这里还有许多金银珠宝，只要您……"老头说着，又从怀里往外掏他的财宝了。阿萨辛头目皱着眉头看着，当老头将财宝堆到一定数目，阿萨辛一挥手，立刻，令老头目瞪口呆的事情发生了：只见不远处的塔楼上两个值勤的卫兵看到手势，突然朝地面跳了下去，没有一丝犹豫。待惊魂未定的老头赶到塔楼往下看时，两人已摔得粉身碎骨。

"怎么样，还怀疑我手下的忠心吗？"阿萨辛头目嘴角带着一丝冷酷的笑，问。"不、不敢了……您真厉害！"老头竖起一根大拇指，由衷地赞叹道。"那么，你要杀谁？"阿萨辛有些不耐烦地问。老头擦擦额头的冷汗，轻轻吐出一个名字："萨拉丁。"

"萨拉丁？！"听到这个名字，饱经世故的刺客头目也不免吃惊。"是，叙利亚和埃及的苏丹——萨拉丁。杀了他对您也有好处，不是吗？在他制定的政策里，有一条是要剿灭刺客组织的。杀了他，您也可以高枕无忧。况且，您还能得到我的全部金银珠宝作为报酬。这样不是很好吗？"老头趁热打铁地说，摸着自己怀里还藏着的两根金条，说话也显得有了底气。

"萨拉丁要剿灭我们刺客组织，我早就想会他一会。不过据探子反馈的信息，萨拉丁应该是个难得一见的好苏丹，仁慈大度、德施天下。这样的仁君，我舍不得杀。这样吧，我派一个使者再去探一探萨拉丁的人品。如果他人品很差，那么你这差事我接了；如果他真像传言的那样好，恕难从命。"阿萨辛头目冷酷的身躯难得地透出了一丝正义的气息，他耐心地向老头解释。老头只得听从，收起金银珠宝悻悻而归。

阿萨辛头目说到做到，立即派了一名使者去见萨拉丁。"尊敬的苏丹，受刺客组织头目之托，我来寻求和平解决您和刺客组织矛盾的办法，愿您治下的叙利亚更为安宁。"大臣给萨拉丁念着刺客使者递上的名帖，边念边皱眉。一听到"和平解决"和"安宁"这样的字眼，萨拉丁立即从繁忙的公务文书中抬起头来，肯定地说："宣。""可是，"大臣一听急了，忙说，"这可是刺客派来的使者呀，说不定是来杀您的，此人万万见不得。""无妨，我正在想如何将刺客组织招安，这是一个机会。"萨拉丁云淡风轻地说。"可是，还是您的性命要紧啊！"大臣还是很着急。最后商议的结果，是萨拉丁带上两名心腹护卫去见刺客使者。"苏丹，您可要小心啊！"大臣忧心忡忡地说。"放心吧，"萨拉丁宽慰地说，"这两名护卫都是忠心耿耿地跟了我好多年了，武功高强，可保证万无一失。"

萨拉丁带着两名护卫去见刺客使者。一见面，使者就诡异地笑了。"尊敬的苏丹，您认为您能够掌控身边的一切吗？您认为您最信任的人会永远对您忠心吗？"使者神秘而张狂地说，"如果我让他们两个替我做事，您觉得可能吗？"说着，刺客使者问了萨拉丁身边的两名护卫一句话，使得萨拉丁大为震惊。他问："如果阿萨辛头领让你们现在就杀了身边的这位苏丹，你们会照做吗？""一切听从阿萨辛头领的吩咐！"两名护卫异口同声地说。

萨拉丁万万没想到身边最信任的护卫，也是刺客组织头目的人。看来，要真正地使四分五裂的西亚和北非获得安宁，只能求同存异，尽最大可能团结一切可以团结的人。他请刺客使者坐下来，认真地谈起和平解决与刺客组织矛盾的办法。刺客使者见萨拉丁谈吐不俗、见解独到，打心里暗暗佩服。他也在不知不觉中收敛了刚才的嚣张气焰，认真地说出了这次出访的使命。萨拉丁宽容地点点头，并允诺停止剿灭刺客组织。于是乎，阿萨辛暗杀萨拉丁的事情自然就烟消云散了，那个花白胡子老头也只得落荒而逃，落了个不知所踪的下场。就这样，萨拉丁和平地化解了一个又一个的矛盾，使治下的人民更加团结了。

第二节　旷世仁君萨拉丁（下）

智斗盖伊战沙场
以德报怨恩浩荡
释放俘虏仁心广
英勇对决狮心王

智斗盖伊战沙场

自从东侵的十字军攻下耶路撒冷城后，他们就霸占了这座美丽的城市，过上了优哉游哉的日子。一天，耶路撒冷的国王盖伊（Guy）正在金碧辉煌的大厅把玩着琳琅满目的珠宝，脸上挂着志得意满的神情，在珠光宝气的映衬下愈发显得张狂不已。就在这时，一个大臣慌慌张张地跑了进来："陛下，大事不好，萨拉丁带兵攻进巴勒斯坦了——"

"慌什么！"盖伊不满地耷拉下眼睑，用眼角的余光瞅了瞅大臣，就又将手抚上了身旁一只名贵的花瓶，边把玩瓶子边说："八十多年前，他们还不是咱们的手下败将？咱们的祖先把他们打得落花流水，最后凡是留在城里的人都被杀了个精光。看着吧，我这就要生擒敌手，肯定会速战速决、马到成功！"说着，他手指发力，居然将瓶子捏碎了。破碎的陶瓷残片哗啦一下撒了满地，有的还在地上弹跳几下碎成了更小的粉末儿，接着便静静地躺在地上，就像 1099 年那场大屠杀一样悲凉。①

---

①详见上节《旷世仁君萨拉丁（上）》。

　　盖伊清兵点将，不可一世地出发了。"萨拉丁逃了，快追！将他一举歼灭！"盖伊一边喊，一边没头没脑地扑了上去，全然不知已经落入了萨拉丁的圈套。

　　一望无际的巴勒斯坦平原上，荒芜而广阔的土地蔓延到视野的尽头。平原上既没有袅袅升起的炊烟，也没有高低起伏的丘陵，还缺少水源和绿洲。炽热的艳阳下，只是成群结队的重装骑士在广袤的内陆荒漠中缓慢移动，显得壮观而又寂寥。骑士们全副武装，都穿上了最厚重的锁子甲，背上了最宽大的剑，带上了最锋利的长矛，头盔、护手和鞋靴等铁制装备一应俱全。

　　这些装备全部是由精铁打造而成，在夏日太阳的炙烤下不断升温，最后就像一只包裹着全身的大型熔炉，将骑士们热得汗流浃背、虚脱不止。

　　"水……水……"一个从头到脚被铁甲包裹严实的骑士终于走不动路了，他舔着干裂的唇角，嘴唇无力地翕动着，可是嘶哑的喉咙里已经发不出半点声音。当他眼看着就要倒下去的时候，从身后突然射来两支冷箭，"嗖——嗖"钉到了骑士的身上。可他的同伴见状，立马兴奋起来："原来萨拉丁逃到这里了，快追！"

　　可是，没追几步，放冷箭的弓手又跑远了。大队人马迷失在荒原的更深处，四周全然不见萨拉丁手下骑兵的身影，只留下慢半拍的盖伊口干舌燥、气急败坏地说："萨拉丁，有种你出来！老躲躲藏藏的算什么本事？快出来跟我决战哪！"

　　"哎呀，你说咱们苏丹实力这么强，干吗不主动出击呢？"一个背着弓箭的骑兵又朝前方放了一支冷箭，回过头来问同伴。

　　"哎，这你就不懂了吧！"他的同伴一边帮忙打掩护，一边不无钦佩地说，"这可是咱们苏丹萨拉丁的智慧呀！咱们擅长灵活的骑兵打法，而盖伊手下是重装骑士部队。硬碰硬恐怕胜算有限，但诱敌深入来个'请君入瓮'呢，可以最大限度地消耗他们的士气和体力，以逸待劳，炎炎烈日，他们缺水无粮，不用打就垮掉了呢……"

以德报怨恩浩荡

七月流火，天气转凉。萨拉丁跨上战马，到了出击的时刻了。前方一声令下，成千上万的弓箭手排着整齐的队列猛然冲向已经渴得奄奄一息的盖伊，铺天盖地的箭矢从天而降，直杀得七倒八歪的骑士们措手不及。几天下来，萨拉丁的攻势越来越猛，而盖伊的身心早已疲惫到了随时崩溃的边缘。

"点火！"在一次猛烈的袭击后，萨拉丁智慧地发出号令。只见前面灌木丛中央立即升起了一缕白烟，还没等盖伊想好该怎么处理，熊熊燃烧的烈火就在脚下蔓延开来，顺着盖伊手下士兵队伍的中前方逐渐向后缘扩散，眨眼之间，张牙舞爪的火焰已经彻底将筋疲力尽的士兵们笼罩在内。

"哎哟，好烫！"奄奄一息的士兵们被烧得突然跳起脚来，拼命想扯下套在头上的发热的头盔，扯断身上穿着的锁子甲降温，昔日努力维持着的优雅光辉的形象全无。身边的火苗虽然烧得不高，但温度却是要命。加上众多骑士穿的全是精制的铁甲，简直就像被烤在蒸笼里一样难受。

就在这要命的时刻，一股带着刺鼻呛味的浓烟从火海中窜出，钻进了众多士兵的口中、鼻中和眼中。顿时，呛咳声一片。盖伊只觉得眼睛刺痛、混沌一片，想喊身边人扶自己一把却嗓子干哑发不出声音。突然，他胯下的战马前蹄踏空、后腿着地直立了起来，在原地不停地旋转，显然是受惊了的样子。还没等盖伊抓紧缰绳，萨拉丁就犹如神兵天降般率兵包抄上来。瞬间，盖伊身旁的士兵们惊慌失措地四下逃窜，不一会儿就跑没了踪影。萨拉丁出马，以风卷残云之势，打得盖伊落花流水。

眼看着大势已去，盖伊无奈地撕扯着自己的头发。半晌，当萨拉丁骑马来到他身边的时候，他已经目光呆滞、不停地喃喃自语："我投降，别杀我。我投降，别杀我……"

霸占耶路撒冷的国王盖伊就这样成了萨拉丁的俘虏。当硝烟散尽，盖伊被带到萨拉丁面前受审时，他已经害怕得连话都说不出来了。只见盖伊冷汗直流，双腿颤抖，身边要有人搀扶才能勉强站稳。

"盖伊，你可知罪？"萨拉丁威严的声音从头顶传来，吓得盖伊哆嗦着腿跳了三跳。"知……知罪……"盖伊用像蚊子一样小的声音回答。之后，就有人将一碗水递到了他的鼻子底下。盖伊大惊，却不敢不接，只得颤颤巍巍地伸出手来，心说："死定了，死定了！"

水拿到手里，一股沁凉隔着碗传到了手心，不知怎的，盖伊竟感到稍稍心安了一些。"唉，反正一死，这么死也好。"盖伊眼一闭，头一扬，却始终不舍得把冰水灌进嘴里去。站在他旁边的侍卫见状，抬手打了一下碗，水就这么下去了。"咕噜咕噜"，呛咳得盖伊难受不止。

盖伊闭眼等死，口中回味着刚才"毒药"的味道，"嗯……有点甜，有点香，有点凉，还有点淡淡的玫瑰味道。"盖伊等了半天，身体也没反应，就偷偷睁开了半边眼皮。只见座位上的萨拉丁已经走了，身旁的侍卫感到好笑，语气不善地对他说："你已经喝了苏丹赏赐的'免死水'，还怕什么怕，胆小鬼！看你这国王当得，做了那么多坏事，本该千刀万剐，也不知苏丹怎么会格外开恩，饶你不死。"

盖伊满头问号地被拖进牢里，关了起来。尽管满腹疑惑，他却不敢多问。多年以后，盖伊才明白：原来给不想杀的俘虏喝冰水是伊斯兰教的一个传统，谁喝了冰水就可以饶他不死。但是心黑手狠的盖伊并不领情，从监牢里出来后还会对释放他的萨拉丁以怨报德。当然，这是后话。

释放俘虏仁心广

"真正的国王不应该滥杀。"萨拉丁负手远眺，清澈的眼眸中满是智慧。"前进！"萨拉丁发出号令，军队继续向耶路撒冷的方向推进。一天，萨拉丁和他的部队来到了阿什克伦（Ashkelon）[1]，发现这座城市的大门紧闭，似乎是处处提防着，随时准备打一场攻城保卫战。

"城里的民众，请不要害怕，我们的苏丹仁慈而宽容，只是想收复阿什克伦，并没有半点加害于你们的意思。"萨拉丁的传令官不停地朝城内喊着，试图唤起人们的拥护和爱戴："不要怕，只要你们投降，生活一切如常。农

---

①又称阿斯卡隆（Ascalon），为古巴勒斯坦著名海港城市。

民依然可以耕地、送菜，市民依然可以安居乐业……"

但是，阿什克伦的守城官想也不想就拒绝了如此善意的提议。可是，萨拉丁还是不忍心付诸残酷的战争，于是将盖伊从牢狱中提出来，让他试着将大门叫开。"快开门啊，我是你们的国王！"盖伊涕泪交流地喊着，"开开门，你们的国王就得救了，萨拉丁就会放我自由，你们也不会受到半点伤害……"然而，城里还是毫无动静，紧闭的大门就像一扇巨大的屏障，横亘在萨拉丁继续收复耶路撒冷的征途上。

"唉！"萨拉丁深深地叹了一口气。他是真的不想战斗，但有时不用战争的手段又解决不了问题。痛苦、悲伤和自责袭来，简直让人无法呼吸。为什么自己会走到这一步？怎么就被历史的大潮推着，先是当上埃及苏丹，后又坐上叙利亚和埃及苏丹的宝座，在刺客和蠢蠢欲动的反对浪潮中挣扎，最后终于稳定了身边局势，却又免不了为了族人的福祉与外来入侵者进行一场又一场硬碰硬的战斗。还能够回去吗？还能够回到独眼叔叔谢尔库赫教自己骑马射箭之前的时光吗？如果，只是如果，当时没有跟着叔叔征南闯北，人生或许会有所不同？不知道，只是不知道。头痛欲裂，不想战斗，不想杀人，然而，巨大的攻城锤抬来了、挽弓搭箭的骑兵列队准备好了、全穆斯林的福祉凝结在这一刻，是该下达命令的时候了。

"进攻！"萨拉丁清朗地下达命令，紧接着发出了微不可闻的叹息，但迅即被淹没在弓山箭海之中了。很快，阿什克伦城围墙倒塌，萨拉丁控制了埃及出海口，更重要的是打开了耶路撒冷城的门户，攻占它已经变得易如反掌了。于是很快地，在 1187 年的一个秋天①，耶路撒冷的城墙也被推倒了，萨拉丁手下的士兵们欢呼着，庆祝耶路撒冷重新回到了自己的怀抱。

"杀了他们，杀了他们，以报祖先 1099 年之仇！"士兵们叫嚣着，无数重叠的身影在萨拉丁眼前晃动：有自己手下红眼的士兵；有 1099 年被残忍屠杀的先辈；更有一只黑影，带着滔天的鲜血和恨意挑衅地探测着自己的底线……

---

① 1187 年 10 月 2 日。

"住手，不要杀了！"萨拉丁发出雷霆一般的怒吼，手下士兵揪着俘虏的头发，却也安静下来。"传我的命令，军中谁也不准屠杀和虐待俘虏！若有违背，军法处置！"萨拉丁坚定地说，双眼闪烁着澄亮的光芒。

"什么？他们曾经那么对待我们的祖先，凭什么……"士兵们愣了好久，终于反应过来萨拉丁话里是什么意思，顿时炸开了锅。

"人本应团结友善，不该互相屠杀的。"萨拉丁缓缓弯下身，扶起地上倒下的十字架，接着说："这样吧，让俘虏交赎金，富人交得多、穷人交得少，交出来的就可以被释放成自由人，交不出的就变卖为奴隶。"

萨拉丁语气不容置疑，虽然手下士兵心中有千万个不情愿，但君命难违，还是照办了。从利益上讲，赎金也是一笔不错的补偿。

"穷人实在太可怜了，交不起赎金的那部分人也放了吧。"过了一段日子，当萨拉丁看到一位贫穷的俘虏母亲可怜兮兮地抱着自己即将被买走做奴隶的儿子，无论如何也不肯放手时，不忍地说道。于是，耶路撒冷的俘虏全都毫发无损地被萨拉丁释放了，这与八十多年前的大屠杀形成了鲜明对比。

被释放的耶路撒冷四千民众、六千军士因此保全了性命，全都对萨拉丁这一仁慈之举感恩戴德，世代歌颂。

英勇对决狮心王

耶路撒冷被萨拉丁收复的消息传到了基督教国家，那些国王都很愤怒。"呀呀呸，讨伐他，讨伐他！"德意志国王红胡子巴巴罗萨、法兰克国王腓力二世（Philippos II）、英格兰国王狮心王理查（Richard I the Lionheart）全都拍案而起，数兵点将准备远征。

"打仗是要花钱的，我钱就这么点儿，打完萨拉丁自己就过不上奢华的日子了，怎么办？"狮心王理查郁闷地想。"大王别急，"旁边一个大臣见势忙说，"臣建议您设一个税目，利用收税来缓解资金压力。毕竟全英格兰人民都盼望您打下耶路撒冷呢，他们想必也爱交这钱，说不定打完了还有剩。""哈！你这个主意不错。"狮心王一下子笑逐颜开，"已经好久没有设立新的税目了，毕竟找个借口、设个名目也不容易。这次就叫……'萨拉丁什一税（Saladin Tithe）'①吧！"狮心王得意地想象着金灿灿的财宝进入自己口袋的情形，内心升起了一股满足感。可他没想到的是，这税，竟然一收就是二百多年。多年以后，萨拉丁已死，但是英格兰民众还得继续交着"萨拉丁什一税"——因为立个名目收个税非常难嘛！

狮心王率兵来到萨拉丁统治的埃及和叙利亚地界，一路上被毒蛇、蝎子和蜘蛛给害惨了。"啊，毒蝎咬我！"一个士兵在行进中突然跳起脚来，三步并作两步跑到附近的草丛边，左摇右晃企图甩掉身上叮着的蝎子，殊不知已经走进了沼泽地中。"啊，快来人救救我呀！"士兵大叫着，盯着在绿色沼泽中逐渐下陷的双脚惊恐不已。听到叫喊声，一个士兵同伴磨磨蹭蹭地走了过来，探头探脑地观察着在泥沼中下降一半的人还有没有气儿。就在这个士兵同伴犹犹豫豫地考虑去不去帮忙救人之际，一只潜伏在沼泽地边高高草丛里的鳄鱼探出脑袋，枯柴般的大嘴一张一合，眨眼间将他吞噬。

"啊啊啊啊！"看到这幅情景，整个队伍乱作一团，不敢前进了。狮心王理查皱着眉头，生气地训斥："信仰，你们的信仰呢？你们为收复神圣的耶路撒冷抛头颅洒热血的信念呢？为了信仰而战！"军队这才有了点儿精神。

虽然嘴上那么说，但狮心王的心里也很是不安。直到有一天，外面传来了好消息："国王，前耶路撒冷国王盖伊前来投奔。"

狮心王接待了盖伊，一开始对这个萨拉丁的手下败将毫不上心，只是漫不经心地听着他的絮絮叨叨：盖伊叙述自己如何在牢里受苦，又是如何不得不低头保证再不与萨拉丁为敌后才被放出。接着，盖伊做出了一个惊人的举动：他让手下人搬上来一对巨爪，这对巨爪由精铁制成，在暖洋洋的席间寒光毕现。"看见没，"盖伊得意扬扬地说，"我管它叫'猫爪'，有了我发明的这个新式武器呀，保管大王您在攻打萨拉丁的时候旗开得胜、马到成功！"

狮心王很高兴，对待盖伊的态度缓和了不少。他让士兵把"猫爪"拿到

---

①即上交年收入的十分之一作为赋税。

战场去试，果然，在和攻城锤的配合之下所向披靡，打赢了不少小仗。

看着城池失守，骑兵节节败退，萨拉丁心里很不是滋味。"拿'希腊火（Greek Fire）'来！"萨拉丁狠狠地咬着下嘴唇，似乎是下了很大决心般的，叫手下搬来了一根巨大的木头。这根木头是中空的，里面填充了易燃的液体，稍一接触火花便烧着了。人们用尽全力，将燃烧着的木头向狮心王建造的两个攻城塔扔去，就听"嘣"的一声惊天动地的巨响，巨木在强力冲击之下引爆了，狮心王派出守塔的士兵全都没能幸免。

萨拉丁夺回了城市，但他依然仁德地对待战俘：送抱孩子的妇女回家、派人将腿脚不灵便的老人送到目的地……

狮心王遭此打击，挫败不已。屋漏偏逢连夜雨，不久，又有侍卫来报："报告大王，您的弟弟在英格兰造反了，正打算篡夺王位……""什……什么？！"狮心王闻言大怒，"我在前方拼命，那个不争气的弟弟却在后面捣乱！这怎么行，即使我在耶路撒冷还有获胜翻身之日，可等到回国发现王位没了，这一切努力又有什么意义？"

狮心王病倒了，病得很严重。过了几天，病还是不见好，却有个当地医生登门造访，并号称是萨拉丁派来的。"苏丹派我来给您治病，并让我带话给您：真正的国王决不应兵戎相见，他很佩服您的智勇和胆量。"说完，医生开始给狮心王上药，这药真是很管用，不几天，狮心王的病就好了。

"唉，萨拉丁太厉害了，智勇双全、不计前嫌，甚至宽容到连敌人都要救治。这种君主真是少见，真乃旷世仁君。"狮心王自言自语道，"我还是回去吧。"

返回英格兰之前，狮心王和萨拉丁达成协议：法兰克人撤兵，基督教徒可以每年自由到耶路撒冷朝圣。萨拉丁愉快地答应了，迎来了期盼已久的短暂和平。

萨拉丁拿出自己的积蓄，修建了医院和学校，努力将家园建设得更加美好。一天，饮宴过后，萨拉丁忽感不适。"水，我要水……"他卧倒在床，无力地呢喃。一个仆人马上倒来一杯水，扶着他将水杯送到嘴边。"太凉了。"萨拉丁说。仆人赶紧换了一杯热水。"太烫了。"萨拉丁摇头，"喝不下，还是叫我的儿子们来吧。"

儿子们很快就来了，围绕在萨拉丁床边。"你们要团结……"萨拉丁语重心长地说，然后就闭上了眼睛，再也没有醒来。

公元 1193 年，旷世仁君萨拉丁去世了，享年 55 岁。尽管生命的长度不及有些长寿帝王，但他的仁慈和大度、对不同信仰的包容之心令人景仰并世代流传。所以时至今日，每当世界上有纷争，人们还总会怀念起萨拉丁这位伟大的人物以及他传奇的一生。

第十四章

结 语

　　世界史是与国别史、地域研究相对照的一个概念，它所涵盖、关注的并非是一国一地线性的发展与兴衰，而是各个地域、不同文化如何实现交流互通并相互关联起来的。世界史的魅力之一，就是这种动态的发展情势，是探寻世界间交互发展、演进变化的内在规律。世界史的学习和研究是有一定的难度和门槛的，一方面，它需要对所研究领域各国各地的历史文化有不同程度的认识和了解；另一方面，也是更重要的，它需要学习和研究者构建出时空编织成的多维空间，并在其中定位，寻找切入点，由点到面，从关键性的节点和主题入手，达到统揽全局、纵观古今的目的。

　　上古和中古是有一个分界的，虽然不清晰，但这样的界限确实是存在的。上古时代，即人类的古典时代，是人类文明起源并繁衍的初始时期，是无数人心中的"黄金时代"，亦是"理想国"。埃及和两河流域是人类文明最早的起源之地，公元前4000年就已在西亚和北非开启了各自的传说，从自然崇拜到神话时代，再到半人半神，直至国家一统，最终成长为帝国的模式。埃及与其他地方是有些不同的，它占尽天时地利，长期处于几无竞争与敌手的优越环境中，以线性的发展方式清晰地展现了一种文化文明是如何蜕变为强国帝国的全貌，而它的新王国，也就是帝国时期尤其持久，以平缓的发展线程全景化了一个原始帝国的成长、壮大与逐渐的没落。两河流域则不同，它更多地展现了文化文明的传承关系。从最古老的苏美尔的城邦争霸到阿卡德王国，再到阿摩利人的巴比伦王国，无不展现着这种特质。在埃及和两河流域两大文明的努力下，农本文明逐渐地由大河流域扩展开来，变得广袤和普遍，并终于连接到一起，形成了一个相互关联、交流融通的"世界"，其中更不能缺少游牧文明在交易、冲突、相互融合过程中所带来的新血。这样的反复交织、互相冲击逐渐成为常态，或是潜移默化，或是轰轰烈烈，改变着历史的面貌和世界的格局。

　　公元前2千纪末，海上民席卷东地中海沿岸，摧毁了一度繁盛的赫梯帝国，也引发了一连串的因果效应，铁器时代到来了，新旧时代交替了。埃及风光不再，终于走下了神坛，逐渐退出了历史舞台的中心，亚述在经历百转千回的风风雨雨之后，逐渐显露出帝国的峥嵘，在公元前8世纪到7世纪的百年间，这个残暴的军事帝国终于走上了历史的顶峰，经历了最后的短暂辉煌，威震四方，征服埃及。但亚述同以往的两河文明一样，并没有走出城邦文化的影子，直至最后也没有找到如何长期、有效地管理地方的机制，迅速解体。此时的"世界"再次迎来了新旧时代及民族的交替，雅利安人的波斯帝国悄然崛起，他们受益于苏美尔文明，从埃兰汲取了这一伟大文明的精华，并取而代之。在居鲁士大帝、大流士一世治下波斯帝国终成正果，找到了长治久安的治国之道，并形成了地跨欧亚非的超级帝国。波斯文明自此登上历史舞台，随着时代的转化而不断变换着自身的形态，一直屹立不倒，深深影响着东西方世界发展的面貌。

正是此时，早在克里特岛上孕育的爱琴海文明也已经走出了黑暗时代的桎梏，从蒙昧中发展出了自己崭新的道路，它既受益于西亚北非悠长的文化遗产，又依据自身独特的地理及文化情势，发展出了以雅典和斯巴达为典型代表的独特的文化机制，日趋强盛。希波战争在这样的背景下爆发了，一系列的伟人及伟大的战事标榜于历史的画卷之中。希腊世界，尤其是提洛同盟下的雅典，伴随着民主制和海上力量的迅速发展进而走向辉煌，在伯里克利时代达到了顶峰。同时，希波战争也将东西方世界联系在一起，使得地中海东岸终于连为一体，世界的重心也随之悄然变化了。伴随着伯罗奔尼撒战争，希腊世界势衰了，雅典和斯巴达的风光不再，但有些异类的马其顿帝国则顺势而起，并在亚历山大时代绽放出最为耀眼的光芒。亚历山大三世东征波斯，短短十年间，马其顿铁骑驰骋四方，不可阻挡，兵锋直抵印度，一个横跨欧亚非的超级帝国诞生了。尽管这样一个势必短命的帝国随着亚历山大撒手人寰四分五裂，但希腊化成为这个时代的主题。后面的事情，大家应该都耳熟能详了，亚平宁半岛上的罗马崛起了，它绝非一日建成的，其百折不挠、奋发图强的精神正如其罗马军团一样，坚不可摧、勇往直前。罗马人一直在遭受着各种的挫折与险阻，但他们有胸怀，有胆魄，敢于担当，乐于挑战，他们的共和国就在这样的氛围当中逐渐生长，直至繁荣，一统地中海东西两岸，其中最为著名的敌人，乃至一时间抢走了其舞台主角风光的，想见只有汉尼拔一人了。在时代的辗转变化中，共和国蜕变为帝国，前三头后三头，屋大维最终击败了爱江山更爱美人的安敦尼，彻底将地中海变成了帝国的内湖。罗马帝国是时代的丰碑、古典文明最后的捍卫者，它的奇迹为后世累代所铭记，以至于后世但凡有野心、胸怀四海的国家伟人，都在自觉或不自觉中希冀着恢复这样的往日荣光。帝国的版图终会垮塌，但它已经铭刻在人类文明的印记中，不可磨灭。

中古时代，起始于蛮族的入侵，起始于法兰克王国，起始于西罗马帝国的墓碑。中世纪的称谓本身似乎就是历史上最大的一场"误会"，黑暗无知、野蛮混沌也成了这样一个漫长时代的代名词。但是，这确实是一个错误，是不能不被纠正、不得不被证实的误解。一语概括，中世纪是近现代世界的前奏和序曲，是西方文明的温床。在历史长河中，世界的中心是在悄然变化和转移的，上古时代的西亚北非，然后是希腊爱琴海世界，直至以地中海世界为中心的罗马帝国。在进入中古时代后，世界的重心和焦点逐渐北移了，来到了高卢。法兰克王国，继而查理·马特，尤其是查理曼时代，将欧罗巴的概念发扬光大，西方文明萌发并逐渐形成，其与罗马教宗及天主教的天然联盟关系也深刻地改变了欧洲文明的走向。凡尔登合约后，法兰克王国解体了，法兰西和德意志两个王国的格局关系，大体有了今日的模样。在摆脱了维京人及马扎尔人连续两个世纪的侵袭后，欧洲逐渐安定了，封建关系和制度成形并普遍化，基督教世界扩张的边界也基本固定了下来。大约也是在这样一个时期，前后三百年间，地中海世界的东岸也在剧变，东罗马帝国，也就是拜占庭基本完成了希腊化的转变，有了东正教文化圈，西亚北非则统一于伊斯兰教旗帜下的阿拉伯帝国，并在阿拔斯王朝时期波斯化，形成了高度繁荣、成熟的政治、经济、文化机制。地中海世界不再是一个帝国的内湖，而成为三种文明相互交往、联系的舞台，这样的格局与基本走势，直至今日也未曾改变。西方文明发端于中古时代，这个时代也与近代的世界紧密相连、无法分割，在蛮荒与混乱、长期的蒙昧当中，恰恰孕育的是新时代的种子。

世界历史的长河中，人类文明的方方面面都是历史研究不可或缺的重要元素与因子。这些元素既可能是英雄统帅和伟大先哲，也可能是口口相传的神话传说、脍炙人口的传奇故事，它们都在历史的沉淀之后，成为各民族历史与精神的积淀和图腾。世界历史的学习和研究，为我们做出了几个不容忽视的重要提示。首先，世界的发展自古以来就是相互联系、互相依存、相互融合的，这种横向的动态联系从来未曾改变过。唯有一个开放的、积极与世界交往、互相融入其中的民族和国家方能适应时代和潮流的需要，才能更为充分地利用交流互动所带来的巨大优势，崛起且屹立于世界民族之林。其次，就是历史的机遇以及发展的时机和空间了。文化文明的发展与壮大，尤其是帝国时代的到来，必定是要有天时、地利、人和的共同作用的，在一个恰当的历史时机、在一个宽松的历史环境下，一个强国方能通过主观的努力顺势而起，崛起为一个时代的标杆。这样的机遇有时是千载难逢的，或是转瞬即逝的。早在上古时代，世界各个区域和文化文明间的竞争关系就已经明朗化，跌宕起伏、此消彼长，到了中古时代，这种对发展空间的争夺变得更为激烈和白热化，甚至可以称得上是挣扎。现代社会，在信息化时代背景下，社会发展日新月异，各个国家和集团之间的相互竞争与角逐的激烈程度是空前的。以史为鉴，一个好的发展机遇期可遇而不可求，分外宝贵，一旦错过，失之交臂，或是延后数十年乃至百余年，或是自此黯淡消逝，绝迹于历史舞台及世界民族之林。历史舞台的中央，聚光灯下确实是风光无限，但想要屹立于此并保持长久，是需要大智慧的，是要审时度势、趋利避害、顺势而为的。最后，悠久的世界历史告诫我们，任何一个文化与文明都是值得尊重的，对历史、过去、传统的选择性遗忘是可悲且可怕的。一个民族、一个国家、一个地域、一个文化文明，总有其历史，都是世界交互关联中的一分子，是世界历史长河中不能被忽视和忽略的一个部分，人类文明就是在这种互相承接、相互交替的传承之中不断繁衍生息、发展壮大的。不尊重自己或他人的历史、传统乃至存在，就是刻意地去遗忘和忽略这种历史的传承，更不可能对世界各地域、各种民族及文化文明的存在怀着应有的尊重与敬意，就会急功近利，走向极端，乃至酿造出各种各样的时代性悲剧，它所造成的破坏与毁灭自古未绝。

综上，世界上古、中古史尽管距今遥远，似乎尘封于历史的沙尘之中，但在时空的纵横解构当中，必定能够理出其与当今世界间的多重联系。人类及其社会的发展是持续性的，从无到有，由原始、蒙昧到文化文明，从部落到王国，从王国到帝国，从石器到青铜、金石并用，再到铁器，乃至近代以后的工业化革命，都是如此。自石器时代的农业革命之后，农本文明与游牧文明间的交流、互动、冲突就一直延绵不绝，也是一条影响世界发展演化的重要线索。其外，东西方间，横跨中亚草原，由西域到君士坦丁堡，再至亚德里亚海东岸的丝绸之路，都是贯穿历史长河的恒久线索。今日世界的构筑和成型，是漫长历史发展的自然结果，是无数代人共同努力、奋发进步的宝贵结晶，政治、经济、文化、宗教乃至地域格局，无不是这样的历史经历衍生出的一种定式。因此，逝去的往昔，世界的过往，自然会成为历史的镜子，可参鉴、可怀念，更可实现解释今日世界、预见世界发展趋势之终极关怀的现实愿景。

附　录

专有名词汉英对照索引

A–Z	汉语	英语
A	阿拔斯王朝	Abbasid Dynasty
	阿布·辛拜勒神庙	Abu Simbel Temple
	埃俄罗斯	Aeolus
	亚格拉文	Agravain
	阿胡拉·马兹达	Ahura Mazda
	阿兰人	Alans
	大熊阿尔布雷希特	Albert I the Bear
	阿坎德	Alcander
	阿尔弗雷德	Alfred
	阿尔卑斯山	Alps Mountains
	阿马拉弗里达	Amalafrida
	安美依迪丝	Amyitis
	安纳托利亚	Anatolia
	古埃及	Ancient Egypt
	古印度	Ancient India
	古罗马城	Ancient Rome
	安哥拉·曼纽	Angra Mainyu
	安苏萨	Anthusa
	安东尼	Antony
	阿普	Appu

（续表）

A–Z	汉语	英语
A	咸海	Aral Sea
	阿尔戈斯	Argos
	阿里乌斯教派	Arianism
	阿瑞那	Arinna
	亚美尼亚	Armenia
	阿斯卡隆	Ascalon
	阿什克伦	Ashkelon
	小亚细亚	Asia Minor
	阿育	Asoka
	阿萨辛	Assassin
	阿塞	Asser
	雅典娜	Athena
	大西洋	Atlantic Ocean
	阿提拉	Attila
	奥古斯都	Augustus
	阿瓦隆	Avalon
	《阿维斯陀》	*Avesta*
B	巴比伦	Babylon
	巴比伦之囚	Babylonian Captivity
	巴格达	Baghdad
	波罗的海	Baltic Sea
	巴伐利亚	Bavaria
	贝德利亚娜	Bederiana
	宾头沙罗	Bindusara
	波尔多	Bordeaux
	婆罗门	Brahman
	布莱达	Breda

（续表）

A–Z	汉语	英语
B	天煞牛	Bull of Heaven
	勃艮第	Burgundy
	《勃艮第法典》	*Burgundian Code*
	勃艮第王国	Burgundian Kingdom
	拜占庭	Byzantium
C	恺撒	Caesar
	哈里发	Caliph
	卡吕普索	Calypso
	康布雷	Cambrai
	卡默洛特	Camelot
	迦南	Canaan
	迦太基	Carthage
	天主教	Catholicism
	卡图卢斯	Catulus
	凯莱尔	Celer
	塞尔苏斯	Celsus
	旃陀罗笈多	Chandragupta
	卡律布狄斯	Charybdis
	基督教	Christianity
	克利西波斯	Chrysippus
	西塞罗	Cicero
	喀耳刻	Circe
	克劳狄	Claudius
	克洛提尔德	Clotild
	克洛维	Clovis
	科隆	Cologne
	君士坦丁堡	Constantinople

（续表）

A–Z	汉语	英语
C	君士坦丁大帝	Constantinus the Great
	克里特	Crete
	克里米亚	Crimea
	十字军东征	Crusade
	独眼巨怪	Cyclops
	居鲁士	Cyrus
D	达伊提耶河	Daitya River
	大马士革	Damascus
	丹麦人	Danes
	丹麦	Danmark
	多瑙河	Danube River
	达尔达尼亚	Dardania
	大流士	Darius
E	东罗特人	East Ggoths
	东哥特王国	East Goth Kingdom
	东罗马帝国	Eastern Roman Empire
	埃及	Egypt
	伊莲	Elaine
	帝国	Empire
	英格兰	England
	恩奇都	Enkidu
	艾斯特拉	Escalot
	永恒之城	Eternal City
	欧迈俄斯	Eumaeus
	攸努斯	Eunus
	幼发拉底河	Euphrates River
	罗欧巴	Europe

（续表）

A–Z	汉语	英语
E	以未米罗达	Evil-Merodach
	以西结	Ezekiel
F	法兰克人	Frank
	红胡子腓特烈	Frederick Barbarossa
G	盖塞里克	Gaiseric
	恒河	Ganges River
	高卢	Gaul
	高文	Gawain
	盖布	Geb
	日耳曼部族	Germanic Tribes
	德意志	Germany
	吉尔伽美什	Gilgamesh
	金角湾	Golden Horn
	哥特人	Goths
	金字塔	Great Pyramid
	塞尔柱帝国	Great Seljuk Empire
	希腊	Greece
	希腊火	Greek Fire
	格鲁门坦	Grumentum
	格温娜维尔	Guinevere
	盖伊	Guy
H	哈迪斯	Hades
	圣索菲亚大教堂	Hagia Sofia
	汉哈那	Hannabanna
	哈奴曼	Hanuman
	哈尔帕哥斯	Harpagus
	哈图沙	Hattusa

（续表）

A–Z	汉语	英语
H	海伦	Helen
	希洛人	Helot
	狮子亨利	Henry the Lion
	赫拉	Hera
	赫梯	Hittite
	赫梯帝国	Hittite Empire
	神圣罗马帝国	Holy Roman Empire
	荷马	Homer
	《荷马史诗》	*Homeric Epic*
	霍诺丽亚	Honoria
	荷鲁斯	Horus
	霍亨斯陶芬家族	House of Hohenstaufen
	韦尔夫家族	House of Welf
	芬巴巴	Humbaba
	匈牙利人	Hungarians
	伊利里亚	Illyria
I	勃艮第文化圈	Imperial Burgundian Circle
	因陀罗耆特	Indrajit
	印度河	Indus River
	英戈梅尔	Ingomer
	伊奥	Io
	伊奥尼亚	Ionia
	伊什妲尔	Ishtar
	伊西丝	Isis
	伊斯兰教	Islam
	意大利	Italy
	伊萨卡	Ithaca

（续表）

A–Z	汉语	英语
I	伊利里亚	Iuyrian
J	阇耶	Jaya
	约雅斤	Jehoiachin
	耶利米	Jeremiah
	耶路撒冷	Jerusalem
	犹太	Judah
	查士丁	Justin
	查士丁尼	Justinian
K	卡迭石	Kadesh
	卡凌加	Kalinga
	卡纳克神庙	Karnak Temple
	亚瑟王	King Arthur
	刹帝利	Kshatriya
L	罗什曼那	Lakshmana
	兰斯洛特	Lancelot
	楞伽城	Lanka
	拉丁文	Latin
	利奥一世	Leo I
	利利巴厄姆	Lilybaeum
	食莲人	Lotus-eaters
	吕库古	Lycurgus
	吕底亚	Lydia
M	马其顿	Macedonia
	马什山	Mashu
	孔雀王朝	Maurya Empire
	美狄亚	Medea
	米底	Media

（续表）

A–Z	汉语	英语
M	地中海	Mediterranean Sea
	梅内莱厄斯	Menelaus
	梅林	Merlin
	墨洛温王朝	Merovingian Dynasty
	美索不达米亚	Mesopotamia
	密涅瓦	Minerva
	王政	Monarchy
	穆斯林	Muslim
N	瑙西卡	Nausicaa
	尼布甲尼撒二世	Nebuchadnezzar II
	奈菲尔塔利	Nefertari
	新巴比伦	Neo-Babylonian
	奈芙蒂斯	Nephthys
	奈瑞科	Nerik
	尼禄	Nero
	尼禄·克劳狄·恺撒·德鲁苏斯·日耳曼尼库斯	Nero Claudius Caesar Drusus Germanicus
	内斯特	Nestor
	尼卡	Nika
	尼罗河谷和三角洲地区	Nile Valley and its Delta
	梅友人	Noman
	努尔丁	Nūr al-Din
	努特	Nut
O	奥德修斯	Odysseus
	奥林匹亚	Olympia
	奥西里斯	Osiris
P	巴勒斯坦	Palestine

（续表）

A–Z	汉语	英语
	华氏城	Pataliputra
	珀涅罗珀	Penelope
	波斯人	Persian
	腓力二世	Philippos Ⅱ
	腓尼基人	Phoenician
	波吕斐摩斯	Polyphemus
	比利牛斯山	Pyrenees
	皮提亚	Pythia
R	拉	Ra
	罗摩	Rama
	《罗摩衍那》	*Ramayana*
	拉美西斯纪念庙	Ramesseum Temple
	拉美西斯二世	Ramses Ⅱ
	罗波那	Ravana
	共和国	Republic
	莱茵河	Rhine River
	狮心王理查	Richard I the Lionheart
	正确	Right
	佛朗克族	Ripuarian
	罗马	Roman
	罗马帝国	Roman Empire
	圆桌骑士	Round Table
S	萨拉丁	Saladin
	萨拉丁什一税	Saladin Tithe
	萨拉赫·阿尔丁·尤瑟夫·伊本·阿尤布	Salah al-Din Yusef ibn Ayyub
	撒克逊人	Saxon

（续表）

A–Z	汉语	英语
S	萨克森	Saxony
	斯考卢斯	Scaurus
	雅典学园	School of Athens
	斯科普里	Scupi
	斯库拉	Scylla
	塞涅卡	Seneca
	赛儿	ser
	赛里斯	Seres
	塞斯特斯	sestertius
	塞特	Seth
	舍马什	Shamash
	谢尔库赫	Shirkuh
	舒	Shu
	西西里岛	Sicily
	赫克托爵士	Sir Hector
	塞壬	Siren
	悉多	Sita
	苏瓦松城	Soissons
	索里迪	Solidus
	所罗门神殿	Solomon's Temple
	萨默塞特	Somerset
	西班牙	Spain
	斯巴达	Sparta
	斯芬特·曼纽	Spenta Mainyu
	首陀罗	Sudra
	苏维汇人	Sueves
	埃及苏丹	Sultan of Egypt

（续表）

A–Z	汉语	英语
	苏深摩	Susima
	石中剑	Sword in the Stone
	马尔斯之剑	Sword of Mars
	叙利亚	Syria
T	塔西佗	Tacitus
	泰芙努特	Tefnut
	忒勒马科斯	Telemachus
	铁列平	Telipinu
	泰晤士河	Thames River
	安塔舒姆节	the AN.TAH.SUM Festival
	青铜时代	The Bronze Age
	法国大革命	The French Revolution
	大洪水	The Great Flood
	匈人部落	The Huns
	基拉姆节	the KI.LAM festival
	努恩塔瑞亚斯哈节	the Nuntarriyashas Festival
	普如里节	the Purulli Festival
	文艺复兴运动	the Renaissance
	农神节	the Saturnalian Festival
	丝绸之路	the Silk Road
	太阳神	the Sun God
	第三次十字军东征	The Third Crusade
	狄奥多里克	Theodoric
	狄奥多拉	Theodora
	色雷萨蒙德	Thrasamund
	底格里斯河	Tigris River
	特洛伊	Troy

（续表）

A–Z	汉语	英语
	突厥人	Turki
U	乌比努斯	Urbinus
	乌特纳庇什提牟	Utanapishtim
	尤瑟	Uther
V	吠舍	Vaishya
	汪达尔主义	Vandalism
	汪达尔人	Vandals
	威尼斯	Venice
	维塔斯帕	Vishtaspa
	伏尔加河	Volga River
W	威尔士	Wales
	西哥特人	West Goths
	西罗马	Western Roman Empire
	错误	Wrong
	维尔茨堡	Würzburg
Z	查拉图斯特拉	Zarathustra
	西底家	Zedekiah
	宙斯	Zeus
	锡安	Zion
	琐罗亚斯德教	Zoroastrianism

古代历史大事年表

中国/世界	年代	事件
中国	公元前 5000 年 – 前 3000 年	仰韶文化
世界	公元前 4500 年 – 前 3100 年	埃及前王朝时期，产生象形文字
中国	公元前 3300 年 – 前 2200 年	良渚文化
世界	公元前 3100 年 – 前 2800 年	苏美尔初始文明，产生楔形文字
中国	公元前 2697 年	黄帝纪元元年
世界	公元前 2500 年 – 前 1400 年	古希腊克里特文明
中国	约公元前 2070 年	大禹治水传说
世界	公元前 1894 年 – 前 1595 年	古巴比伦帝国
中国	公元前 21 世纪 – 前 17 世纪	二里头文化
世界	公元前 2000 年	形成《吉尔伽美什》史诗
中国	公元前 1600 年	商灭夏
世界	公元前 2000 年 – 前 1000 年	古印度吠陀时代
世界	公元前 1400 年	腓尼基人发明字母

（续表）

中国/世界	年代	事件
世界	公元前 1279 年 – 前 1213 年	埃及法老拉美西斯二世在位
世界	公元前 1284 年	埃及与赫梯缔结《卡迭石条约》
世界	公元前 1250 年	以色列人出埃及、入迦南
中国	公元前 1700 年 – 前 1200 年	三星堆文化
世界	公元前 1200 年	腓尼基人垄断地中海贸易
世界	公元前 11 世纪 – 前 9 世纪	荷马时代
中国	公元前 1046 年	武王伐纣，建立周朝
世界	公元前 1000 年	建立吕底亚王国
世界	公元前 1000 年	创作《罗摩衍那》史诗
世界	公元前 1000 年	建立以色列王国，定都耶路撒冷
世界	公元前 9 世纪	荷马创作《荷马史诗》
中国	公元前 841 年	中国确切纪年开始，"共和元年"
世界	公元前 814 年	腓尼基人建立迦太基
世界	公元前 776 年	第一次古代奥林匹克运动会
世界	公元前 753 年	罗马建城
世界	公元前 8 世纪中期	产生希腊字母
中国	公元前 722 年	开始《春秋》记事
世界	公元前 8 世纪	米底王国
世界	公元前 700 年	产生拉丁字母
世界	公元前 6 世纪	创立拜火教

（续表）

中国/世界	年代	事件
世界	公元前 626 年	建立新巴比伦
世界	公元前 597 年、前 586 年	两次"巴比伦之囚"
世界	公元前 6 世纪 - 前 5 世纪	释迦牟尼创立佛教教义学说
中国	公元前 551 年 - 前 479 年	孔子及《论语》
中国	公元前 516 年	老子著《道德经》
世界	公元前 336 年 - 前 301 年	亚历山大帝国
中国	公元前 221 年	秦统一六国
中国	公元前 202 年	刘邦建立汉朝
世界	公元前 187- 前 75 年	印度巽伽王朝，首都华氏城
中国	公元前 114 年	中国开始使用"年号"纪年
世界	公元前 106 年	古罗马哲学家西塞罗出生
世界	公元前 27 年	罗马帝国前期开始
世界	公元前 4 年	耶稣诞生
中国	公元 25 年	刘秀建立东汉
世界	公元 54 年 -68 年	暴君尼禄在位
中国	公元 184 年	黄巾起义
世界	公元 267 年	哥特分裂为东、西哥特
世界	公元 320 年 -540 年	笈多王朝，首都华氏城
世界	公元 330 年	罗马帝国迁都君士坦丁堡

（续表）

中国/世界	年代	事件
世界	公元 375 年	欧洲民族大迁徙开始
中国	公元 383 年	淝水之战
世界	公元 392 年	罗马帝国定基督教为国教
世界	公元 395 年 –1453 年	拜占庭帝国
中国	公元 420 年 –589 年	南朝（宋、齐、梁、陈）
世界	公元 439 年 –534 年	汪达尔王国
世界	公元 453 年	匈人王阿提拉去世
世界	公元 457 年 –532 年	勃艮第王国
世界	公元 476 年	西罗马帝国灭亡，古罗马文明逐渐瓦解
世界	公元 481 年 –751 年	法兰克王国墨洛温王朝
世界	公元 500 年	亚瑟王传说
世界	公元 527 年 –565 年	拜占庭皇帝查士丁尼一世在位
中国	公元 534 年 –556 年	东魏、西魏
世界	公元 532 年 –537 年	修建圣索菲亚大教堂
世界	公元 568 年	欧洲民族大迁徙结束
中国	公元 581 年	隋朝建立
中国	公元 618 年	唐朝建立
中国	公元 7 世纪	基督教首次传入中国，称景教
中国	公元 7 世纪中叶	伊斯兰教传入中国
世界	公元 793 年	维京海盗袭击英格兰，开始"海盗时代"
中国	公元 960 年 –1127 年	北宋

（续表）

中国 / 世界	年代	事件
世界	公元 1088 年	建博洛尼亚大学，为欧洲第一所大学
世界	公元 1096 年 -1099 年	第一次十字军东征
世界	公元 1099 年	十字军攻陷耶路撒冷
世界	公元 1118 年 -1312 年	圣殿骑士团
中国	公元 1125 年	金灭辽
世界	公元 1147 年 -1149 年	第二次十字军东征
世界	公元 1152 年 -1190 年	红胡子腓特烈一世在位
世界	公元 1154 年 -1399 年	金雀花王朝
世界	公元 1187 年	萨拉丁收复耶路撒冷
世界	公元 1189 年 -1192 年	第三次十字军东征
世界	公元 1189 年 -1199 年	狮心王理查一世在位
世界	公元 1202 年 -1204 年	第四次十字军东征
中国	公元 1271 年 -1368 年	元朝
世界	公元 1299 年	奥斯曼帝国建立
中国	公元 1310 年	基督教第二次传入中国，称也里可温教
中国	公元 1368 年	明朝建立
世界	公元 1412 年	圣女贞德出生
世界	公元 1453 年	奥斯曼帝国灭东罗马帝国
世界	公元 1455 年 -1485 年	红白玫瑰战争
世界	公元 1492 年	哥伦布发现新大陆

世界古代时期度量衡表①

单位	古代（汉语）	古代（拉丁语）	现代（四舍五入，精确到小数点后第二位）
币制	1 塞斯特斯［银］	1 Sestertius[silver]	1.09 克
	1 昆纳利乌斯［银］	1 Quinarius[silver]	2.18 克
	1 迪纳里厄斯［银］	1 Denarius[silver]	4.37 克
	1 奥里斯·卡拉卡拉［金］	1 Aureus Caracalla[gold]	6.55 克
	1 奥里斯·奥勒利乌斯［金］	1 Aureus Aurelius[gold]	7.28 克
	1 奥里斯·奥古斯都［金］	1 Aureus Augustus[gold]	7.96 克
	1 阿斯·盎司利斯［铜］	1 As Uncialis[copper]	27.29 克
	1 夸德兰斯［铜］	1 Quadrans[copper]	81.86 克
	1 努姆斯·奥列乌斯［金］	1 Nummus Aureus[gold]	100 克
	1 阿斯·特伦特利斯［铜］	1 As Trientalis[copper]	109.15 克
	1 舍米斯［铜］	1 Semis[copper]	163.73 克
	1 阿斯·利布拉［铜］	1 As Libralis[copper]	327.45 克

①资料参考周启迪主编的《世界上古史》，稍作调整。

（续表）

单位	古代（汉语）	古代（拉丁语）	现代（四舍五入，精确到小数点后第二位）
重量	1 舍克斯坦斯	1 Sextans	54.58 克
	1 夸德兰斯	1 Quadrans	81.86 克
	1 特伦斯	1 Triens	109.15 克
	1 昆库恩克斯	1 Quincunx	136.44 克
	1 舍米斯	1 Semis	163.73 克
	1 舍普吐恩克斯	1 Septunx	191.02 克
	1 贝斯	1 Bes	218.30 克
	1 多德兰斯	1 Dodrans	245.59 克
	1 德克斯坦克斯	1 Dextanx	272.88 克
	1 德盎克斯	1 Deunx	300.16 克
	1 利布拉	1 Lubra	327.45 克
容量	1 凯阿图斯	1 Cyathus	0.05 升
	1 阿克塔布鲁门	1 Acetabulum	0.07 升
	1 夸塔利乌斯	1 Quartarius	0.14 升
	1 科泰拉	1 Cotyla	0.27 升
	1 康狄乌斯	1 Congius	3.28 升
	1 乌尔纳	1 Urna	13.13 升
	1 卡杜斯	1 Cadus	26.27 升
	1 阿门弗拉	1 Amphora	26.27 升
长度	1 指	1 Digitus	0.02 米

（续表）

单位	古代（汉语）	古代（拉丁语）	现代（四舍五入，精确到小数点后第二位）
长度	1 掌	1 Palmus	0.07 米
	1 足	1 Pes	0.30 米
	1 足1 掌	1 Palmipes	0.37 米
	1 肘	1 Cubitus	0.44 米
	1 阶	1 Gradus	0.74 米
	1 步	1 Passus	1.48 米
	1 竿	1 Pertica	2.96 米
面积	1 平方步	1 Pes Quadratus	0.09 平方米
	1 犹格	1 Iugerum	2666.67 平方米

参考文献

■ 中文

[1] 陈志强.拜占庭帝国史 [M].北京：商务印书馆，2003.

[2] 刘文鹏.古代埃及史 [M].北京：商务印书馆，2000.

[3] 李亚凡.世界历史年表 [M].北京：中华书局，2013.

[4] 孟广林.世界中世纪史 [M].北京：中国人民大学出版社，2010.

[5] 马克思，恩格斯.马克思恩格斯选集 [M].中共中央编译局，译.北京：人民出版社，1995.

[6] 齐思和.中国和拜占庭帝国的关系 [M].上海：上海人民出版社，1956.

[7] 徐家玲.拜占庭文明 [M].北京：人民出版社，2006

[8] 倪世光.西欧中世纪骑士的生活 [M].保定：河北大学出版社，2004.

[9] 朱寰.世界古代中世纪史 [M].北京：北京大学出版社，1993.

[10] 周启迪.世界上古史 [M].北京：北京师范大学出版社，2009.

[11] 张绪山.中国与拜占庭帝国关系研究 [M].北京：中华书局，2012.

[12] 蚁垤.罗摩衍那 [M].季羡林，译.南京：译林出版社，2002.

[13] 阿尔伯特.耶路撒冷史 [M].王向鹏，译.郑州：大象出版社，2014.

■ 英文

[1] Balsdon,J.P.V.D. Life and Leisure in Ancient Rome[M].New York: Phoenix, 1969.

[2] Barber,Richard.Legends of King Arthur[M].Woodbridge: The Boydell Press, 2001.

[3] Bennett,Judith M. & Hollister, C. Warren. Medieval Europe: A Short History[M].New York: John Wiley & Sons Inc., 1964.

[4] Bonner, Stanley F. Education in Ancient Rome[M].Berkeley & Los Angeles: University of California Press, 1977.

[5] Bradley, Keith. Slavery and Society at Rome[M].Cambridge: Cambridge University Press, 1994.

[6] Broida, Marian. Ancient Egyptians and their Neighbors[M].Chicago: Chicago Review Press, 1999.

[7] Bryce, James. The Holy Roman Empire[M].London: The Macmillan Company, 1921.

[8] Bryce, Trevor. Life and Society in the Hittite World[M].Oxford: Oxford University Press, 2002.

[9] Bryce, Trevor. The Kingdom of the Hittites, New Edition[M].Oxford: Oxford University Press, 2005.

[10] Bury, J.B. History of the Later Roman Empire–From the Death of Theodosius I to the Death of Justinian[M].New York: Dover Publications, 1923.

[11] Cartledge, Paul. Spartan Reflections[M].Berkeley: University of California Press, 2001.

[12] Cartledge, Paul. The Spartans: An Epic History, London: Pan Books, 2003.

[13] Cary, M. A History of Rome(Revised Edition), London: Palgrave Macmillan, 1979.

[14] Crompton, Samuel Willard. Cyrus the Great[M].New York: Chelsea House Publishers, 2008.

[15] Dalley, Stephanie. Myths from Mesopotamia: Creation, the Flood, Gilgamesh, and Others[M].Oxford: Oxford University Press, 1989.

[16] Dalton, O. M.(trans.) The History of the Franks[M].Oxford: Clarendon Press, 1927.

[17] Davenport, John. Saladin (Ancient World Leaders)[M].Philadelphia: Chelsea House Publishers, 2003.

[18] Davies, Norman. Vanished Kingdoms: The Rise and fall of States and Nations[M].New York: Penguin Group Inc., 2011.

[19] Dhalla, Maneckji Nusservanji. History of Zoroastrianism[M].Oxford: Oxford University Press, 1938.

[20] Discenza, Nicole Guenther & Szarmach,Paul E. A Companion to Alfred the

Great[M].Leiden & Boston: Brill, 2015.

[21] Edwards, Catharine(trans.) Lives of the Caesars[M].Oxford:Oxford University Press, 2000.

[22] Elwin, Verrier. Myths of Middle India[M].London: Oxford University Press, 1949.

[23] Evans, J.A. The Emperor Justinian and the Byzantine Empire[M].London: Greenwood Press, 2005.

[24] Evans, J.A.S. Empress Theodora–Partner of Justinian[M].Texas: University of Texas Press, 2002.

[25] Finley, M. I. The Ancient Economy[M].Berkeley: University of Califonia Press, 1999.

[26] Gardiner, Alan. Egypt of the Pharohs: An Introduction[M].Oxford: The Clarendon Press, 1964.

[27] George, Andrew (trans.). The Epic of Gilgamesh[M].London: Penguin Classics, 2003.

[28] Gibbon, Edward. The History of the Decline and Fall of the Roman Empire Vol.I[M]. London: Strahan & Cadell, 1776.

[29] Gilbert, Martin. The Dent Atlas of Jewish History[M].London: JM Dent Publishers, 1993.

[30] Halsall, Guy. Barbarian Migrations and the Roman West, 376-568[M]. Cambridge: Cambridge University Press, 2007.

[31] Harris, Jonathan. Byzantium and the Crusades[M].London: Bloomsbury Publishing, 2006.

[32] Hartz, Paula. Zoroastrianism, Third Edition[M].New York: Chelsea House Publishers, 2009.

[33] Higham, N.J. King Arthur: Myth-Making and History[M].London & New York: Routledge, 2002.

[34] Hitti, Philip K. History of the Arabs[M].London: Palgrave Macmillan, 2002.

[35] Hoffner, Harry A. Hittite Myths, 2nd Edition[M].Atlanta: Scholars Press,1998.

[36] Hollan Glenn, Gods in the Desert: Religions of the Ancient Near East[M]. New York: Rowman & Littlefield Publishers, Inc., 2009.

[37] Homer (orginal) Lombardo, Stanley (trans.)[M].Odyssey, Indianapolis: Hackett Publishing Co., 2000.

[38] Hudson, G. F. Europe and China: A Survey of Their Relations from the Earliest Times to 1800[M].London: Arnold, 1931.

[39] James, Edward. The Origins of France: From Clovis to the Capetians, 500-1000, London: Macmillan Press Ltd.,1982.

[40] Jones, Colin. The Cambridge Illustrated History of France[M].Cambridge: Cambridge University Press, 1995.

[41] Lacey, Robert. Great Tales From English History – The Truth about King Arthur, Lady Godiva, Richard the Lionheart and More[M].New York & Boston: Little, Brown and Company, 2003.

[42] Loud, G.A.(trans.) The Crusade of Frederick Barbarossa: The History of the Expedition of the Emperor Frederick and Related Texts[M].Farnham & Burlington: Ashgate Publishing Ltd., 2010.

[43] Lutgendorf, Philip. Hanuman's Tale: The Messages of a Divine Monkey[M]. Oxford: Oxford University Press, 2007.

[44] Maas, Michael. The Cambridge Companion to the Age of Attila[M]. Cambridge: Cambridge University Press, 2014.

[45] Maas, Michael. The Cambridge Companion to the Age of Justinina[M]. Cambridge: Cambridge University Press, 2005.

[46] Macqueen, J.G. The Hittites and their Contemporaries in Asia Minor[M]. London: Thames and Hudson Ltd., 1986.

[47] Man, John. Attila: The Barbarian King who Challenged Rome[M].London: Bantam Press,2005.

[48] Matz, David. Daily Life of the Ancient Romans[M].London: Greenwood Press, 2002.

[49] Merrills, Andy & Miles, Richard. the Vandals[M].West Sussex: Blackwell Publishing, 2010.

[50] Mieroop, Marc. A History of the Ancient Near East, ca. 3000-323 BC, 2nd Edition[M].MA & Oxford & Victoria: Blackwell Publishing, 2007.

[51] Moorhead, John. Justinian[M].London & New York: Longman, 1994.

[52] Muir, William. The Caliphate: Its Rise, Decline and Fall from Original

308

Sources[M].Virginia: Literary Licensing, LLC, 2014.

[53] Narula, Joginder. Hanuman: God and Epic Hero[M].Delhi: Manohar, 1991.

[54] Necipoglu, Nevra. Byzantine Constantinople: monuments, topography and everyday life[M].Leiden & Boston & Koln: Brill, 2001.

[55] Nicolle, David. Saladin and the Saracens[M].London:Reed Consumer Books, Ltd., 1986.

[56] Nicolle, David. The Third Crusade 1191 - Richard the lionheart, Saladin and the struggle for Jerusalem[M].Oxford: OspreyPublishing Ltd., 2006.

[57] Obolensky, Dimitri. The Byzantine Commonwealth 500-1453[M].London: Weidenfeld and Nicolson, 1971.

[58] Olmstead, A.T. History of the Persian Empire[M].Chicago: University of Chicago Press, 1948.

[59] Osborne, Robin. Greek History[M].London: Routledge, 2004.

[60] Pettersson, Michael.Cults of Apollo at Sparta: The Hyakinthia, the Gymnopaidiai and the Karneia[M].Philadelphia: Coronet Books, 1992.

[61] Reece, katherine. The Phoenicians Mysterious Sea People[M].Vero Beach:Rourke Publishing LLC, 2004.

[62] Rose, H.J. Religion in Greece and Rome[M].New York: Harper, 1959.

[63] Sekunda, Nick. The Spartan Army[M].Oxford: Osprey, 1998.

[64] Shutt, Timothy B. A History of Ancient Sparta: Valor, Virtue, and Devotion in the Greek Golden Age[M].Maryland: Recorded Books LLC, 2009.

[65] Snell, Daniel C. A Companion to the Ancient Near East[M].London: Blackwell Publishing Ltd., 2005.

[66] Tappan, Eva March. In the Days of Alfred the Great[M].Boston: Lothrop, Lee & Shepard Co.,1900.

[67] Tennyson, Alfred. Idylls of the King[M].London: Penguin Books Ltd.,1983.

[68] Ure, Percy Neville. Justinian and His Age[M].Harmondsworth: Penguin, 1951.

[69] Vasiliev, A. Justin the First[M].Cambridge Mass: Harvard University Press, 1950.

[70] Warren, Maude Radford. King Arthur and His Knights[M].North Carolina: Yesterday's Classics, 2010.

[71] Waterfield, Robert(trans.) Herodotus. The Histories[M].Oxford: Oxford University Press, 1998.

[72] Wells, C. M. The Roman Empire[M].London: Fontana Press, 1992.

[73] Wood, Ian. The Merovingian Kingdoms 450-751[M].London & New York: Longman, 1994.

[74] Woolf, Greg. Cambridge Illustrated History of the Roman World[M]. Cambridge: Cambridge University Press, 2003.

后　记

　　在此书写作过程中，我儿番落泪，又为自己感到不值："人终有落叶归根的一天，现实生活中的挫折已经足够，干吗还要为已经逝去的另一片大陆的古人感到忧伤呢？"于是经常这样安慰自己。然而，当吉尔伽美什为了好兄弟恩奇都的死痛不欲生、嘶吼哀号，当一生执念、年近古稀依然战斗在前线的红胡子帝王噩耗传来，当百合般纯洁的少女伊莲痴心错付、香消玉殒的时候，眼泪还是不争气地流了下来。个人的生命太短，而历史太长。这也是为什么我们要过好每一天的原因所在。

　　每次开始写一个新篇章的时候，我的内心是崩溃的。切入点太难找，而历史细节又那么少。每到这时，我总禁不住慨然长叹，容易的方式千千万，当初干吗要给自己找这么难又不讨巧的事情来做呢？但是一旦起笔，就被浩如烟海的新奇史料迷住，那另一片大陆经历的光怪陆离，绝对值得一写，一辈子都写不完。由于文笔水平有限，我无法用言语很好地展现出那些或令人感动、或充满真爱、或发人深省的世界古代历史文化点滴，对此颇感遗憾，也觉得有些愧对古人。但不管怎么说，那些金戈铁马、大漠狼烟、宫廷纷争、风情画卷都在文中或多或少地尝试着描绘过，如果能从字里行间留下哪怕仅仅一点儿，那么也就很令人欣慰了。

　　能有勇气写成这本小书，要特别感谢我的女儿王蒲涵。当初酝酿这本书，便是想给她讲些开阔眼界、有教益的小故事，但世界史方面找不到十分合适的，于是就自己动笔了。一开始挺想让丈夫写的，我说："你是专门研究世界史的，懂得也多，就由你来写吧。"可他认为术业有专攻，而他的领域正是耶路撒冷拉丁王国史及英国金雀花王朝爱德华一世时期战争史，对给小孩子写通史这件事情似乎不感冒。所以，我就自己赶鸭子上架了。其实也很是忐忑。因为我只修读过几年的汉语言文学和翻译学，现在正在外国语学院的翻译系工作，对世界古代历史文化只是略知一二，拎不起大框架的；所以在写书过程中，便不停地烦劳他帮忙查资料、找参考书，然后每完成一章便进行审校，并在最后写了专业性的结语。写作活动总算是能够进行起来了，不过事与愿违的是，这样陪女儿的时间就少了。不过，此事古难全。感觉自己在做一件有意义的事，这就够了。

最近对《千字文》之类的蒙学典籍特别感兴趣，也发表了一些研究成果。下面便仿照《千字文》的体例，依本书脉络做一个简要的世界古代历史文化概述吧。

世界古史，细说审详；
时空流转，瀚海徜徉。
奥西里斯，冥府之王；
子荷鲁斯，鹰头人身。
埃及法老，拉美西斯；
征伐赫梯，二世传奇。
苏美尔人，英雄史诗；
痛失好友，阴阳两隔。
犹太遭掳，巴比伦囚；
顾本知返，耶路撒冷。
居鲁士帝，伊朗高原；
创建波斯，称霸一方。
拜火教派，圣洁火种；
至善之火，入中成祆。
赫梯传说，风神失踪；
寓言教人，倡导感恩。
紫色明珠，腓尼基国；
开展海贸，紫色染料。
印度神话，哈奴曼猴；
夜探宫廷，火烧楞伽。
阿育帝王，孔雀帝国；

幡然悔悟，始信佛陀。

奥德修斯，艰难返乡；

荷马流亡，史诗唱响。

无冕之王，斯巴达父；

缔造律法，平均贫富。

暴君尼禄，举止荒唐；

扮演小丑，穷途末路。

罗马饮食，肉贵鱼贱；

食有宜忌，经常设宴。

永恒之城，古代罗马；

奴隶众多，艰难生活。

上帝之鞭，阿提拉王；

民族迁徙，铁骑堂堂。

汪达尔人，争抢领地；

古物遭袭，冠之主义。

长发传统，克洛维王；

雄踞高卢，墨洛温朝。

勃艮第国，曾陷危难；

蚕食吞并，现已消失。

红胡皇帝，巴巴罗萨；

六次伐意，硝烟四起。

兰斯洛特，圆桌骑士；

辜负少女，肠断伊莲。

落寞大帝，奋战丹麦；

惜时如金，求贤若渴。

帝国巨擘，君士坦丁；

通商中国，丝绸之路。

养猪小倌，一朝握权；

紫袍加身，查士丁帝。

外甥继位，查士丁尼；

为爱改法，尼卡暴动。

旷世苏丹，智勇双全；

释放俘虏，宽容仁贤。

多有遗漏，尚请见谅；

抛砖引玉，贻笑大方。

　　此番成书，离不开亲人、师友及同事的大力支持。感谢恩师孟广林、徐家玲、骆继光、倪世光，是他们引领我走入了世界古代史浩瀚的殿堂；感谢澳大利亚保罗·贝叶斯（Paul Bayes）先生在百忙之中为本书作序；感谢河北师范大学领导及同事的支持；感谢河北教育出版社副总编辑张辉女士的大力支持，感谢何春雅、武丹丹两位编辑为本书认真审校及前后多次的沟通与联系；还要特别感谢我的亲人们，他们是我的灵感来源和坚强后盾。

　　写书过程中，传来奶奶去世的噩耗，我参加了奶奶的葬礼。二十年前，我痛失了最亲爱的姥姥；二十年后，我又失去了最慈祥的奶奶，真是生命不能承受之重。好在耄耋之年的爷爷依然健朗。爷爷参与过辽沈、淮海、平津三大战役，也参加过抗美援朝和建设新中国事业，他现在正在一间老屋子里住着，由我的父亲、母亲和姑姑照顾着。真心希望他老人家能够毫无病痛地安度晚年，也希望世人一切安好。近年来，眼见着身边亲友的种种变故，总是在不经意间升腾起一股悲凉无力的感觉。好像什么东西失去了，却又凭一己之力永远也抓不住。年过而立，我的心已被生死离别刺得千疮百孔，为人处事也愈发地保守。然而人总要向前看，一个乐观、向上的人生态度，才是我们人类世代进步的动力之源。生命不息，奋斗不止。人的一辈子是短暂的，只有做点儿有意义的事情、留智慧于后人，方能不枉此生。

　　愿天下所有善良的人喜乐、安康！

王　琳

2017 年 4 月 19 日于河北师大时光塔